RÉPUBLIQUE FRANÇAISE

MINISTÈRE DES COLONIES

Exposition Coloniale Nationale de 1907 AU JARDIN COLONIAL

Organisée sous le haut patronage de M. le Ministre des Colonies
par la
Société Française de Colonisation et d'Agriculture Coloniale,
avec le concours du
Comité National des Expositions Coloniales

LISTE
DES
RÉCOMPENSES

PARIS
Augustin CHALLAMEL, Éditeur
Rue Jacob, 17
Librairie maritime et coloniale

1907

RÉPUBLIQUE FRANÇAISE

MINISTÈRE DES COLONIES

Exposition Coloniale Nationale de 1907 AU JARDIN COLONIAL

Organisée sous le haut patronage de M. le Ministre des Colonies
par la
Société Française de Colonisation et d'Agriculture Coloniale,
avec le concours du
Comité National des Expositions Coloniales

LISTE
DES
RÉCOMPENSES

PARIS
Augustin CHALLAMEL, Éditeur
Rue Jacob, 17
Librairie maritime et coloniale

1907

SOCIÉTÉ FRANÇAISE
DE
COLONISATION ET D'AGRICULTURE COLONIALE

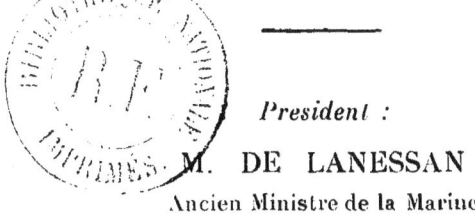

Président :

M. DE LANESSAN

Ancien Ministre de la Marine

Président de l'Exposition :

M. Jules GODIN, sénateur,

Ancien Ministre des Travaux Publics et du Commerce

COMMISSARIAT GÉNÉRAL DE L'EXPOSITION :

Commissaire général

M. J. DYBOWSKI

Inspecteur Général de l'Agriculture Coloniale, Directeur du Jardin Colonial

Commissaires généraux adjoints :

M. Ém. PRUDHOMME

Ingénieur Agronome, Directeur de l'Agriculture aux Colonies

M. CHALOT

Chef de Service au Jardin Colonial

COMITÉ NATIONAL DES EXPOSITIONS COLONIALES :

Président :

M. Marcel SAINT-GERMAIN

Sénateur d'Oran

Vice-Président :

M. Georges SCHWOB

MEMBRES DU COMITÉ D'ORGANISATION

MM.

DYBOWSKI, Inspecteur Général de l'Agriculture Coloniale, Commissaire Général de l'Exposition Nationale Coloniale de 1907.

PRUDHOMME, Directeur de l'Agriculture aux Colonies, Commissaire Général adjoint.

CHALOT, Professeur à l'École Supérieure d'Agriculture Coloniale, Commissaire Général adjoint.

BARRES, Syndic de la Presse Coloniale.

BERTHIER, Architecte paysagiste.

BOCHER, Secrétaire général de la Société d'Agriculture Coloniale.

BRUNET, Secrétaire général du Comité National des Expositions Coloniales.

COLMET-DAAGE, Peintre au Ministère des Colonies.

GARNIER, Président du Syndicat œnologique.

GRUVEL, Directeur du Laboratoire des Pêcheries de l'Afrique Occidentale Française au Jardin Colonial.

HEIM, Secrétaire Général de la Société Française de Colonisation.

JAMBON, Artiste peintre.

LEFEBVRE, Conservateur du Bois de Vincennes.

LELOUP, Professeur de dessin au Tonkin.

MALLET (Dr), Médecin de l'École Supérieure d'Agriculture Coloniale.

PAILLOTTE (Dr), Médecin de l'École Supérieure d'Agriculture Coloniale.

THEVENARD, Secrétaire Général du Comité d'Horticulture.

TILLIER, Architecte paysagiste.

CLASSIFICATION GÉNÉRALE

1re Division.

PRODUITS D'EXPORTATION DES COLONIES
Sauf les Animaux et Produits animaux.

PRODUITS DES INDUSTRIES AUX COLONIES

GROUPE 1

Produits du Sol.

CLASSE 1

Produits de la cueillette et des exploitations naturelles.

1re Section. — Caoutchouc brut, gutta, balata, gommes, résines, succédanés, etc.
2e Section. — Crin végétal, piassava, rafia et autres textiles spontanés, alfa, paille à chapeaux, rotins, joncs, bambous, etc.
3e Section. — Plantes oléagineuses spontanées (amandes de palme, etc.).

CLASSE 2

Essences forestières.

1re Section. — Bois d'œuvre et d'ébénisterie (bruts ou travaillés), bois de carrosserie (pour automobiles, etc.), bois de marine, bois de construction. etc.
2e Section. — Bois à parfum, bois tinctoriaux.
3e Section. — Chêne-liège et similaires coloniaux, bois à papier, écorces tannantes.
4e Section. — Bois de pavage, traverses de chemin de fer, bois de chauffage, etc.

CLASSE 3

Produits de la culture.

1re Section. — Cafés, thés, cacaos.
2e Section. — Condiments. épices et aromates (poivre, vanille, muscade, macis, cannelles, girofle, cardamome, gingembre, curcuma, etc.).
3e Section. — *Plante, d'un grand emploi alimentaire et plantes fourragères,*

féculents, etc..., manioc, arrow-root, paddy, maïs, sorgho, mil, haricots et pois divers, pois du Cap, etc.

4ᵉ *Section.* — *Plantes oléagineuses.* — Arachide, cocotier ou coprah, ricin, sésame, etc.

5ᵉ *Section.* — *Matières textiles, fibres et bourres diverses.* — Coton, jute, ramie, fibre de coco, chanvre de manille, agaves et fourcroya, aloès, sisal, kapok, ananas, chouchoute, etc.

6ᵉ *Section.* — *Matières tinctoriales et substances tannantes.* — Indigo, rocou, henné, curcuma, bois de sappan, campêche, canaigre, etc.

7ᵉ *Section.* — Produits pharmaceutiques.

8ᵉ *Section.* — Tabac en feuilles et masticatoires (Bétel, noix d'arec, etc.).

CLASSE 4

Collections agronomiques et forestières et documents de toute nature intéressant les produits de la cueillette, les essences forestières et les produits de la culture.

GROUPE II

Produits du Sous-Sol et Procédés d'Exploitation.

CLASSE 5

Métaux et minerais (or, argent, nickel, étain, pechblende, minerais de fer, etc.).

CLASSE 6

Pierres précieuses (diamants, rubis, etc.) et minéraux divers (cristal de roche, amiante, etc.).

CLASSE 7

Pierres à bâtir, marbres, granits, calcaires, etc.

CLASSE 8

Combustibles : Houille, lignite, tourbe, etc.

CLASSE 9

Engrais minéraux (phosphates naturels, sels potassiques, nitrates, etc.).

CLASSE 10

Collections minéralogiques, géologiques et paléontologiques de toute nature.

GROUPE III

Produits des Industries aux Colonies donnant lieu ou non à un commerce d'Exportation.

CLASSE 11

Riz décortiqué, fécules, amidons, pâtes alimentaires, sucres, mélasses, glucose, etc., et leurs dérivés.

CLASSE 12

Boissons fermentées et Spiritueux.

1re *Section*. — Vins de table.
2e *Section*. — Vins de liqueur, hydromel, vins de palme, vins d'ananas, etc.
3e *Section*. — Rhum, alcool de riz, alcool de manioc, alcool de maïs, arack, etc.
4e *Section*. — Liqueurs diverses.

CLASSE 13

Chocolats et dérivés du cacao, y compris le beurre de cacao.

CLASSE 14

Matières grasses alimentaires ou industrielles et leurs dérivés.

1re *Section*. — Huile d'olive.
2e *Section*. — Huiles végétales alimentaires ou industrielles (arachide, ricin, etc.), graisses alimentaires et graisses industrielles (coco, karité, etc.)
3e *Section*. — Savonnerie, stéarinerie et dérivés des corps gras.
4e *Section*. — Tourteaux pour l'alimentation et la fumure.

CLASSE 15

Conserves de légumes et de fruits, confiserie, confitures.

CLASSE 16

Extraits de tannin, tannerie, maroquinerie, cuirs.

CLASSE 17

Essences, parfums et produits dérivés analogues.

CLASSE 18

Tabac préparé, cigares et cigarettes, tabac en poudre, etc.

CLASSE 19

Teintures, peintures et couleurs.

CLASSE 20

Fils et Tissus.

1re *Section*. — Fils et tissus d'origine animale (fils et tissus de laine, fils et tissus de soie, etc.).
2e *Section*. — Fils et tissus de coton et autres substances végétales.
3e *Section*. — Dentelles et broderies.
4e *Section*. — Tapis de toute nature.

CLASSE 21

Vêtements, chaussures et coiffures (sauf les chapeaux de paille).

CLASSE 22

Nattes, Tresses, Sparterie, Vannerie, Chapellerie de paille.

1re *Section*. — Chapeaux de paille, chapeaux de bambou, etc.
2e *Section*. — Nattes et articles divers en paille.
3e *Section*. — Vannerie.

CLASSE 23

Objets en corne, en os, en écaille, en nacre ou en ivoire.

CLASSE 24

Papiers et pâtes à papiers.

CLASSE 25

Caoutchouc, gutta-percha, balata, latex divers, gommes, résines, etc. (produits manufacturés et produits épurés).

CLASSE 26

Vernis, laques et objets laqués.

CLASSE 27

Meubles, sculptures sur bois, bois tournés, bois incrustés, etc.

CLASSE 28

Poterie et céramique, porcelaine, faïence, verrerie.

CLASSE 29

Orfèvrerie, bijouterie, bronzes, métaux repoussés, ciselés, niellés, etc.

CLASSE 30

Matières fertilisantes (poudrettes, guanos, déchets industriels pouvant servir d'engrais).

CLASSE 31

Génie Rural.

(Modèles réels ou réductions.)

1re Section. — Instruments et machines pour le travail du sol, les ensemencements et les récoltes.
2e Section. — Instruments pour la préparation des récoltes.
3e Section. — Matériel d'explorations forestières.
4e Section. — Manèges et moteurs divers.
5e Section. — Appareils hydrauliques.
6e Section. — Appareils de transport à dos d'hommes et d'animaux.
7e Section. — Constructions coloniales.

1re Sous-Section. — Matériaux de construction, matériel de terrassement, machines, outils, etc.
2e Sous-Section. — Modèles de constructions et réductions.

CLASSE 32

Peintures, aquarelles, gravures, dessins, graphiques, photographies, modelages, plans, etc.

CLASSE 33

Collections industrielles et documents de toute nature intéressant les industries aux colonies.

2ᵉ Division.

PRODUITS D'EXPORTATION DE LA FRANCE AUX COLONIES

GROUPE IV

Alimentation.

CLASSE 34

Féculents, farineux et leurs dérivés (farine, pâtes alimentaires, biscuits, etc.).

CLASSE 35

Sucres et dérivés (sucre, glucose, mélasses, sirops, chocolats, confiserie, etc.).

CLASSE 36

Boissons fermentées, alcool et spiritueux.

1ʳᵉ Section. — Vins de table.
2ᵉ Section. — Vins de Champagne et vins champanisés.
3ᵉ Section. — Vins de liqueur.
4ᵉ Section. — Bière.
5ᵉ Section. — Cidres et poirés.
6ᵉ Section. — Alcools de toute nature, cognac, liqueurs et spiritueux de tous genres.

CLASSE 36 bis.

Matériel et produits employés dans la fabrication des boissons fermentées et l'alcool.

1ʳᵉ Section. — Matériel de vinification, de brasserie, de distillerie.
2ᵉ Section. — Produits employés en vinification (Tannin, colles de poisson, gélatines, phosphates, noir animal, acide tartrique, acide citrique, albumine d'œuf et du sang, bisulfites, etc.).

CLASSE 37

Conserves alimentaires.

CLASSE 38

Condiments, aromates et épices.

CLASSE 39

Matières grasses : huiles, beurres, graisses, etc.

GROUPE V

Fils, Tissus et Habillement.

CLASSE 40

Fils et Tissus.

1re Section. — Fils et tissus d'origine animale (Soie, laine, etc.).
2e Section. — Fils et tissus d'origine végétale (Coton, lin, chanvre, etc.).
3e Section. — Rubans et passements.
4e Section. — Cordages, cordes et ficelles.
5e Section. — Tulles, dentelles et broderies.

CLASSE 41

Vêtements, coiffures et chaussures pour les colonies.

GROUPE VI

Habitations et Constructions diverses. Aménagement intérieur.

CLASSE 42

Matériaux de construction.

CLASSE 43

Modèles de constructions coloniales de toute nature (Modèles réels, réductions, plans, croquis, etc.).

CLASSE 44

Aménagement intérieur des habitations et constructions coloniales (Mobilier et décoration, éclairage, matériel de cuisine, verrerie, poterie, faïences, etc.).

GROUPE VII

Matériel de Transport.

CLASSE 45

Matériel des Chemins de Fer et des Tramways.

CLASSE 46

Automobiles, motocyclettes, canots automobiles, bicyclettes, etc.

CLASSE 47

Appareils de transport à petite, moyenne et grande distance, à dos d'hommes et d'animaux.

CLASSE 48

Navigation : Modèles de navires et d'embarcations soit pour les voyageurs, soit pour le transport des marchandises.

GROUPE VIII

Armes et Matériel de Campement et de Voyage.

CLASSE 49

Armes de chasse, armes de guerre et munitions.

CLASSE 50

Matériel de campement et de voyage.

Tentes, lits de camp, mobilier de campement, nécessaires de voyages, etc.

CLASSE 51

Emballages pour envois et voyages aux colonies (malles, cantines, caisses imperméables, etc. ; emballage des liquides, etc.).

GROUPE IX

Matériel Agricole, Horticole et Industriel.

CLASSE 52

Matériel spécialement employé dans les exploitations agricoles et horticoles ainsi que dans les plantations.

1re Section. — Instruments et machines pour le travail du sol, les ensemencements, l'entretien des cultures et les récoltes.
2e Section. — Instruments et machines pour la préparation des récoltes.
3e Section. — Manèges et moulins à vent.
4e Section. — Appareils hydrauliques.
5e Section. — *Industrie horticole* : Instruments aratoires, serres, modes de chauffage, claies, treillage, paillassons, vannerie horticole, travaux rustiques, engrais, insecticides, mastics, appareils insecticides, coutellerie, etc.

CLASSE 53

Matériel industriel.

1re Section. — Moteurs à vapeur, moteurs hydrauliques, etc.
2e Section. — Électricité.
3e Section. — Matériel d'usine (matériel de sucrerie, de féculerie, d'usine à thé, etc.).
4e Section. — Production du froid.
5e Section. — Matériel d'exploitation pour l'extraction et la préparation des produits du sous-sol.

GROUPE X

Produits Pharmaceutiques.

CLASSE 54

Pharmacie de voyage, médicaments divers (quinine, etc., etc...).

GROUPE XI

Industries diverses.

CLASSE 55

Parfumerie et savons.

CLASSE 56

Cigares et cigarettes.

CLASSE 57

Industrie du caoutchouc, de la gutta, de la balata, des gommes et des résines. Produits manufacturés, applications diverses.

CLASSE 58

Produits chimiques.

CLASSE 59

Stéarinerie.

CLASSE 60

Brosserie.

CLASSE 61

Tannerie et corroierie.

CLASSE 62

Teinture, peinture et couleurs.

CLASSE 63

Papiers et cartons de toute nature.

CLASSE 64

Verreries, faïences, porcelaines, poteries.

CLASSE 65

Orfèvrerie, bijouterie, articles de Paris.

CLASSE 66

Photographie, Matériel de Laboratoire et Instruments de Précision.

Matériel photographique, appareils d'optique, boussoles, matériel de laboratoires, de recherches scientifiques, instruments de précision, etc.

CLASSE 67

Machines diverses (machines à coudre, etc.).

3ᵉ Division.

ZOOLOGIE

GROUPE XII

Animaux vivants.

CLASSE 68

Mammifères.

1ʳᵉ Section. — *Equidés* : Chevaux, ânes, mulets, zèbres.
2ᵉ Section. — *Bovidés* : Bœufs, zébus, buffles.
3ᵉ Section. — *Ovidés* : Moutons, chèvres.
4ᵉ Section. — *Suidés* : Porcs.
5ᵉ Section. — Dromadaires, éléphants, etc.

CLASSE 69

Oiseaux.

1ʳᵉ Section. — *Oiseaux domestiques* : Poules, oies, canards, pintades, etc.
2ᵉ Section. — Autruches, nandous, etc.
3ᵉ Section. — Oiseaux de chasse, aigrettes, etc.
4ᵉ Section. — Oiseaux de volière et de parure.

GROUPE XIII

Produits et Dépouilles des Mammifères et des Oiseaux.

CLASSE 70

Pelleteries, poils et laines.

1ʳᵉ Section. — Fourrures.
2ᵉ Section. — Poils, crins et soies (soie de porc, poil de chameaux, poil de chèvre, etc.).
3ᵉ Section. — Laine.

4e Section. — Peaux brutes.

1re Sous-Section. — Peaux brutes des animaux domestiques salées ou simplement séchées.

2e Sous-Section. — Peaux brutes des animaux sauvages.

CLASSE 71

Ivoire, productions cornées et os.

1re Section. — Ivoire : Défenses d'éléphants, dents d'hippopotame, etc.

2e Section. — Produits cornés et os (cornes et onglons de ruminants, cornes de rhinocéros, etc.).

CLASSE 72

Suifs et graisses, saindoux.

CLASSE 73

Parfums, musc et civette (musc de Chine, musc du Tonkin, etc.).

CLASSE 74

Conserves de viande.

CLASSE 75

Plumes et dépouilles d'oiseaux.

1re Section. — Plumes de parure, plumes d'aigrette, plumes de nandous, etc., plumes de fantaisie provenant d'espèces diverses, plumes en vrac.

2e Section. — *Oiseaux en peau pour parure* : oiseau en peau plate, oiseaux en peau ronde, oiseaux en parure.

3e Section. — Plumes de literie.

4e Section. — Produits divers, nids de salangane, etc.

CLASSE 76

Matériel de chasse, armes, pêche, filets, etc.

CLASSE 77

Matériel et instruments de préparation.

1º Matériel de fabrication de conserves.

2º Matériel de fabrication des viandes, salées, fumées, etc.

3º Matériel de fabrication des engrais préparés avec des déchets animaux, matériel de préparation des graisses, huiles, colle, etc.

CLASSE 78

Matériel et appareils de transport, emballage.

1re Section. — *Animaux vivants* : voitures, wagons, navires, installation des animaux à bord des paquebots, cages pour le transport des oiseaux, etc.

2ᵉ Section. — Emballage et transport des animaux abattus et des viandes ; chambres frigorifiques, aménagements spéciaux à bord des navires faisant ce transport.

CLASSE 79

Cages, volières, poulaillers, pigeonniers, installation des animaux de basse-cour, etc.

CLASSE 80

Collections ornithologiques, collections de mammifères empaillés ou en peau, crânes, documents zoologiques de toute nature intéressant les mammifères et les oiseaux.

GROUPE XIV

Insectes utiles et Insectes nuisibles.

CLASSE 81

Sériciculture.

1ʳᵉ Section. — Vers à soie de Chine (cocons, soie grège, frisons, bourres de soie et autres produits).
2ᵉ Section. — Séricigènes sauvages (bombyciens et araignées), cocons, soie cardée, bourre de soie, etc.
3ᵉ Section. — Matériel de sériciculture et de filature.

CLASSE 82

Apiculture.

1ʳᵉ Section. — Abeilles et autres mellifères, ruches vivantes, cires et miels, etc.
2ᵉ Section. — Matériel d'apiculture.

CLASSE 83

Insectes fournissant des produits utiles, insectes à cire (cire de Chine, etc.), insectes à laque, gomme laque, laque en bâton, stick-lac, gomme laque blanche de Madagascar, cochenille du Nopal, cochenille d'Alger, etc.

CLASSE 84

Parasites, ennemis des cultures et des produits agricoles; insectes utiles comme destructeurs d'insectes nuisibles, collections et documents entomologiques de toute nature.

GROUPE XV

Produits de la Mer, des Rivières, des Lacs et des Etangs.

CLASSE 85

Collections d'animaux marins ou d'eau douce utilisables pour l'alimentation et l'industrie : poissons, cétacés, tortues, crocodiles, crustacés, mollusques, échinodermes, corail, éponges (photographies, dessins, publications diverses, etc.).

CLASSE 86

Produits tirés des animaux marins ou d'eau douce.

1re Section. — Conserves à l'huile, vin blanc, vinaigre, etc., en boîte ou en flacon.

2e Section. — Salaisons, morues et succédanés, animaux salés, séchés, etc.

3e Section. — *1re Sous-Section*. — Graisses, huiles, huile de foie, alimentaires et pharmaceutiques.

2e Sous-Section. — Graisses, huiles, guano, colle, gélatine, cires utilisées de l'agriculture ou de l'industrie.

4e Section. — Appâts, boëtte, rogue, etc.

5e Section. — *Objets de toilette, parure, etc.* : peaux, fourrures, cuirs, écailles, fanons, perles, nacres, camée, corail, éponges, etc.

6e Section. — *Produits d'applications diverses* : cétine, sperma-ceti, ambre gris, poudre d'os de seiche, coquillages utilisés comme monnaie, engrais, etc.

7e Section. — *Matières colorantes* : sépia, pourpre, etc.

CLASSE 87

Matériel de pêche.

1re Section. — Bateaux, chaluts, sennes, nasses, éperviers, lignes de toute sortes, hameçons, engins de corailleurs, etc.

2e Section. — *Matériel de culture* : élevage des huîtres, moules, culture des éponges ; élevage des crustacés (homards, langoustes, etc.). Pisciculture et piscifacture marine et d'eau douce, appareils d'éclosion, paniers d'alevinage, etc.

CLASSE 88

Matériel et instruments de préparation.

1re Section. — Matériel de fabrication de conserves, chaudières, autoclaves, machines à fabriquer les boîtes.

2e *Section*. — Matériel de fabrication du poisson salé, séché, fumé, etc.

3e *Section*. — Matériel de fabrication du guano, graisses, huiles, colle, tourteaux, cuirs, etc.

CLASSE 89

Matériel et appareils de transport, emballage.

1er *Section*. — *Poissons frais* : Chambres, caisses, bateaux et wagons frigorifiques, liquides antiseptiques, machines à production d'anhydride sulfureux, etc.

2e *Section*. — *Poissons, crustacés et mollusques vivants* : bateaux et wagons citernes, bateaux viviers.

3e *Section*. — Emballage pour poissons vivants, frais, salés, séchés, fumés, etc.

CLASSE 90

Collections scientifiques, générales ou spéciales des faunes marines ou d'eau douce des colonies.

Photographies, dessins, planches, publications diverses.

Parasites des animaux marins ou d'eau douce.

Animaux nuisibles, poissons toxiques venimeux, etc.

4ᵉ Division.

COLONISATION

GROUPE XVI

CLASSE 91

Missions, explorations.

Documents et collections, non compris dans les autres classes, intéressant les missions et explorations coloniales (Cartes, itinéraires, matériel et objets dont se sont servis les explorateurs, etc.).

CLASSE 92

Ethnographie.

Armes, instruments de musique, emblèmes, fétiches, photographies, dessins, etc.

CLASSE 93

Établissements scientifiques métropolitains de recherches coloniales.
Laboratoires, instituts coloniaux, etc.

CLASSE 94

Enseignement colonial.

1ʳᵉ *Section.* — Enseignement dans les colonies.
2ᵉ *Section.* — *Enseignement colonial en France* : enseignement agricole et administratif, enseignements coloniaux annexes des écoles d'agriculture, des facultés de sciences, des Chambres de Commerce, etc.
3ᵉ *Section.* — Diffusion des idées coloniales dans l'enseignement primaire et dans l'enseignement secondaire.

CLASSE 95

Hygiène coloniale.

Hygiène de l'alimentation, hygiène des boissons, hygiène des habitations, hygiène de l'habillement, prophylaxie des maladies de l'homme et des animaux particulières aux pays chauds. Géographie médicale, climatologie, eaux minérales coloniales, service de santé aux colonies.
Démographie (Natalité, mortalité, entrées dans les hôpitaux, influence des facteurs météorologiques sur la santé publique).

CLASSE 96

Sociétés créées dans le but de développer l'agriculture, le commerce et l'industrie des colonies.

1re Section. — Chambres d'Agriculture et Comices Agricoles.
2e Section. — Chambres de commerce.
3e Section. — Sociétés de propagande coloniale et sociétés particulières.

CLASSE 97

Organisation administrative des Colonies.

Documents concernant les principaux services et notamment les services économiques (Directions de l'Agriculture, Services agricoles, Services forestiers, Services vétérinaires, Stations d'essais, Stations agronomiques, Stations botaniques, Services des domaines, Services topographiques, etc.).

CLASSE 98

Travaux publics aux colonies, voies et moyens de communications.

Plans de constructions, travaux d'art, phares, plans de ville, etc.
Réseaux de route, réseaux ferrés, canaux, services de navigation, services postaux et télégraphiques.

CLASSE 99

Statistiques.

1re Section. — Statistiques relatives au commerce d'importation et d'exportation des diverses colonies.
2e Section. — Statistiques relatives au développement de l'agriculture coloniale.
3e Section. — Statistiques relatives à des questions d'ordre social (développement des assurances, des mutualités ; populations ouvrières des colonies).

CLASSE 100

Publications coloniales.

1re Section. — Presse coloniale d'ordre économique.
2e Section. — Publications périodiques.
3e Section — Ouvrages spéciaux des cultures, de l'élevage, de commerce, d'hygiène, d'industrie, etc.
4e Section. — Plans et cartes de territoires coloniaux, documents géographiques divers.

MEMBRES DU JURY

DE

L'EXPOSITION COLONIALE NATIONALE

DE 1907

Président général du Jury : M. Marcel SAINT-GERMAIN
Sénateur d'Oran.
Président du Comité national des expositions coloniales.

JURY SUPÉRIEUR

Président.

M. **Dubrujeaud.** — Président de la Chambre de Commerce de Paris.

Vice-Présidents.

MM. **Laveran.** — Membre de l'Institut.
Renault. — Industriel.
Schwob. — Vice-président du Comité national des Expositions coloniales. Président du Comité du Commerce et de l'Industrie à l'Exposition Coloniale Nationale en 1907.
Tisserand. — Président du Conseil d'administration du Jardin colonial.

Secrétaires.

MM. **Cladière.** — Secrétaire général du Comité du Commerce et de l'Industrie à l'Exposition Coloniale Nationale de 1907.
Eissen Piat. — Président du Groupe IX.
Du Vivier de Streel. — Président du Groupe I.

Rapporteurs généraux.

MM. **Charabot.** — Professeur à l'École des Hautes études commerciales.
Collot. — Commissaire de la section de l'automobile et des moyens de transport.

Membres.

MM. **Audoynaud.** — Président du Groupe VI.
Auricoste. — Directeur de l'Office Colonial.
Bellan. — Syndic du Conseil municipal de Paris.
Bougenot. — Président du Groupe III.
Bouvier. — Professeur au muséum d'histoire naturelle, président du Groupe XIV.
Brunet. — Secrétaire général du Comité national des expositions coloniales.
A. Cahen. — Président du Groupe II.

Chanel. — Président du Groupe XIII.
Dalmas. — Sous-directeur au ministère des colonies.
Darracq. — Président du Groupe VII.
Deloncle (Charles). — Député de Paris.
Deloncle (François). — Député de la Cochinchine.
C. Delhorbe. — Secrétaire général du Comité de Madagascar.
Paul Desbief. — Vice-Président du Comité national des exportations coloniales.
Dron. — Député, maire de Tourcoing.
Duchesne. — Sous-directeur au ministère des Colonies.
Dupont. — Sénateur, président du comité français des Expositions à l'étranger.
Esiault Pelterne. — Président de l'association cotonnière coloniale.
Fraenckel. — Président du Groupe V.
Gabelle. — Directeur de l'enseignement technique au ministère du commerce.
Galland. — Président du Groupe VI.
Giard. — Membre de l'Institut président du Groupe XV.
Alfred Grandidier. — Membre de l'Institut.
Hetzel. — Vice-Président du Comité français des Expositions à l'étranger.
Kamorgant. — Inspecteur général du Service de Santé des troupes coloniales.
Laporte. — Architecte.
Maguiem. — Du Comité français des Expositions à l'étranger.
Mascuraud. — Sénateur, Président du Comité républicain du commerce et de l'industrie.
Maurel. — Vice-Président du Comité national des exportations coloniales.
Mimard. — Président du Groupe VIII.
Ollivier. — Directeur de la Revue générale des Sciences.
Pinard. — Du Comité français des Expositions à l'étranger.
Prillieux. — Membre de l'Institut.
A. Raynaud. — Président du Groupe X.
Ruffier des Aimes. — Trésorier du Comité national des expositions coloniales.
Sandoz. — Du Comité des Expositions à l'étranger.
J.-P. Trouillet. — Directeur de la Dépêche coloniale. Vice-Président du Comité national des Expositions coloniales.
Trubert. — Président du Groupe XII.
Viseur. — Sénateur du Pas-de-Calais.
Vivien. — Président du Syndicat de la Presse coloniale. Président du Groupe XVI.
Weil. — Président du Groupe XI.
You. — Sous-Directeur au ministère des colonies.

LISTE DES RÉCOMPENSES

GROUPE I

Jury du Groupe.

Président : M. DU VIVIER DE STREEL, président du Conseil d'Administration de la Cie du Congo occidental.
Vice-Présidents : MM. E. JOUISSE, conseiller du Commerce extérieur, président du Tribunal de Commerce d'Orléans.
— LEFEBVRE, conservateur du Bois de Vincennes.
Secrétaire : M. MICHEL LÉVY, secrétaire de la Cie du Congo occidental.
Rapporteur : M. FILLOT, négociant-importateur.

MEMBRES

MM.

BUCHET, Dr de la Pharmacie centrale de France.
CARIMANTRAND, ingénieur.
CHALOT, chef de Service au Jardin Colonial.
CHAPMANN, négociant-importateur.
DIGONNET, négociant-importateur.
DORVAULT, négociant.
FETTU, négociant.
GILLOT administrateur délégué de la Cie agricole et commerciale de la Nouvelle-Calédonie.
HEIM (D^r), secrétaire général de la Société française de colonisation.
HOLLANDE, négociant-importateur.
LANDRIN, fabricant de produits pharmaceutiques.
LUTZ, professeur à l'École supérieure d'Agriculture coloniale.
MENIER, député.
PIERRAIN, importateur de bois exotiques.
RACHET, importateur de bois exotiques.
ROCCA, négociant-importateur.
DE ROUX, négociant-importateur.
TASSY, négociant-importateur.
WATEL, président des Sultanats du Haut-Oubangui.

LISTE DES EXPOSANTS HORS CONCOURS

MM. FETTU; HOLLANDE; PIERRAIN; RACHET; WATEL; JOUISSE; LANDRIN; DIGONNET; CHAPMANN; MENIER; ROCCA TASSY et DE ROUX; GILLOT et FILLOT (membres du jury).
UNION COMMERCIALE POUR LES COLONIES ET L'ÉTRANGER.
COMPAGNIE COLONIALE DU GABON.

CLASSE 1

1° Diplômes de Grands Prix.

GOUVERNEMENT GÉNÉRAL DE L'INDO-CHINE (Direction de l'Agriculture).
GOUVERNEMENT GÉNÉRAL DE MADAGASCAR (Direction de l'Agriculture).
GOUVERNEMENT GÉNÉRAL DE L'AFRIQUE OCCIDENTALE FRANÇAISE (Direction de l'Agriculture).
COLONIE DE LA CÔTE D'IVOIRE.
COL. DU CONGO (Serv. de l'Agriculture).
COLONIE DE LA GUYANE (Service de l'Agriculture).
COMITÉ DE LA GUYANE (Mission permanente de la Guyane).
M. E. DUBOT, planteur à Conakry (Guinée française).
MAISON COLOMBIN, 4, rue Cambon, Paris.

2° Diplôme d'honneur.

M. LEVACHER, 130, route de Fontainebleau à Kremlin-Bicêtre.

3° Diplômes de médailles d'or.

COMP. OCCIDENTALE DE MADAGASCAR.
MM. DE BÉCHADE (Nouvelle-Calédonie).
ALBERT STURN, 237, rue St-Maur, Paris.
MAISON QUESNEL, à Sikasso (Haut-Sénégal-Niger).

4° Diplômes de médailles de vermeil.

MM. OSWALD ET Cº, Tamatave (Madagascar).
HERSCHER à Nosy-Bé (Madagascar).
JEAN AUGÉ à Bourail (Nouvelle-Calédonie).

5° Diplômes de médailles d'argent.

MM.
F. TEULE à Gabès (Tunisie).
J. UZAN à Tunis.
A. PONSIN, 41, rue Tiquetonne.
SANDOZ à Vohémar (Madagascar).
GUINET à Vohémar (Madagascar).

MM.
BOUQUET ET BELLEGARDE à Farafangana (Madagascar).
IMHAUS FRÈRES à Diégo-Suarez (Madagascar).

6° Diplôme de médaille de bronze.

MM. MALACHOWSKI ET LUCCHINI à Tunis (Tunisie).

CLASSE 3

1° Diplômes de Grands Prix.

GOUVERNEMENT GÉNÉRAL DE L'AFRIQUE OCCIDENTALE FRANÇAISE (Direction de l'Agriculture).
GOUVERNEMENT GÉNÉRAL DE MADAGASCAR (Direction de l'Agriculture).
SOCIÉTÉ DES PLANTATIONS D'ANJOUAN, 15, rue du Louvre.
M. FAUCON (Tunisie).

2° Diplômes d'honneur.

M. F. Calonne, 152, boulevard Saint-Germain, Paris.
Colonie de la Guadeloupe.
Établissements français de l'Océanie.
Établissements français de l'Inde.
Colonie de la Guyane française.
Colonie de la Martinique.
Colonie du Cambodge.
Colonie de l'Annam.
Colonie de la Cochinchine.
Colonie du Laos.
Colonie du Tonkin.
Gouvernement Général de l'Indo-Chine (Direction de l'Agriculture et du Commerce).
M. Paul Chaffanjon et C°, planteurs au Tonkin.
C¹ᵉ des thés de l'Annam.

3° Diplômes de médailles d'or.

MM.
Guieu frères.
Jacques Verdier, planteur au Tonkin.
Lafeuille, planteur au Tonkin.
J. Augé à Bourail (Nouvelle-Calédonie).
Barreau et C° (Nouvelle-Calédonie).
Union Commerciale Indo-Chinoise, 19, rue de Valois, Paris.
Société d'Exploitation des propriétés Roux et Schaller, Tonkin.

MM.
Perrin frères, planteurs à Tuyen, Tonkin.
Société d'Importation coloniale.
MM.
de Béchade (Nouvelle-Calédonie).
Devambez (Nouvelle-Calédonie).
Maron (Tonkin).

4° Diplôme de médaille de vermeil.

MM. Le Goupil et Ronny (Nouvelle-Calédonie).

5° Diplômes de médailles d'argent.

MM.
Herscher, Nosy-Bé (Madagascar).
Dumont, à Tamatave (Madagascar).
Couesnon, à Tananarive (Madagascar).
Laroque, Tamatave (Madagascar).
Maignot, Andevoranto (Madagascar).
Guinet, à Vohémar (Madagascar).
Locamus, à Nosy-Bé (Madagascar).
Dupuy, à Tamatave (Madagascar).
Venot, à Mananjary (Madagascar).
Todivato, Sainte-Marie.
Vergoz, Sainte-Marie (Madagascar).
Todivelo, Sainte-Marie (Madagascar).
Hodoul, à Mahanoro (Madagascar).
Guy de Lamothe, à Nosy-Bé (Madagascar).

MM.
Chantepie, à Tamatave (Madagascar).
Mathieu, à Analalava (Madagascar).
Moyaux, à Nosy-Bé (Madagascar).
Mᵐᵉ Veuve Kempf, à Sainte-Marie (Madagascar).
Florent (Madagascar).
Hoarau, à la Réunion.
Mathieu, à Andevoranto (Madagascar).
Ballande fils aîné (Nouvelle-Calédonie).
Barrau (Nouvelle-Calédonie).
Maestracci et Huet (Nouvelle-Calédonie).
Janniard (Nouvelle-Calédonie).

A. Rolland, à La Foa (Nouvelle-Calédonie).
Lacourt (Nouvelle-Calédonie).
Bloc frères (Nouvelle-Calédonie).
G. Rolland, à Saraméa (Nouvelle-Calédonie).
Gubbay (Nouvelle-Calédonie).
Bussy-Durand (Nouvelle-Calédonie).
Reboul, Enchyr-Bahia (Tunisie).
Timsit, Tunis.
Pretel, Tunis.

Domaine de Saint-Joseph de Thibar (Tunisie).
Champ d'Essais de Yong-Yem (Cochinchine).
MM. Romery, planteurs à Tuyen-Quang (Tonkin).
Moutenot, domaine de Kim-Yeu (Tonkin).
Dechaume (Annam).
Tartarin et C°, planteurs au Tonkin

6° Diplômes de médailles de bronze.

M. Dussouillez, à Tunis.
C¹ᵉ Occidentale de Madagascar.
MM.
Sabatier, à Sainte-Marie (Madagascar).
Gardies, planteur au Tonkin.

Jardin Botanique de Hanoï (Tonkin)
MM.
Bourgain, à Hanoï (Tonkin).
Fiivet, à Paris.
Reynaud, Blanc et C°.

CLASSES 2 ET 4

1° Diplômes de Grands Prix.

Gouvernement Général de l'Indo-Chine (Service Forestier).
Gouvernement Général de Madagascar (Direction de l'Agriculture).
Gouvernement Général de l'Afrique Occidentale française.
Colonie de la Guinée française.
Colonie de la Guyane.
Colonie de la Nouvelle-Calédonie.
Tunisie (Direction des Forêts).

2° Diplôme d'honneur.

Établissements français de l'Inde.

3° Diplômes de médailles d'or.

Société commerciale du Laos (M. Simon, administrateur délégué).
Chambre d'Agriculture de Pondichéry.
Chambre d'Agriculture de la Réunion.

4° Diplôme de médaille d'argent.

M. d'Alleizette.

5° Diplôme de médaille de bronze.

M. Wizennemann, 42 bis, rue Sedaine, Paris.

RÉCOMPENSES ATTRIBUÉES AUX COLLABORATEURS
PAR
LE JURY DU GROUPE I

1° Diplômes d'honneur.

MM. Brenier, sous-directeur de l'Agriculture en Indo-Chine. — Jaeglé, agent de culture à Madagascar. — Max Robert, administrateur Colonial. — Prudhomme, Directeur de l'Agriculture aux colonies. — Yves Henry, directeur de l'Agriculture en A.O.F.

2° Diplômes de médailles d'or.

MM. d'Alleizette (pavillon de l'A.O.F.). — Boude, Inspecteur-adjoint des forêts. — Crevost, Directeur du musée économique de l'Indo-Chine. Fauchère, sous-inspecteur d'Agriculture à Madagascar. — Gronnier. — Haffner, chef du Service de l'Agriculture en Cochinchine. — Malpuech, commis des Services civils en Indo-Chine. — Piret, sous-inspecteur d'Agriculture à Madagascar. — Ranchoux. — Raph. Mayer. — Rascol (Léon-Achille) Union commerciale pour les Colonies et l'Étranger. — Richard (Jacques) père (Maison Hollande). — Sagot (Léon), maison Fettu. — Sarton, Administrateur Colonial.

3° Diplômes de médailles de vermeil.

MM. Charroin (André). — Henry (maison Jouisse). — Madame R. Lachaussée (préparateur de la maison Fillot). — Lenain (préparateur de la maison Fillot). — Spry (Henry) (maison Hollande).

4° Diplômes de médailles d'argent.

MM. d'Alleizette (pavillon de Madagascar). — Agniel, agent de culture à Madagascar. — Bousquet, contre-maître d'Agriculture à Madagascar. — Campominosi. — Delgove, agent de culture à Madagascar. — Douine (Pavillon du Congo). — Dubot (Louis). — Duchêne, agent de culture à Madagascar. — Girard. — Keating, agent de culture à Madagascar. — Lang. — Nicolas, agent de culture à Madagascar. — Raymond (Joseph) Richard (Jacques), fils (maison Hollande). — Rollot, agent de culture à Madagascar. — Tisserand (Alexandre), mandataire de la Société commerciale du Laos.

5° Diplômes de médailles de bronze.

MM. Dubot (Charles). — Féron (L.). — Gervais (pavillon de Madagascar). — Guyon de Chémilly. — Ly Fran, Thien (Annam). Sourbés (Abel), (maison Fettu).

GROUPE II

Jury du Groupe.

Président : M. Alph. Cahen, entrepreneur de travaux publics.
Vice-Président : M. A. Bigard, ingénieur.
Rapporteur : M. Louis Rau, président de la Société nouvelle des mines de Bong Niu.
Secrétaire : M. Lavalot.

LISTE DES EXPOSANTS HORS CONCOURS

MM. Alp. Cahen, entrepreneur de travaux publics, 24, boulevard Edgar Quinet.
A. Bigard fils, ingénieur, 60 rue de Maubeuge.
Louis Rau, président de la Société nouvelle des Mines de Bong Niu, 54, rue de la Victoire.

CLASSE 5

1° Diplômes de médailles d'or.

Colonie de la Guyane française.
Gouvernement général de l'Afrique occidentale française.

2° Diplômes de médailles d'argent.

Colonie de la Côte d'Ivoire.
Service des Mines de l'Indo-Chine.

3° Diplôme de médaille de bronze.

M. de Béchade (Nouvelle-Calédonie).

CLASSE 7

Diplôme de médaille d'or.

MM. Imhaus frères (Diego-Suarez).

CLASSE 9

Diplôme d'honneur.

M. Léon Terrien de la Couperie.

CLASSE 10

1° Diplômes de médailles d'argent

Colonie du Sénégal.
Colonie de la Guinée.

GROUPE III

Jury du Groupe.

Président : M. Bougenot, planteur propriétaire à la Martinique.
Vice-Président : M. Baube, industriel.
Secrétaire-Rapporteur : M. Georges Coulon, négociant importateur.

MEMBRES

MM.
Boutteville.
Ch. Coulon, négociant importateur.
A. Chaumier.
Delignon, négociant importateur.
Edeline, industriel.
Gradis (Raoul), planteur propriétaire à la Martinique.
Hallam de Nittis.
Hamelle, industriel, membre du Conseil d'administration du Jardin Colonial.
E. Liaud, négociant.
Martine, négociant.
Milliau, directeur du laboratoire d'essais techniques de Marseille.
Morel-Lauthier, négociant.
Taffonneau, conseiller d'arrondissement, membre du Comité républicain du Commerce et de l'Industrie.

LISTE DES EXPOSANTS HORS CONCOURS

MM. E. Baube.
Bougenot, père et fils.
Ch. Coulon et frères.
D. Gradis et fils.
Martine et C°.

MM. Morel-Lautier.
Rocca, Tassy et de Roux (Marseille).
de Bruyn (Produits fabriqués à l'étranger).

CLASSE 41

1° Diplômes de grands prix.

M. Fernand Clerc.
Gouvernement de Cochinchine.
Gouvernement du Tonkin.

2° Diplômes d'honneur.

Gouvernement du Laos.
Gouvernement du Cambodge.

3° Diplômes de médailles d'or.

Société anonyme « La Kotto ».
Gouvernement de la Guyane.
M. Locamus, Nossi-Bé, Madagascar.

4° Diplômes de médailles d'argent.

MM. Bordaz et C° (Martinique).
Thierry (Martinique).

5° Diplômes de médailles de bronze.

MM. de Béchade (Nouvelle-Calédonie).
Dalleau (Madagascar).
De Raynal (Martinique).
Teule, Gabès (Tunisie).

CLASSE 12

1° Diplôme de grand prix.

Société anonyme du Domaine de Megrine (Tunisie).

2° Diplômes des médailles d'or.

M. Bernier.
Domaine de Saint-Joseph de Thibar (Tunisie).
Mme Lagrenée (Tunisie).
M. E. Chatel (Paris).

3° Diplômes de médailles d'argent.

MM.
Mersanne (Madagascar).
Baraud, Tamatave (Madagascar).
Baudristhène, Tamatave (Madagascar).
Dupuy, Tamatave (Madagascar).
Mathiessen, Birkaden (Algérie).

Archevêché de Carthage.
M. Cuny, Sfax (Tunisie).
Orphelinat agricole Perret, à la Maïssa (Tunisie).
MM. Vacherot, Beja (Tunisie).
F. Calonne (Paris).

4° Diplômes de médailles de bronze.

MM.
Locamus, Nossi-Bé (Madagascar).
Les Frères des Écoles Chrétiennes (Tananarive).
MM.
Angeline (Tunisie).

Fernand de Loche, Zawack (Tunisie).
E. Obert, Aïn-el-Asker (Tunisie).
E. Rousseau, Bir M'cherga (Tunisie).
Raffin frères, Medjer el Bab (Tunisie).
Teule, Gabès (Tunisie).

CLASSE 14

1° Diplômes de grands prix.

Gouvernement Général de l'Afrique Occidentale Française.
Direction de l'Agriculture de l'Indo-Chine.
M. Boulakia (Tunisie).

2° Diplômes de médailles d'or.

MM. Moïse Sberro.
Abdelhamid, Lescar.

3° Diplômes de médailles d'argent.

Deutsch Ost Afrika Gesellschaft (Madagascar).
MM. Ly-Dang.
Boutboul.
Beurnel.

4° Diplômes de médailles de bronze.

MM. Gabriel Medina.
Basilio Couiteas.

CLASSE 15

1° Diplôme de grand prix.

Établissements français d'Océanie.

2° Diplôme de médaille d'argent.

M. Charles Martineau.

CLASSE 16

1° Diplôme de grand prix.

Direction de l'Agriculture et du Commerce et de l'Indo-Chine.

2° Diplôme de médaille d'argent.

École Professionnelle de Tananarive.

3° Diplôme de médaille de bronze.

M. Chaoli Belhassen.

CLASSE 17

1° Diplômes de grands prix.

MM. Pillet et d'Enfert.
Direction de l'Agriculture et du Commerce de l'Indo-Chine.
MM. Godard et Co (Indo-Chine).
Union Commerciale Indo-Chinoise.

2° Diplômes d'honneur.

MM. A. Geoffroy.
G. Bourbonnais.

3° Diplômes de médailles d'or.

MM. Jean Fremont.
J. Smadja, Hassid et Kaby.

4° Diplômes de médailles d'argent.

MM. G. Laridan.
Prost (Parfumerie Blaise).
Robin.

CLASSE 18

1° Diplôme de médaille d'or.

Manufacture de tabacs d'Hanoï.

CLASSE 20

1° Diplômes de grands prix.

Chambre de Commerce et Chambre d'Agriculture de Pondichéry.
Comité du Commerce et de l'Industrie de l'Indo-Chine.
Direction de l'Agriculture et du Commerce de l'Indo-Chine.
Gouvernement du Tonkin.
Gouvernement Général de Madagascar (Direction de l'Agriculture).
Établissements français de l'Inde.

2° Diplômes d'honneur.

Ville de Fianarantsoa.
Ville de Tananarive.
Direction de l'Agriculture (Tunisie).

3° Diplôme de médaille d'or.

M. Lagrenée, professeur au Domaine de Chaouat (Tunisie).

4° Diplômes de médailles d'argent.

MM. Desgrandchamps (Paris).
Guimet (Vohemar-Madagascar).

4° Diplôme de médaille de bronze.

M. Saintin, à Colombes.

CLASSE 21

1° Diplôme d'honneur.

Territoire militaire du Tonkin.

CLASSE 22

1° Diplômes de grands prix.

DIRECTION DE L'AGRICULTURE DE MADAGASCAR.
GOUVERNEMENT DU TONKIN.
GOUVERNEMENT DE COCHINCHINE.
GOUVERNEMENT DU CAMBODGE.
GOUVERNEMENT DU LAOS.
GOUVERNEMENT DE L'ANNAM.

2° Diplômes d'honneur.

ÉTABLISSEMENTS FRANÇAIS DE L'OCÉANIE (Tahiti).
GOUVERNEMENT DE LA GUYANE.

3° Diplômes de médailles d'or.

MM. LEVACHER, au Kremlin-Bicêtre.
RANARIVELO, Ambatonakanga à Tananarive (Madagascar).
Mme VEUVE MOUTON, Paris.

4° Diplôme de médaille d'argent.

M. JEAN AUGÉ, à Bourail (Nouvelle-Calédonie).

5° Diplôme de médaille de bronze.

M. JOUSSARD.

CLASSE 23

1° Diplôme d'honneur.

M. LÉON DARTUS, Paris.

2° Diplôme de médaille d'argent.

M. LEFORTIER, ANTSIRABÉ (Madagascar).

CLASSE 24

1° Diplômes de grands prix.

DIRECTION DE L'AGRICULTURE DE L'INDO-CHINE.
GOUVERNEMENT DE LA COCHINCHINE.
GOUVERNEMENT DE L'ANNAM.
GOUVERNEMENT DU LAOS.
GOUVERNEMENT DU CAMBODGE.
GOUVERNEMENT DU TONKIN.

2° Diplôme d'honneur.

M. LÉON DARTUS, Paris.

CLASSE 25

1° Diplômes de médailles d'argent.

MM. HARMEL, TOUSSAINT ET Co (Courbevoie).
DOCTEUR LUCIEN MORISSE (Paris).
A. RIBARD (Alger).

CLASSE 26

1° Diplômes de grands prix.

Gouvernement du Tonkin.
Gouvernement de la Guyane française.

2° Diplômes d'honneur.

Province de Ha-Tinh.
Comité local de Cochinchine.

CLASSE 27

1° Diplôme de grand prix.

Gouvernement Général de Madagascar (Direction de l'agriculture).

2° Diplômes d'honneur.

Comité local du Tonkin.
École de Thudaumot. (Cochinchine).
École professionnelle de Tananarive.

3° Diplôme de médaille d'or.

Service forestier de l'Indo-Chine.

4° Diplôme de médaille d'argent.

M. Weischenk.

CLASSE 28

1° Diplômes de grands prix.

Gouvernement de la Nouvelle-Calédonie.
Gouvernement Général de l'Afrique Occidentale Française.
M. Charles Langlois (Algérie).

2° Diplôme d'honneur.

Direction des Antiquités et des Arts de la Régence de Tunis.

3° Diplômes de médailles d'or.

MM. Imhaus frères.
G. Chemla.

4° Diplôme de médaille d'argent.

MM. Saladin et E. Blondel.

CLASSE 30

1° Diplôme d'honneur.

Société du Sinato Bactérien. A Lucas.

CLASSE 31

1° Diplômes de grands prix.

Notables du village de Phu-Cuong, province de Thudaumot (Cochinchine). (Maison sculptée).
MM. Jean et Georges Hersent.
Direction de l'Agriculture de Madagascar.

2° Diplômes d'honneur.

Jardin d'Essais de Marovoay, province de Majunga (Madagascar).
MM. Vo-Vang-Quang (Thudaumot-Cochinchine).
  Gaston-Leloup, professeur de dessin en Indo-Chine.
Jardin d'Essais de l'Ivoloina, près Tamatave.

3° Diplômes de médailles d'or.

MM. Eug. Martin.
  Paul Embry.

4° Diplôme de médaille d'argent.

MM. Imhaus frères (Diégo Suarez).

CLASSE 32

1° Diplôme de grand prix.

Gouvernement de la Guyane.

2° Diplôme de médaille d'argent.

M. Goussard (photographies de la Martinique).

RÉCOMPENSES ACCORDÉES AUX COLLABORATEURS
PAR
LE JURY DU GROUPE III

Maison Émile Bougenot. = Usine du Galion (Martinique) et 24, rue Pauquet, Paris.

1° Diplôme de médaille d'or.

M. Joseph de Laguarigue de Survilliers, directeur de l'usine du Galion à la Trinité (Martinique).

2° Diplôme de médaille d'argent.

M. Lejeune Victor, chef mécanicien à l'usine du Galion, Trinité (Martinique).

Maison Ch. Coulon et frères, Havre, Paris, Fort-de-France (Martinique).

1° Diplôme de médaille d'or avec félicitations du jury.

M. Barthélemy Auguste, 11, rue de la Croix Faubin, Paris.

Maison D. Gradis et fils, 15, rue d'Argenteuil, Paris.

1° Diplômes de médailles d'or.

MM. de Courmont, directeur de l'Usine Basse-Pointe à Basse-Pointe (Martinique). — Mercier (Louis), Paris. — Froelich (Jean), Paris.

Maison A. et G. Martine et Cie, Paris, 2, square Pétrelle et 15, rue de Roubaix à Lille.

1° Diplômes de médailles d'or.

MM. Cornette (Henri), ingénieur, directeur de la Maison. — Delemer (Jules), fondé de pouvoirs de la Maison.

Maison L. Delignon.

1° Diplômes de médailles d'or.

MM. Paris (Camille), directeur général des établissements Delignon en Annam à Phu-Phong par Quimbon. — Lambert (Julien), fondé de pouvoirs à Paris, 16, rue d'Argenteuil.

Maison Lautier fils à Grasse.

1° Diplômes de médailles d'or.

MM. Baver (Félicien), fondé de pouvoirs, 50, b^d Victor, Grasse. — Boucanier (Henri), directeur d'usine, rue des Cordeliers à Grasse.

Maison Jean et Georges Hersent, 60, rue de Londres, à Paris.

1° Diplômes de médailles d'or.

MM. Odent (Charles). — Hausermann (Eugène). — Gallut (Armand). — Dechaux (Charles) et Benezeth (Louis), ingénieurs des Arts et Manufactures.

2° Diplômes de médailles d'argent.

MM. Pischuita Napoléon. — Rabioglio François. — Lardy. — Plazonice Paolo et Litardi, ingénieurs civils.

Villages malgaches.

1° Diplômes de médailles de bronze.

MM. Duchêne, agent de culture (Madagascar). — Keating, agent de culture (Madagascar). — Nicolas, agent de culture (Madagascar). — Rollot, agent de culture (Madagascar).

Maison Dartus Léon, relieur, 6, rue Christiani, Paris.
1° Diplôme de médaille d'argent.

M. Flesch (Edmond), contre-maître.

2° Diplôme de médaille de bronze.

M. Vandeworde (Émile), doreur à la main, 21, rue Saint-André del Sarte.

3° Mention honorable.

M. Biron (Fernand), doreur au balancier, 9, quai de Passy.

Maison Paul-Alexandre Levacher.
1° Diplôme de médaille de bronze.

M. Martres (Roger Pierre), 10, rue Simon le Franc.

Village indo-chinois et Diorama.
1° Diplômes de médailles de bronze.

MM. Hyèn van Bay, village de Tàu Dông thôn, canton de Binh tranh trung par Saïgon. — Dong Tu, village de Huët Ung, province de Bac-Nunh (Tonkin). — Nguyen van Do, chef charpentier annamite. — Le Van On, sculpteur annamite.

Maison Pillet et d'Enfert.
1° Diplôme de médaille d'or.

M. Clerget, directeur d'usine.

2° Diplôme de médaille d'argent.

Mme Mariette, contremaîtresse.

Maison Paul Embry, 7, rue du Commandant Rivière, Paris.
1° Diplôme de médaille d'argent.

M. Embry (Pierre), 7, rue du Commandant Rivière, Paris.

2° Diplômes de médailles de bronze.

MM. Masselon (Émile), 18, avenue Alphand, Saint-Mandé. — Dumont (Jean) 17, rue de Ponthieu, Paris. — Lepierre (Charles), rue des Blagi, Bourg-la-Reine. — Ancrenan (Joseph), rue du Commandant Rivière, Paris.

Maison Lagrenée, Tunis.
1° Diplôme de médaille d'argent.

Mlle Magnien.

Gouvernement général de l'Indo-Chine.
1° Diplômes d'honneur.

MM. Outrey, inspecteur des services civils de l'Indo-Chine. — Hauser, administrateur des services civils. — Brenier, sous-directeur de l'agriculture.

Résidence générale de Tunisie.
1° Diplôme d'honneur.

M. Violard, délégué de la Tunisie à l'Exposition coloniale nationale de 1907.

Deuxième division.

GROUPE IV

Jury du groupe.

Président : MM. A. Galland.
Vice-Président : J. Cahen.
Secrétaire-rapporteur : J. Wohlhuter.

MEMBRES

MM. Belleau.
Lamiral.
Leleu (A).
Leroy (Charles Gaston).
Levy (H.)
Müntz, membre de l'Institut.
Piot (H).

LISTE DES EXPOSANTS MIS HORS CONCOURS

MM. Vital-Desclos, membre du jury.
Leleu au Havre, membre du jury.
Menier (Gaston), membre du jury.
Belleau (Désiré) à Reims, membre du jury.
Chapmann, membre du jury.
Galland à Paris, membre du jury.
Lamiral à Paris, membre du jury.
Wohlhuter (J.-J.), à Paris, membre du jury.
Cahen (J.), à Paris, membre du jury.
Garnier (Albert), à Paris, membre du jury.
Rocca Tassy et de Roux à Marseille, membres du jury.

CLASSES 34, 35 ET 37.

Diplômes de médailles d'or.

MM. Digonnet (Marseille).
Guieu frères.

2° Diplômes de médailles d'argent.

MM. Hanff et Leu, Paris.
Millard (Alfred).

MM. Schall et Coyette à Paris.
Delvalle.

3° Diplôme de médaille de bronze.

M. Gauthier.

CLASSES 36 ET 36 bis.

1° Diplômes de grands prix.

MM. Bourbonnais à Marolles en Hurepoix (cl. 36).
Bourcier frères, à Ivry-sur-Seine.
Claquesin, à Paris.
Dumesnil frères, à Paris.
Fourey, à Nangis.
Moineaux et Bardin, Paris.
Soualle, Pont-Sainte-Maxence.
Syndicat des Expositions des vignobles de la Gironde, Bordeaux.
MM. Talabard, à Saint-Denis-sur-Seine.
Jacquemin, à Malzéville.

2° Diplôme d'honneur.

M. Bourbonnais, à Marolles en Hurepoix (cl. 36 bis).

3° Diplômes de médailles d'or.

Syndicat central des fabricants de produits œnologiques de France.
MM. Baron, à Paris.
Bressand, à Reims.
Guersent, à Paris.
Sabatier, à Marengo (Algérie).
Delahoutre, à Charenton.
Rouillon, Paris.

4° Diplômes de médailles d'argent.

MM. Delélee-Préhant, à Pré-en-Pail (Mayenne).
Mercadier, Toulouse.

5° Diplômes de médailles de bronze.

MM. Bozon, à Paris.
Jacques Célestin, à Choisy-le-Roi.
Leu (Alfred), à Paris.
Philippeau, à Paris.
Baudon, à Paris.

6° Mention honorable.

M. Moret G. et C°, à Courbevoie.

RÉCOMPENSES ATTRIBUÉES AUX COLLABORATEURS
PAR
LE JURY DU GROUPE IV

1° Diplôme de Grand Prix.

M. Sabatier de la maison Gaston Menier.

2° Diplômes d'honneur.

MM. Émile Jauffret. — Léon Monnier et Ély Hawa, de la maison Rocca, Tassy et de Roux (Marseille).

2° Diplômes de médailles d'or.

MM. Neuville, Schlienger, Louis Logre, de la maison Gaston Menier. — Louis Rots, fondé de pouvoirs de la maison Leleu. — Bernard, de la maison Guieu frères. — René Stoll, directeur technique chez M. J. Wolhuter. — Ed. Arquet, à Paris, de la maison Lamiral. — Corbette, de la maison Fourey, à Nangis. — Gimel (Gilbert). — — Pique (René), de la maison Jacquemin. — Cadot (Auguste), Bergier (Jean) et Crégu, de la Maison Rocca, Tassy et de Roux.

3° Diplômes de médailles d'argent.

MM. Etienne Jeannin, de la maison J. J. Wolhuter. — Henri Maillard, de la maison Ch. Baron, à Paris. — Elie Veyron, de la maison Sabatier, à Nîmes. — Adolphe Lemoult de Lafosse, de la maison Fourey, à Nangis. — Laisné, chimiste de la maison Vital-Desclos. — Bourgerie, Joseph Duclos, Auguste Legrand, de la maison Gaston Menier.

4° Diplômes de médailles de bronze.

MM. Gaudry, chef de fabrication de la maison Millard. — Abel Gasgnier, de la maison Ch. Baron, à Paris. — Etienne, du Syndicat viticole de Bordeaux. — Mme Marie Jourdan (veuve Lherminier). — MM. Ambroise Barbé et Frétard (Eugène), de la maison Vital Desclos.

GROUPE V.

Jury du groupe.

Président : M. Fraenckel, négociant.
Vice-Président : M. Maurice Chevron, négociant.
Secrétaire-Rapporteur : M. André Schwob, industriel.

MEMBRE

M. Bigorne, sous-gérant de la maison « La Belle Jardinière ».

LISTE DES EXPOSANTS HORS CONCOURS

MM. Fraenckel et Blin (Elbœuf).
Schwob frères (Héricourt-Haute-Saône).
Chevron (Maurice). Paris.
Bessand, Stasse et Cie. (Belle Jardinière. Paris).

Liaud frères (Paris).
Vollant (Armand).
Bessonnat et Cie (High Life Taylor, Paris).
Maison « Paris Tailleur ».

CLASSES 40 et 41.

1° Diplômes d'honneur.

M. Roche. Lyon.

Diplôme d'honneur en collectivité aux exposants du Stand des modes sportives parisiennes.

MM. Dugas, 10 Bd Sébastopol, Paris.
Pantel (Michel), Paris.
Tony Vivier, successeur de Bégumet Desfoux.
Chotin (Gaston) 34 rue des Archives, Paris.

Chaillou.
Mme Desbruyères.
M. Evrard.
Gabrielle.

2° Diplômes de médailles d'or.

MM. Fritz Heinemeyer, 23, rue d'Antin, Paris.
Paul Levacher.
École de dessin de la chambre syndicale des dentelles de Paris.

3° Diplômes de médailles d'argent.

M. Colinot-Doux (Corbigny-Nièvre).
Corset Margaret, 8, rue Boudreau, Paris.

4° Diplôme de médaille de bronze.

M. Askenasi.

RÉCOMPENSES ATTRIBUÉES AUX COLLABORATEURS
PAR
LE JURY DU GROUPE V

1° Diplômes d'honneur.

M. MATHIEU BRUYÈRE de la maison Liaud.

2° Diplômes de médailles d'or.

M. PAPIGNY (AUGUSTIN) de la maison Vollant. — Mme CLÉMENCE ESCRIBE de la maison Liaud.

3° Diplômes de médailles d'argent.

M. FERRAND (JOSEPH) de la maison Liaud. — M. MILLIARD (LÉOPOLD) de la maison Fraenckel et Blin. — Mme POIRIER de la maison Vollant.

4° Diplômes de médailles de bronze.

M. BONHOMME (HENRY) et M. ANTOINE (CHARLES) de la maison Liaud. — M. ROGER (PIERRE MARIUS), de la maison Levacher. — M. WIETTÉ (MAURICE). Mme JULIA HÉBRARD ET M. HULNÉ (LOUIS), de la maison Chotin. — M. SCHMITT (EUGÈNE) ET M. GUNST (CHARLES) de la maison Fraenckel et Blin. — Mme DUBREUIL (MATHILDE) ET Melle RAPHAND de la maison Vollant.

CHAPITRE VI

Jury du groupe.

Président : M. Audoynaud aîné. Expert près la Cour d'appel et le Tribunal civil.
Vice-Présidents : M. Théo-Petit, architecte.
M. Besdel, architecte.
M. Wuillemin, industriel.
Rapporteur : M. Laporte, architecte.
Rapporteur-Adjoint : M. Guérin, fabricant de meubles d'art.
Secrétaire : M. Bony, ingénieur.

MEMBRES

MM. Benoit-Lévy (Albert), négociant.
Benoit-Lévy (Edmond), négociant.
Cornil (Georges), entrepreneur de travaux publics.
Gillet (Émile), industriel.
Lapeyrère, entrepreneur de travaux publics.
Malin (de la maison Roll), fabricant de meubles d'art.
Stuart-Sloan (James), industriel.

CLASSES 42, 43 et 44.

1° Diplôme de Grand Prix.

M. Vinant.

2° Diplômes d'honneur.

Compagnie des constructions démontables et hygiéniques.
Mme Veuve Lepeltier.
M. Mouron.

3° Diplômes de médailles d'or.

M. Candlot (Fibro Ciment).
M. Sauvanet (Ciment armé).

4° Diplômes de médailles d'argent.

MM. Autemayer.
Ferri (Ciment armé).
Chollet.
Tisserand (Société commerciale du Laos).

5° Mention honorable.

M. Maas.

RÉCOMPENSES ATTRIBUÉES AUX COLLABORATEURS
PAR
LE JURY DU GROUPE VI

1° Diplômes de médailles d'or.

Mme Bory de la maison Bory. — Mme Laporte de la maison Laporte. — M. Pascaud de la maison Mouron. — M. Gatinot (Albert) de la maison Lepeltier. — M. Robin (Louis) de la C° des constructions démontables. — M. Cornil (Marius) de la maison G. Cornil. — M. Gérand (Gustave) du cabinet de M. Besdel. — M. Romanet (Albert) du cabinet de M. Besdel. — M. Peltier (Charles) de la maison Vinant. — René Perret de la maison Gillet. — M. Collier de la maison Gillet.

2° Diplômes de médailles d'argent.

M. Lepape de la maison Bory. — M. Laffontan de la maison Bory. — M. Guttin de la maison Mouron. — M. Pileur (Albéric) de la C° des constructions démontables. — M. Violet de la maison Lepeltier. — M. Fraget (Charles) de la maison Guérin. — M. Guérin (Gaston) de la maison Guérin. — M. Gorjonnet de la maison Laporte. — M. Georges Guérin de la maison Guérin. — M. Eugène Basanjon de la maison Roll. — M. Louis Streibler de la maison Roll. — Melle Marthe Hullin de la maison Roll. — M. Chalier de la maison Petit. — M. Pepin. — M. Laur de la Société des appareils Berliner. — M. Camille Pinson de la maison Gillet. — M. Pingot de la maison Gillet.

3° Diplômes de médailles de bronze.

M. Georges Pitre de la maison Gillet. — M. Croizat de la maison Gillet. — Mme Kohl de la maison Bory. — M. Paul Coursaget de la maison Laporte. — M. Tisserand (Alexandre) de la Société commerciale du Laos. — M. Brandazza, de la maison Ferri. — M. Gervais.

GROUPE VII

Jury du groupe.

Président : M. Alexandre Darracq, président de la Chambre Syndicale du Cycle et de l'Automobile de Paris.
Vice-président : M. Fernand Renault, industriel.
Secrétaire-rapporteur : M. Louis Baudry de Saunier, publiciste.

MEMBRES

MM.

Bergougnan, fabricant de pneumatiques.
Brébant, fabricant de cycles.
Chapelle, industriel.
Charley, industriel.
Cochaux, industriel.
G. Collot (Maison Darracq).
C^t Ferrus.
De Turckheim, administrateur de la maison Lorraine Diétrich.

Ducellier, industriel.
Guillelmon, directeur de la maison A. Clément.
Hammond, fabricant de cycles et d'automobiles.
Robert, Delaunay-Belleville, constructeur d'automobiles.
Rodrigues, industriel.
Rotival, ingénieur.
Védrine, industriel.

LISTE DES EXPOSANTS HORS CONCOURS

MM.

Darracq (Société A. Darracq et Cie, 33, quai de Suresnes), à Suresnes.
Darracq-Serpollet. Société de construction d'Automobiles, 6 et 8, rue Benoît Malon, à Suresnes.
Renault, 139, rue du Point-du-Jour, à Billancourt (Seine).
M. Baudry de Saunier, 20, rue Duret, Paris.
Delaunay-Belleville, Société anonyme des Automobiles Delaunay-Belleville, à Saint-Denis (Seine).
Védrine, Société Anonyme des Voitures électriques Védrine, 59, Boulevard du Château, Neuilly (Seine).
Hammond, (Société « La Française »), 11, rue Brunel, Paris.
Bergougnan, Société des Etablissements Bergougnan et Cie.
Cochaux (Emile), 121, rue Saint-Lazare, Paris, ou à Deville (Ardennes).
Brébant et Cie, « Cycles Furor », 7, rue de Draveil, à Juvisy (S.-et-O.).
Chapelle Ch., « La Macérienne », 78, Boulevard Richard Lenoir.
Ducellier, Manufacture des Phares Ducellier, 25, passage Dubail, Paris.
Guillelmon, Directeur général et fondé de pouvoirs de la maison A. Clément, 33, quai Michelet, Levallois-Perret (Seine).
de Turckheim, administrateur délégué de la Société Lorraine des Anciens Etablissements de Dietrich et Cie, à Neuilly-sur-Seine.
Charley, Automobiles Mercédès, 70, avenue des Champs Elysées.
Rodrigues, Associé à la Maison Boas, Rodrigues et Cie « B. R. C. Alpha », 67, boulevard de Charonne, Paris.
E. Edeline, Manufacture générale de caoutchouc « Sallen », 43, quai National, Puteaux.

1° Diplômes de Grands Prix.

Maisons

Brasier. Société de construction d'automobiles « Trèfle à quatre feuilles », 2, rue Galilée, à Ivry (Seine).
Chevallier, quai de Grenelle, 61, Paris.
Chouanard (Etablissements) « Aux forges de Vulcain », 3, rue Saint-Denis, Paris.
Leprêtre (Maison Leprêtre et Cie), 15, rue Barbès, Paris.
Peugeot frères, « Les fils de Peugeot frères », 38 bis, avenue de la Grande Armée.
« Unic » (Voitures Georges Richard), 1, quai National à Puteaux et 168, rue Saint-Maur, à Paris (Bureaux).
Longuemare frères, 12-14, rue du Buisson Saint-Louis, Paris.

2° Rappels de grands prix.

Maisons

Dinin, 2, quai National, à Puteaux.
Falconnet et Perodeaud (Société anonyme des Etablissements), 17, rue de la Pompe, Paris.
Dunlop (Société française des Pneumatiques, 14, rue Piccini, Paris.
Samson (Société anonyme des Pneumatiques cuir), 10, rue François Ier, Paris.
Surcouf et Cie (Trains Renard), 121, rue de Bellevue, à Billancourt, Seine.
Vuitton « Maison Louis Vuitton », 1, rue Scribe, Paris.
Wehyer et Richemond (Etablissements), 52, route d'Aubervilliers, à Pantin (Seine).

3° Diplômes d'honneur.

Maisons

Blériot (Société anonyme des Etablissements), 14 et 16, rue Duret, Paris.
Bozier, 5 et 7, rue Denis Papin, à Puteaux.
Hommen, 38, rue de Turenne, Paris.
Morin (Sclaverand. Ed. Ch. Morin, succrs, 48, rue de l'Aqueduc, Paris.
Nieuport, 9, rue de Seine, à Suresnes.
« La Française électrique », 99, rue de Crimée, Paris.
Thiercelin aîné et Boissée, 40, rue Laugier, Paris.
Vauzelle et Cie (ancien établissement Emile Vauzelle et Cie. E. V. M.), 4-6-8, rue des Goncourt, Paris.
Griffon (Société). M. Mathieu, directeur, 40, rue Louis Blanc, Courbevoie.
Devaux (Félix Brosse et Cie, G. Devaux, succr), 22, rue Béranger, Paris.

4° Diplômes de médailles d'or.

« Fonderies du barrage de Suresnes » (Société anonyme), rue Benoît Malon, Suresnes.
« Forges de Gravigny » (Société anonyme des Usines de Sainte-Marie à Gravigny.

La Prévoyance mutuelle, 85, avenue de la Grande Armée.
Maisons Merville et Garnier, 55 bis et 57, boulevard Richard Lenoir, Paris.
Mototri-Contal, 64, avenue de la Grande Armée.

5° Diplômes de médailles d'argent.

Maisons
Austral (Société anonyme de constructions), 8, rue du Débarcadère, Paris.
Automatisme (l'), boulevard d'Asnières, à Neuilly-s/Seine.
« Comptoir des joints », 10, rue Jean Massé, Suresnes.
Macquaire, 21, rue de Malte, Paris.
Morel, 162, avenue Parmentier, Paris.
Société des jantes Bonhiver, 128, rue du Bois, à Levallois.
Harmel, Toussaint et Cie, 8 bis, rue Gambetta, Courbevoie.
« Le Palladium », 16, rue Duret, Paris.
Vallée, 23, passage Ménilmontant, Paris.

6° Diplômes de médailles de bronze.

Maisons
Garnier (Etablissements), 15, avenue de Châtillon, Paris.
Hugo Storr et Cie « Pneus Véritas », 48, rue Saint-Ferdinand, Paris.
Robergel, à Breteuil (Eure).

RÉCOMPENSES ATTRIBUÉES AUX COLLABORATEURS

PAR

LE JURY DU GROUPE VII

MAISON DARRACQ

1° Diplôme de grand prix.

M. Ribeyrolles.

2° Diplômes de médailles d'or.

MM. Béguin. — Kléber. — Pottier.

3° Diplômes de médailles d'argent.

MM. Périnaud. — Vintenon. — Bouzard. — Caillaux. — Poisson. — Jamain (Adolphe). — Goasguen J. — Couret.

4° Diplômes de médailles de bronze.

MM. Bourdon. — Gaudin. — Michel.

MAISON LÉON LEPRÊTRE

1° Diplôme de médaille d'or.

M. Edouard Serrurier.

2° Diplômes de médailles d'argent.

MM. Henri Teiller. — Alfred Grosdidier. — Sylvain Fossé.

MAISON SCLAVERAND
1° Diplômes de médailles d'argent.

MM. Henri Verheggen. — Alexandre Rouard.

2° Diplômes de médailles de bronze.

MM. François Muslin. — Noel Chatrian. — Léon Helliot

MAISON THIERCELIN AINÉ ET BOISSÉE
1° Diplôme de médailles d'argent.

M. Lachemann (Louis-Charles).

MAISON BAUDRY DE SAUNIER
1° Diplôme de médailles d'or.

M. Philippe Marot.

MAISON BELLE JARDINIÈRE
1° Diplôme de grand prix.

M. Tirbour (Émile).

2° Diplômes de médailles d'or.

MM. Lebrun (Gaston). — Weyler (Auguste-Guillaume).

SOCIÉTÉ GÉNÉRALE DES ÉTABLISSEMENTS BERGOUGNAN
1° Diplôme de médaille d'or.

M. Léon Tournemolle.

2° Diplôme de médaille d'argent.

M. Grenier (Jean-Baptiste).

MAISON BOZIER
1° Diplôme de grand prix.

M. Bozier (Charles).

MAISON BOAS RODRIGUES
1° Diplôme de médaille d'or.

M. Quéquier (Lucien).

2° Diplômes de médailles d'argent.

MM. Audiffred (Eugène). — Grumbach (Isaac). — Fleury (Louis).

MAISON BREBANT ET Cie

1° Diplômes de médailles d'or.

M. Tissereau (Prosper). — Mme Porcher (Berthe).

2° Diplômes de médailles d'argent.

MM. Gaudon (Édouard). — Banthomy (Fernand).

MAISON A. CLEMENT

1° Diplôme de médaille d'or.

M. Boussage (Antoine Léon).

2° Diplômes de médailles d'argent.

MM. Roger (Benjamin-Eugène). — Léger (Edmond-Sylvain). — Delarue (Armand).

MAISON ÉMILE COCHAUX

1° Diplômes de médailles d'or.

MM. Gervaise (Vital). — Flammarion (Louis).

COMPTOIR DES JOINTS

1° Diplôme de médaille de bronze.

M. Emile Brouilliot.

MAISON LORRAINE-DIETRICH

1° Diplôme de grand prix.

M. Guyennet.

MAISON DUNLOP

1° Diplômes de médailles d'or.

MM. Walker. — Ironchon (Lucien).

2° Diplômes de médailles d'argent.

MM. Coste (Louis). — Dechaume.

PHARES DUCELLIER

1° Diplôme de grand prix.

M. Willocq (Désiré).

MAISON DEVAUX

1° Diplôme de médaille d'or.

M. Nugues (Claude).

2° Diplômes de médailles d'argent.

MM. Bardin (Camille). — Klein (François).

MAISON ALFRED DININ

1° Diplômes de médailles d'or.

MM. Petit (Louis-Eugène). — Ferdrin (Léon-Victor).

MAISON DARRACQ-SERPOLLET

1° Diplôme d'honneur.

M. L'Huillier (Paul).

2° Diplômes de médailles d'or.

MM. Dolain (Gaston). — Bernard (Jean).

3° Diplôme de médaille d'argent.

M. Ouvrier (François).

MAISON « LA FRANÇAISE ELECTRIQUE »

1° Diplôme de médaille d'or.

M. Barrody (Jean).

2° Diplôme de médaille d'argent.

M. Iglessis (Sébastien).

3° Diplôme de médaille de bronze.

M. Faulette (Paul).

SOCIÉTÉ DES USINES DE SAINTE-MARIE DE GRAVIGNY

1° Diplôme de médaille d'or.

M. Rosselange (Aimé).

2° Diplôme de médaille d'argent.

M. Sendu (Xavier).

MAISON GRIFFON

1° Diplômes de médailles d'or.

MM. Coindre. — Ménegeau.

MAISON HAMMOND « LA FRANÇAISE »

1° Diplômes de médailles d'argent.

MM. Lachenal (Vincent). — Marcourt (Jules). — Moreau (Louis).

MAISON LONGUEMARRE

1° Diplôme de médaille d'or.

M. Robin (Eugène).

2° Diplôme de médaille d'argent.

M. Diény (Alfred).

MAISON « LA MACERIENNE »

1° Diplômes de médailles d'argent.

MM. Ernest Roguet. — Thiébault.

2° Diplômes de médailles de bronze.

MM. Pinçon. — Pommery.

MAISON MOREL

1° Diplôme de médaille d'argent.

M. Freywald (Édouard).

MAISON NIEUPORT

1° Diplôme de médaille de bronze.

M. Gudin (Henri).

SOCIÉTÉ ANONYME DES PNEUMATIQUES-CUIR SAMSON

1° Diplômes de médailles de bronze.

MM. Paquot (Émile). — Pourtalet (Jean).

AUTOMOBILES-UNIC

1° Diplôme de médaille d'or.

M. Bodé.

2° Diplôme de médaille d'argent.

M. Dubois.

3° Diplôme de médaille de bronze.

M. Siguillot.

ANCIENS ÉTABLISSEMENTS ÉMILE VAUZELLE

1° Diplômes de médailles d'argent.

MM. Brossier (Armand). — Aubrun (Gustave).

2° Diplôme de médaille de bronze.

Junon (Désiré).

MAISON VUITTON

1° Diplômes de médailles d'or.

MM. Petitdidier (Albert). — Dupuy.

MAISON VÉDRINE

1° Diplômes de médailles d'or.

MM. Henri Lévy. — Prieur (Étienne).

2° Diplômes de médailles de bronze.

MM. Bredoux (Jules). — Gosselin. — Sapin. — Chaise (Paul). — Riviere (Raymond). — Charansonney. — Ragot (Edouard). — Reichelt.

MAISON FALCONNET PERODEAUD

1° Diplômes de médailles d'or.

MM. Discher. — Bordelet.

2° Diplômes de médailles d'argent.

MM. Weber. — Meunier. — Thevenin. — Couillard. — Mlle Prudhomme.

3° Diplômes de médailles de bronze.

MM. Flahaut. — Roulet.

MAISON DELAUNAY-BELLEVILLE

1° Diplôme de grand prix.

M. Barbarou (Marius).

2° Diplômes de médailles d'or.

MM. Chartraux (Jules). — Girochig (Henri).

3° Diplômes de médailles d'argent.

MM. Moeglen (Désiré). — Lecuir (Eugène). — Guerlais (Emile). — Nicolle (Adolphe). — David (Alphonse).

4° Diplôme de médaille de bronze.

M. Ferrand (Paul).

COLLABORATEURS A L'EXPOSITION DE L'AUTOMOBILE

1° Diplôme de médaille d'or.

M. Stern.

2° Diplôme de médaille d'argent.

M. Chapelle fils.

GROUPE VIII

Jury du groupe.

Président : MM. Mimard, directeur de la manufacture d'armes de Saint-Étienne.
Vice-Présidents : MM. Vollant, industriel, Paris.
Conza, négociant, Paris.
Secrétaire : M. Henry (René), ingénieur, Paris.
Rapporteur : M. Bourdarie (explorateur).

MEMBRE

M. Dyé, lieutenant de vaisseau.

LISTE DES EXPOSANTS HORS CONCOURS

Maison Conza.
Maison Henry (René).
Manufacture d'armes de Saint-Étienne.
Maison Vollant.
Maison Julien Chaumet.
Maison Priou et Menetrier.

CLASSES 49, 50 et 51

1° Rappel de grand prix.

Madame Veuve Pelletier, 12, boulevard Poissonnière.

2° Rappel de médaille d'argent.

M. Petel, 30, rue Le Pelletier.

3° Diplôme de médaille de bronze.

M. G. Rays.

RÉCOMPENSES ATTRIBUÉES AUX COLLABORATEURS
PAR
LE JURY DU GROUPE VIII

1° Diplôme de médaille d'or.

M. Paul Revouassoux, de la maison Chaumet.

2° Diplôme de médaille d'argent.

M. Martin (Eugène), de la maison Petel.

3° Diplôme de médaille de bronze.

M. Jean Camurati, de la maison Prion et Menetrier.

GROUPE IX

Jury du groupe.

Président : M. Eissen Piat (Maurice), industriel à Paris.
Vice-Présidents : MM. Pagès Allary, industriel à Murat.
     Godard-Desmarest, ingénieur à Paris.
Secrétaire : M. Niclausse, industriel à Paris.

MEMBRES

MM. Ringelman, professeur à l'Institut national agronomique.
    Lordereau G., ingénieur à Lyon.

LISTE DES EXPOSANTS HORS CONCOURS

Association Cotonnière Coloniale.
Établissements V. Vallée (M. Godard-Desmarest, membre du jury).
Établissements J. et A. Niclausse (M. Albert Niclausse, membre du jury).
M. Pagès Allary (Jean), membre du jury.
Établissements « Les fils de A. Piat et Cⁿ » (M. Eissen-Piat, membre du jury).
Maison Stuart-Sloan (M. Stuart-Sloan, membre du jury).
Maison Vital Desclos (membre du jury).

CLASSES 52 et 53

1º Diplômes de grands prix.

M. Bajac, à Liancourt (Seine-et-Oise).
Maison Lhomme-Lefort, 38, rue des Alouettes, Paris.
Société Anonyme des Anciens établissements Weyher et Richemond, 52, route d'Aubervilliers, Pantin.
M. Bellard.

2º Diplôme d'honneur.

M. Rondet-Saint (Maurice), 86, avenue Malakoff, Paris.

3º Diplômes de médailles d'or.

M. Félix Billy, constructeur mécanicien, 13, rue Victor-Arnoul, Provins (Seine-et-Marne).
Société anonyme « La Charrue automobile », 25, rue Le Peletier, Paris.
M. Bernel (Lucien), 84, boulevard Beaumarchais, Paris.

RÉCOMPENSES ATTRIBUÉES AUX COLLABORATEURS
PAR
LE JURY DU GROUPE IX

MAISON RONDET-SAINT

Diplôme de médaille de vermeil.

M. Schor.

Diplôme de médaille d'argent.

M. Renault.

MAISON PAGÈS-ALLARY

1º Diplômes de médailles d'argent.

MM. Pierre Marty. — Frère Herichaud (Joseph). — Delort.

2º Diplômes de médailles de bronze.

MM. Pignol. — Hivernot.

MAISON NICLAUSSE

1º Diplômes de médailles d'or.

MM. Beaucousin. — Nicol.

2º Diplômes de médailles d'argent.

MM. Lévêque. — Thevenin. — Tilliette. — Sacleux. — Truau. — Chastel. — Martin. — Payet.

MAISON BAJAC

1º Diplôme d'honneur.

M. Gosset (Ernest).

2º Diplômes de médailles d'or.

MM. Bled (Eugène). — M. Anicet (Claude).

MAISON « LA CHARRUE AUTOMOBILE »

1º Diplôme de médaille d'argent.

M. Henri Guillemin.

2º Diplôme de médaille de bronze.

M. Hizambert (Louis).

MAISON BELLARD

1º Diplôme de médaille d'or.

M. Béthourné (Achille).

MAISON FÉLIX BILLY

1º Diplôme de médaille d'argent.

M. Edmond Billy.

2º Diplôme de médaille de bronze.

M. Blachet (Apollinaire).

ASSOCIATION COTONNIÈRE COLONIALE

1° Diplômes de médailles d'or.

MM. Eugène Poisson, Cotonou (Dahomey), agent de l'Association cotonnière coloniale au Dahomey.

Louis Level, Segou (Haut-Sénégal et Niger), agent de l'Association cotonnière coloniale au Soudan français.

Georges Dufêtre, 10, quai des Brotteaux, Lyon, collaborateur de l'Association cotonnière coloniale en Algérie où il fait entreprendre à ses frais des essais de culture du coton.

Charles Meunier, 34, rue de Saint-Pétersbourg, Paris, secrétaire administratif de l'Association cotonnière coloniale.

Fama Mademba, Sansanding (Haut-Sénégal et Niger), a puissamment collaboré à l'œuvre de l'Association cotonnière coloniale en entreprenant d'importantes cultures de coton.

2° Diplômes de médailles d'argent.

MM. Jean Otten, Saint-Eugène, Oran, agent de l'Association cotonnière coloniale.

Eugène Jacquey, 50, avenue Malakoff, Alger, ingénieur agronome, délégué par l'Association cotonnière coloniale en Algérie.

Michel Maine, Podor (Sénégal), a entrepris avec succès des essais de cultures de coton au Sénégal.

Jules Burgert, Compagnie cotonnière, Palais de la Bourse, Le Havre, chargé des services de l'Association cotonnière coloniale au Havre (Expéditions de graines, réceptions des cotons coloniaux).

Jean Giot, 96, rue Doudeauville, Paris, chargé des services de l'Association cotonnière coloniale à Paris.

3° Diplômes de médailles de bronze.

MM. A. Pruvot, Analalava, Madagascar, correspondant de l'Association cotonnière coloniale pour Madagascar.

Étienne Fossat, 32, rue de la Bourse, Le Havre, collabore à l'œuvre de l'Association cotonnière coloniale en expertisant les cotons envoyés des colonies.

G. Trochet, Le Havre, dirige l'égrenage des cotons coloniaux.

G. Le Manissier, Le Havre, collaborateur de l'Association cotonnière coloniale au Havre.

Mokdar Ben Massaoud, Saint-Louis, Sénégal, est l'un des premiers commerçants de l'Afrique occidentale ayant entrepris le commerce d'exportation des cotons du pays.

Mention honorable.

M. Eugène Batisse, 39, rue Étienne-Marcel, Paris, employé à l'Association cotonnière coloniale à Paris.

GROUPE X

Jury du groupe.

Président : M. RAYNAUD (ARTHUR), président du Syndicat des grandes pharmacies françaises (Biarritz).

Secrétaire-Rapporteur : M. MOUGIN (Docteur).

MM.   MEMBRES

ALBERT GARNIER, industriel.
LUTZ, professeur de l'Ecole supérieure de Pharmacie.
MÉNÉTRIER (EMILE), conseiller du Commerce extérieur.
PERROT, professeur de l'Ecole supérieure de Pharmacie.

CLASSE 54
LISTE DES EXPOSANTS HORS CONCOURS

MM.
RAYNAUD.
ALB. GARNIER (Société « La Maya bulgare »).
Dr MOUGIN.

MM.
PRIOU et MÉNÉTRIER.
CHARBONNEAU et MALAQUIN.
PARISOT et LOUIS VENE.

1° Diplômes de grands prix.

MM. BUCHET (CH.), 7, rue de Jouy, Paris.
ROBIN (MAURICE), 13, rue de Poissy.
SABATIER, pharmacien à Nimes.
SYNDICAT DES GRANDES PHARMACIES FRANÇAISES.

2° Diplômes d'honneur.

M. BAILLY, pharmacien à Tarbes.
SOCIÉTÉ GÉNÉRALE PARISIENNE D'ANTISEPSIE, 15, rue d'Argenteuil, Paris.

3° Diplôme de médaille d'or.

M. ROCQUET, pharmacien à Agen.

RÉCOMPENSES ATTRIBUÉES AUX COLLABORATEURS
PAR
LE JURY DU GROUPE X

1° Diplômes de médailles d'or.

MM. le Dr HUCHÈDE, docteur en pharmacie, pharmacien de 1re classe, Paris (maison du Dr Mougin).
le Dr GOURBILLON, pharmacien de 1re classe, Paris (maison du Dr Mougin).
MARTIN, directeur de l'usine de MM. Priou et Ménétrier, Paris.

2° Diplôme de médaille d'argent.

M. CAZAUCAU (PAUL), employé chez M. Raynaud, secrétaire particulier du Président des Syndicats des grandes pharmacies françaises.

3° Diplôme de médaille de bronze.

M. FERDINAND VIERMONT, chez M. Bailly, pharmacien à Tarbes.

GROUPE XI

Jury du groupe.

Président : M. WEIL.
Vice-Présidents : MM. S. HIRSCH.
J. CHAUBET.
L. PLASSARD.
Secrétaire-Rapporteur : M. D. RIVAGE.

MEMBRES

MM.
ABADIE (MICHEL).
CAHEN (ÉMILE).
FLEUROT (JULES).
FREMONT (JEAN).
BOURGEOIS (PAUL).
L'HERITIER, industriel.

CLASSES 55 à 67

LISTE DES EXPOSANTS HORS CONCOURS

MM. FRÉMONT (JEAN), 124, rue de Paris, Pantin.
PLASSARD (LOUIS), 17, rue du 4 Septembre, Paris.
ROCCA, TASSY ET DE ROUX (Marseille).
ABADIE (SOCIÉTÉ ANONYME DES PAPIERS), 130, Avenue Malakoff, Paris.
SEVEN (HENRI) ET CAHEN (ÉMILE), administrateur-ingénieur des Manufactures de l'État, avenue Niel, Paris.
WEIL-DANIEL, 22, rue Richer, Paris.
A. LHERITIER ET Cie, 86, avenue de Paris, La Plaine Saint-Denis.
CAUSSEMILLE Jne ET Cie, 7, rue Caumartin, Paris.
HIRSCH SALOMON, 16, rue Royer-Collard, Paris, directeur de la Cie de fabrication française de papier manufacturé.
RIVAGE Denis, 15, rue Lauzun, Paris.
BIGARD FILS, 60, rue de Maubeuge, Paris.
BOURGEOIS PAUL, 80, Boulevard Malesherbes, Paris.
VITAL DESCLOS, Papeterie d'Yversay, par Berny Mouirès (Orne).

1º Diplômes de grands prix.

MM. SOCIÉTÉ DU « VAL D'OSNE, 58, boulevard Voltaire, Paris.
MICHAUD, 89, avenue de la République, Aubervilliers.
L. EDELINE, 43, Quai National, Puteaux.
GEISLER (LOUIS), industriel, aux Châtelles, par Raon l'Étape (Vosges), et 14, rue des Minimes, Paris.

Demaria (Henri), 15, rue Auber, Paris.
Société Jougla, 45, rue Rivoli, Paris.
Richard (Jules), 25, rue de Mélingue, Paris.

2° Diplômes d'honneur.

MM. Plateau (Jean), 9, rue Morand, Paris.
Théveny, 10, rue Dugommier, Paris.

3° Diplômes de médailles d'or.

MM. Broussaud et Bonfils, 55, rue d'Austerlitz à Angoulême.
Bonnaud, 9, rue de la République à Marseille.

4° Diplômes de médailles d'argent.

MM. L. Prost et Cie, 68, Faubourg Saint-Martin, Paris.
J.-L. Konelswki, 9, rue du Caire, Paris.
Besnard (Armand), 8, cité Dupetit-Thouard, Paris.

5° Diplômes de médailles de bronze.

MM. Levis, 41, rue Le Marois, Paris.
Moret et Cie, 63, rue de la Sablière, Courbevoie.
Terrien de la Couperie, 7, rue de la Michodière, Paris.
Léon (L.-K.), 33, passage Jouffroy.

RÉCOMPENSES ATTRIBUÉES AUX COLLABORATEURS

PAR

LE JURY DU GROUPE XI

1° Diplôme de grand prix.

M. Granville Strauss (Maison S. Hirsch).

2° Diplômes d'honneur.

M. Tabel (Moïse et Robert), à Alger (Maison Caussemille J^{ne} et Cie). — Estienne (Georges) (Société anonyme des papiers Abadie), directeur commercial.

3° Diplômes de médailles d'or.

MM. Delforge (Société anonyme des papiers Abadie), ingénieur.— M. Naud, chef mécanicien des Manufactures de l'État, collaborateur de MM. Sévène et Cahen. — Morjean frères à Alger (Maison Caussemille J^{ne} et Cie). — Belaiche (Félix), à Constantine (Maison Caussemille J^{ne} et Cie). — Perpetua, à Oran (Maison Caussemille J^{ne} et Cie). — Cohen Judah, à Tanger (Maison Caussemille J^{ne} et Cie). — Levesque (Georges) (Maison S. Hirsch). — Gaujacques Numa (Maison S. Hirsch). — Faure (Alfred)

(Maison J. Richard). —Dubreuil (Léon) (Maison J. Richard). — Bourdet Alfred (Maison D. Rivage). — Mme Thévenin, à Oran (Maison Caussemille J^{ne} et Cie).

4° *Diplômes de médailles d'argent*

MM. Frisson (Jules), contremaître à la Maison J. Frémont. — Bercy, comptable à la Société anonyme des papiers Abadie. — L'Hospied (Louis), mécanicien à la Société anonyme des papiers Abadie. — Cadel (Didier) (Maison Broussaud et Bonfils). — Travers (Emmanuel), chef du bureau technique des études de la Maison D. Weil. — Teillard, directeur de la Maison L. Edeline. — Muraglia, à Alger (Maison Caussemille J^{ne} et Cie). — Gonssolin, à Bône (Maison Caussemille J^{ne} et Cie). — Phelion (Louis), contremaître à la Maison J. Plateau. — S. Leopold (Maison S. Hirsch). — Strauss (Gustave) (Maison S. Hirsch). — Barbier (Charles) (Maison D. Rivage). — Graff (Jules) (Maison D. Rivage). — Grassin (Gustave) (Maison D. Rivage). — Paris (Maison D. Rivage). — MM^{mes} Debrousse (Fanny), contremaîtresse (Société anonyme des papiers Abadie). — Dubois (Marie) (Maison D. Weil). — Cormontage (Louise), première employée à la Maison J. Plateau.

Diplômes de médailles de bronze.

MM. Lévy (Henri), contremaître à la Maison L. Prost. — Desjardins (Georges), contremaître à la Maison L. Prost. — Hery, chef de service à la Maison L. Edeline. — Bodeau, chef de service à la Maison L. Edeline. — Manasse, chimiste à la Maison L. Edeline. — Luc, contremaître à la Maison L. Edeline. — Clairambault, contremaître à la Maison L. Edeline. — Plumail, contremaître à la Maison L. Edeline. — Houille (Paul), représentant de la Maison J. Plateau. — Mosse (Sadi) (Maison S. Hirsch). — Blankaert (Lucien) (Maison D. Rivage). — MM^{mes} Cheret (Eugénie), contremaîtresse à la Maison J. Frémont. — Pépin (Maison H. Bonnaud, Marseille), 5, avenue Charles V, à Nogent-sur-Marne. — Robillard (Marie), première employée à la Maison J. Plateau. — Mlle Vassant (Louise), ouvrière à la Société anonyme des papiers Abadie.

GROUPE XII

Jury du groupe.

Président : M. Trubert, négociant.
Vice-Président : M. Bourdarie, explorateur.
Rapporteur : M. Lecomte, négociant.
Secrétaire : M. Pernot, ingénieur agronome, secrétaire de la direction au Jardin Colonial.
M. Cadiot, professeur à l'École d'Alfort.

MEMBRES

M. Lefèbvre, aviculteur à Nogent-sur-Marne.
M. Mallèvre, professeur à l'Institut national agronomique.

LISTE DES EXPOSANTS HORS CONCOURS

M. Lefèbvre, aviculteur à Nogent-sur-Marne.

CLASSES 68 et 69.

1° Diplômes de grands prix.

Gouvernement général de l'Afrique occidentale française, pour son exposition bovine (Race des Lagunes, race Gobra).

Gouvernement général de l'Afrique occidentale française pour son exposition ovine (Race du Macina à laine).

Gouvernement général de l'Afrique occidentale française pour son exposition caprine (Race du Fouta-Djalon).

M. Albertin, à Louveciennes. Lot de palmipèdes.

M. Ruspini, pour un lot de volailles Langsam.

2° Diplômes de médailles d'or.

Colonie de la Guinée, pour son exposition bovine.

Colonie de la Guinée, pour son exposition ovine.

M. Gravier, pour un lot de Méharis.

Gouvernement général de Madagascar (Direction de l'agriculture), pour un lot de volailles.

Gouvernement général de l'Afrique occidentale française, pour un lot de volailles.

M. Ruspini, pour un lot de volailles nagasaki.

3° Diplômes de médailles d'argent.

Gouvernement général de l'Afrique occidentale française (pour un lot de Bovidés du Niger).

Gouvernement général de l'Afrique occidentale française (lot de moutons maures).

4° Diplôme de médaille de bronze.

Colonie du Dahomey pour un lot de bovidés (Petite race du Haut-Dahomey).

RÉCOMPENSES ATTRIBUÉES AUX COLLABORATEURS
PAR
LE JURY DU GROUPE XII

1° Diplôme de médaille d'argent.

M. Coquelet.

2° Diplôme de médaille de bronze.

M. Réchaud.

GROUPE XIII

Jury du groupe.

Président : M. C. CHANEL, conseiller du commerce extérieur, négociant importateur.
Vice-Président : M. P. M. GRUNWALDT, négociant importateur.
Rapporteur : M. CHAUMET, industriel.

MEMBRES

MM.

BESSONNAT, négociant, directeur de la Maison « High Life Taylor ».
CORMOULS HOULÈS, industriel, rapporteur du groupe XIII.
HARPILLARD, industriel.
JORET, négociant.
PFEIFFER, ancien négociant importateur.
PARENT, négociant.
PARISOT, conseiller général.
VITAL-DESCLOS, négociant exportateur.
LEYS, directeur de la Maison « Paris Tailleur ».
VOLLANT, négociant.

LISTE DES EXPOSANTS HORS CONCOURS.

MAISONS C. CHANEL, 217, rue Saint-Honoré, Paris.
   P. M. GRUNWALDT, 6, rue de la Paix.
   « HIGH LIFE TAYLOR » (M. Bessonnat, membre du jury), 112, rue Richelieu, Paris.
   CHAUMET, 27, rue Croix-des-Petits-Champs (Paris).
   ED. CORMOULS-HOULÉS et G. LATOUR (M. Ed. Cormouls-Houlés, membre du jury), à Mazamet, Tarn.
   VITAL DESCLOS, à Yversay (Orne).
   BOUET (M. Harpillard, membre du jury), 6, rue de la Réole, Paris.
   PARIS-TAILLEUR, 6, rue du Louvre, Paris.
   FRÉDÉRIC PARENT, 12, rue des Pyramides, Paris.
   VOLLANT, 34, boulevard Sébastopol, Paris.
MM. JORET, 35, rue Berger, Paris.
   B. PFEIFFER, 17, rue de l'Ancienne-Comédie, Paris.
MAISON PARISOT et VENE (M. Parisot, membre du jury), 11, Quai Bourbon, Paris.

CLASSES 70 à 80.

1° Diplômes de Grands Prix.

MM. LUCAS frères, 23, rue des Cendriers, Paris (avec félicitations du Jury).
DIRECTION DE L'AGRICULTURE DE L'INDO-CHINE.
SULTANATS DU HAUT-OUBANGUI.

2° Diplômes d'honneur.

MM. Nicolas, 1, rue Daunou, Paris (avec félicitations du jury).
  Célestin Jacques, 32, rue du Pont-Choisy-le-Roi (avec félicitations du Jury).
École professionnelle de Tananarive.
M. Paul Beausire, ingénieur à Kotonou.
Gouvernement général de l'Indo-Chine.
Gouvernement du Laos.
M. Harlay, 2, rue d'Antin, Paris.
Mme Desbruyères, 217, rue Saint-Honoré, Paris.
MM. Dugas, 10, boulevard Sébastopol, Paris.
  Tony-Vivier, 7, rue de la Monnaie, Paris.

3° Diplômes de médailles d'or.

Syndicat des mandataires a la volaille et au gibier des halles centrales de Paris (avec félicitations du jury).
Gouvernement général de l'Afrique occidentale française (Classe 70, Section 2).
MM. David et Lagrange, Pelletiers, 93, rue Réaumur, Paris.
Gouvernement général de l'Afrique occidentale française (Classe 70, Section 4).
Compagnie occidentale de Madagascar.
Gouvernement général de l'Afrique occidentale française (Classe 71, Section 1).
Société l'Alima (Congo français).
MM. Filledier, 18, avenue de Clichy, Paris.
  Delaunay, 16, rue de Sèze, Paris.
Gouvernement de la Guyane française.
Province du Hung-Yen (Indo-Chine).
Gouvernement général de l'Afrique occidentale française (Classe 75).

4° Diplômes de médailles de vermeil.

MM. Fritz Heinemeyer, 23, rue d'Antin, Paris.
  Colinot-Doux, à Corbigny (Nièvre).
  Lepeltier, 4, rue Borghèse, Neuilly-sur-Seine.

5° Diplômes de médailles d'argent.

M. Schweiger, 33, rue du 4 Septembre, Paris.
Cie occidentale de Madagascar (C. 70, section 2).
Chambre d'agriculture et de commerce de Pondichéry.
Établissements français de l'Inde.
Corsets Margaret, 8, rue Boudreau, Paris.
M. Moricet, à Nouméa, Nouvelle-Calédonie.
Cie occidentale de Madagascar (Classe 75).

MM. le Dr Bonnet, 7, rue de la Chaise, Paris.
Chotin, 34, rue des Archives, Paris.
Pantel, 96, rue Lafayette, Paris.
Chaillon, 34, rue Sainte-Anne, Paris.
Evrard, 10, rue Bachaumont, Paris.

6° Diplômes de médailles de bronze.

Établissements Gratry d'Ambositra (Classe 70, Section 2).
(Classe 70, Section 4).
Compagnie « Madagaskara ».
Docteur Sebillotte, 11, rue Croix-des-Petits-Champs, Paris.
Comptoir général parisien colonial, 35, boulevard Strasbourg, Paris.

7° Mentions honorables.

MM. Agier, 22, avenue de l'Opéra, Paris.
Gabrielle et Cie, 16, rue Taitbout, Paris.

LISTE
DES
RÉCOMPENSES ATTRIBUÉES AUX COLLABORATEURS
PAR
LE JURY DU GROUPE XIII

1° Diplômes d'honneur.

Mme Pauline Chanel, 217, rue Saint-Honoré, Paris (Maison Chanel et Cie).
M. Pierre Chanel, 217, rue Saint-Honoré, Paris (Maison Chanel et Cie).

2° Diplômes de médailles d'or.

MM^{es} Berthe Augustin (Maison Parent).
Marie Harpillard (Maison Harpillard).
Poucher (Maison Filledier).
Jeanne Leveille (Maison Delaunay).
MM. Boucheron (Syndicat des Mandataires).
Albert L'Herbier (Maison C. Chanel et Cie).
Paul Pinon.
Harry Grunwaldt (Maison Grundwaldt).

3° Diplômes de médailles de vermeil.

MM. Étienne Gaston (Maison Delaunay).
Émile Dubois (Syndicat des Mandataires).

4° Diplômes de médailles d'argent.

MM^{mes} : Ida Dubois (Maison Grunwaldt).
    Louise Martin (Syndicat des Mandataires).
    Maniette (Maison Évrard).
MM. Jules Sauvage (Maison Harpillard).
    Pouchet (Maison Filledier).
    Lucien Plaît (Maison Delaunay).
    Émile Beausire, à Hanoï (Maison Beausire).

5° Diplômes de médailles de bronze.

MM^{mes} : Kergot (Maison Filledier).
    Anaïs Dessaint (Maison Chanel et Cie).
    Camille Paupardin (Maison Delaunay).
Melle : Beylard (Corsets Gabrielle et Cie).
MM. Landre (Simon) (Syndicat).
    Mignot (Gaston) (Maison Chanel).
    Heuschech (Charles) (Maison Chanel et Cie).
    Lesse (Émile) (Maison Chanel).
    Souriau (Jules-François) (Maison Célestin Jacques).
    Bernard (Armand-Adrien) — —

GROUPE XIV

Jury du groupe.

Président : M. Bouvier, professeur au Muséum d'histoire naturelle.
Vice-Président : M. Henneguy, professeur au Collège de France.
Rapporteur : M. Marchal, professeur à l'Institut national agronomique.
Secrétaire : M. Fleutiaux, entomologiste.
M. Testenoire, directeur de la Condition des soies de Lyon.

LISTE DES EXPOSANTS HORS CONCOURS

M. Delignon, sériciculteur (Indo-Chine).

1° Diplômes d'honneur.

Service séricicole de l'Indo-Chine.
Station séricicole de Nanisana (Madagascar).

2° Diplômes de médailles d'or.

Orphelinat de Cu-lao-Gieng (Indo-Chine).
Gouvernement Général de l'Afrique Occidentale française (Direction de l'Agriculture).
M. Ducret, apiculteur, Fontenay-s/bois.

3° Diplômes de médailles d'argent.

MM. Bibaut, Directeur de la Cie du lac Alaotra (Madagascar).
Haegelé, à Madagascar.
Lalandre, à Madagascar.
Ducroquet, apiculteur (Tunisie).

4° Diplômes de médailles de bronze.

Mme Duprez.
M. Kempf.

RÉCOMPENSES ATTRIBUÉES AUX COLLABORATEURS
PAR
LE JURY DU GROUPE XIV

1° Diplômes de médailles d'or.

Mme Agniel, Station Séricicole de Nanisana. — MM. Piret, sous-inspecteur d'Agriculture, à Madagascar. — Marchand, agent de culture à Madagascar. — Agniel, agent sériciculteur à Madagascar.

2° Diplômes de médailles d'argent.

M. Granjeon, agent sériciculteur à Madagascar.

GROUPE XV

Jury du groupe

Président : M. GIARD, membre de l'Institut.
Secrétaire-Rapporteur : M. GRUVEL, directeur du Laboratoire des pêcheries de l'Afrique occidentale française au Jardin Colonial.

CLASSES 85 à 90

1° Diplômes de grands prix.

GOUVERNEMENT GÉNÉRAL DE L'INDO-CHINE.
— GÉNÉRAL DE L'AFRIQUE OCCIDENTALE FRANÇAISE.
— GÉNÉRAL DE MADAGASCAR.
ÉTABLISSEMENTS FRANÇAIS DE L'OCÉANIE.

2° Diplôme de médaille d'or.

M. SEURAT, naturaliste.

3° Diplômes de médailles d'argent.

MM. DE BÉCHADE (Nouvelle-Calédonie).
QUESNEL, lieutenant de port à Saint-Louis.

RÉCOMPENSES ATTRIBUÉES AUX COLLABORATEURS
PAR
LE JURY DU GROUPE XV

1° Diplôme d'honneur.

M. GRUVEL, directeur du Laboratoire des pêcheries de l'Afrique occidentale.

GROUPE XVI

Jury du Groupe.

Président : M. Vivien, président du Syndicat de la Presse Coloniale.
Vice-Présidents : MM. le Baron de Guerne, membre du Conseil d'Administration du Jardin Colonial (président de la 1re sous-commission).
Trouillet, directeur de la Dépêche Coloniale (président de la 3e sous-commission).
Le Docteur Saint-Yves Ménard, directeur de l'Institut de vaccine animale (président de la 2e sous-commission).
Secrétaires : MM. le Commandant Pérignon.
le Docteur Barthe de Sandfort.
Marini (Presse Coloniale).
Rapporteur Général : M. Boulland de l'Escale, publiciste.

MEMBRES

MM.
Blocq (Louis-Alfred).
Brunet, secrétaire général du Comité national des Expositions coloniales.
Carteret (Marcel).
Charbonneau (A.).
Degouy (Paul).
Demogeot, publiciste.
Dufourmantelle.
Eloir (E.).
Fillion.
Gervais-Courtellemont.
Guillaume Grandidier, docteur ès sciences.
Hughes (Auguste).
Le Roy (Eugène).
Lhéritier.
Dr Mallet, médecin de l'École supérieure d'Agriculture coloniale.
Dr Marchoux, de l'Institut Pasteur.
Moreau (Eugène).
Padé, chimiste.
Saignes (Lucien).
Tournay (Victor), vice-président du Syndicat de la Presse Coloniale.

CLASSE 91

EXPOSANTS HORS CONCOURS

MM.
Gentil, commissaire général du Congo français.
Dybowski, inspecteur général de l'Agriculture coloniale.
M. Dyé, lieutenant de vaisseau.
Mme Paule Crampel.
M. Ponel.
Service géographique de l'Indo-Chine.

1° Diplômes de médailles d'or.

M. Leloup.
M. Aldebert.

2° Diplôme de médaille de bronze.

Société « La Brazzaville ».

CLASSE 92

EXPOSANTS HORS CONCOURS

Gouvernement Général de Madagascar (Direction de l'Agriculture).
Colonie du Dahomey.
— de la Côte d'Ivoire.
Colonie de Tahïti.
Province de Bac-Kan (Tonkin).
Direction de l'agriculture, du commerce et de la colonisation de Tunisie.
Colonies du Sénégal.
— de la Guinée.
— du Haut-Sénégal et Niger.
M. Gervais-Courtellemont (membre du jury).

Diplôme de Grand Prix.

M. Pinchon.

Diplôme de médaille d'or.

M. le Docteur Roger.

Diplômes de médailles d'argent.

M. le Docteur Maclaud.
Mme Joussand.
Bureau topographique de l'État-Major a Tananarive.
M. Teyssonnière (Madagascar).
Mission Théveniaud.

Diplômes de médailles de bronze.

MM. Fauchère, sous-inspecteur d'Agriculture à Tananarive.
Jaeglé, agent de culture à Madagascar.

Mentions honorables.

MM. Gauthier.
Wiéschenk.
Audema.

CLASSE 93

1° Diplôme de médaille d'argent.

M. Guillochon.

CLASSE 94

EXPOSANTS HORS CONCOURS

Société de propagande coloniale.
Alliance Française.
École d'agriculture de Tunis.
Photo-Club de Paris.

1° Diplômes de médailles d'or.

École professionnelle de Tananarive.
M. Clément (Eugène), 11, villa Chaptal, Levallois.

2° Diplômes de médailles d'argent.

École professionnelle de Kayes.
M. Emmanuel de Mérini, 55, faubourg Montmartre, Paris.
École de Saada (Algérie).

3° Diplômes de médailles de bronze.

École de Néméara (Nouvelle-Calédonie).
Service de l'Enseignement (Guadeloupe).
MM. Miéville, sous-directeur de l'École d'agriculture de Cao-Bang.
Théveny.
Petrucci.

CLASSE 95

EXPOSANTS HORS CONCOURS

Société de l'asepsie instantanée (Dr Barthe de Sandfort, membre du jury).
MM. Charbonneau et Malaquin (membres du jury).
    Parisot et Vène.
Société générale parisienne d'antisepsie.
Sanito-Bactérien.

1° Diplôme de Grand Prix.

Dr Bonnet.

RÉCOMPENSES ATTRIBUÉES AUX COLLABORATEURS
PAR
LE JURY DE LA CLASSE 95

Diplôme de Grand Prix.

M. Brenier, sous-directeur de l'Agriculture en Indo-Chine.

Diplôme de médaille de vermeil.

M. Amand (Indo-Chine).

Diplômes de médailles d'argent.

Mlle Durand (Société Asepsie instantanée). — M. Marc Leclerc, collaborateur de M. le Dr Bonnet.

CLASSE 96
EXPOSANTS HORS CONCOURS

M. Blocq (Louis-Alfred), Paris. — Chambre d'Agriculture du Tonkin. — Mutualité coloniale et des pays du protectorat. — Direction de l'Agriculture de Cochinchine. — Direction du Commerce et de l'Agriculture de l'Indo-Chine. — Chambre du Commerce extérieur et colonial de la France.

1° Diplômes de Grand Prix.

Mission laïque française.
La colonisation française, Paris.
Comité Dupleix.
Action coloniale et maritime.

Ligue des droits coloniaux.
Société coloniale des beaux-arts.
Ligue coloniale.

2° Diplôme d'honneur.

France coloniale. Association mutuelle coopérative d'épargne et de prévoyance, 15, rue du Louvre, Paris.
Société antiesclavagiste de France, Paris.

3° Diplôme de médaille d'or.

Syndicat des planteurs du Tonkin et de l'Annam.

4° Diplôme de médaille de vermeil

Société de propagande coloniale, Paris.

5° Diplôme de médaille d'argent.

Société des anciens élèves de l'école coloniale d'agriculture de Tunis.

6° Mention honorable.

Syndicat central des agriculteurs coloniaux.

RÉCOMPENSES ATTRIBUÉES AUX COLLABORATEURS
PAR
LE JURY DU GROUPE XVI

Hors concours.

M. Rouet (Jean), secrétaire archiviste de la chambre d'agriculture du Tonkin.

Diplômes de Grands Prix.

M. Champernau (Louis-Victor), Fondateur, vice-président de la colonisation française. — M. Morel (Jean-Baptiste), secrétaire général de la colonisation française.

Diplômes de médailles de vermeil.

M. Noel (Louis), gérant du domaine de Ksar Tyr (Tunisie). Colonisation française. — M. Hecquet (René), gérant des domaines des Maolefs. Commune mixte de Saïda-Oran. Colonisation française. — Union des sociétés de secours mutuels de l'ile de la Réunion, Saint-Denis, Réunion. — Société de secours aux indigènes, à Tananarive, Madagascar. — L'épargne de Saint-Paul (Réunion). — L'association maternelle de Cholon (Cochinchine). — La mutuelle agricole indo-chinoise, à Hanoï. — La caisse de secours immédiat de Bône. — La mutuelle scolaire de Pointe-à-Pitre. — Le sou des dames, à Pointe-à-Pitre. — Le sou du pauvre, à Pointe-à-Pitre. — L'œuvre coloniale des femmes françaises, à Nancy. — M. Blanchard (Émile) (Société de propagande coloniale). — M. Joly (Louis) (Société de propagande coloniale). — M. Vicardin (Émile) (Société de propagande coloniale).

Mentions honorables.

M. Blanc (Alexis) (Syndicat central des agriculteurs coloniaux). — M. Leboucher (Syndicat central des agriculteurs coloniaux).

CLASSE 97

EXPOSANTS HORS CONCOURS

Administration pénitentiaire de la Nouvelle-Calédonie.
Direction de l'agriculture, du commerce et de la colonisation, à Tunis.
Jardin d'essais de Tunis.
Gouvernement tunisien.

RÉCOMPENSES ATTRIBUÉES AUX COLLABORATEURS
PAR
LE JURY DE LA CLASSE 97

1° Diplômes de Grands Prix.

M. E. Violard, à Tunis. — M. J. Loth, à Tunis.

2° Diplômes de médaille d'or.

M. Schilling, à Tunis. — M. Minangouin, à Tunis. — M. Constan, à Tunis.

CLASSES 98 et 99

Exposants Hors Concours.

Gouvernement général de l'Indo-Chine.
Colonie de la Martinique.
Gouvernement général de l'Afrique occidentale française.

Diplômes de médailles d'or.

M. Alinot.
M. Dorvault.

RÉCOMPENSES ATTRIBUÉES AUX COLLABORATEURS
PAR
LE JURY DES CLASSES 98 et 99

1° Diplôme de médaille d'or.

M. Henri Alfonge (Société de stérilisation).

2° Diplôme de médaille de vermeil.

M. Léonard Sprenzel.

3° Diplôme de médaille d'argent.

M. Bressaud, collaborateur de M. Alinot.

CLASSE 100
EXPOSANTS HORS CONCOURS

Syndicat de la Presse Coloniale, 2, rue des Halles, Paris.
Jardin Colonial, Nogent-sur-Marne.
La Dépêche Coloniale illustrée, 19, rue Saint-Georges, Paris.
La Dépêche Coloniale.
La Presse Coloniale, 2, rue des Halles, Paris.
La Politique Coloniale, 15, rue Laffite, à Paris.
Le Courrier de la Presse, Paris.
Le Bulletin Officiel des Associations de Presse.
Les Actualités diplomatiques et coloniales.
L'Agriculture Pratique des pays chauds (Bulletin du Jardin Colonial).
L'Action Coloniale, 2, rue des Halles.
Association de la Presse Coloniale Marseillaise.
M. Dorvault.
M. Wolfrom.
Secrétariat Général du Gouvernement Tunisien.
Colonie de la Réunion.
Gouvernement de la Guyane.
M. Prudhomme, commissaire général adjoint de l'Exposition et commissaire de Madagascar.
Gouvernement Général de l'Afrique Occidentale Française.
Service de l'Agriculture de l'Afrique Occidentale Française.
Direction de l'Agriculture de Madagascar
Direction de l'Agriculture et du commerce de l'Indo-Chine.
Services géographiques de l'Indo-Chine.
M. A. Challamel, éditeur (Librairie Coloniale, 17, rue Jacob).
Gouvernement du Congo.
MM. Chalot, commissaire général adjoint de l'Exposition et commissaire du Congo.
   Max Robert, commissaire de l'Afrique Occidentale française.
   Brenier, commissaire de l'Indo-Chine.

Diplômes de grands prix.

Livret-Chaix colonial.
Journal des Voyages.
MM. Louis Geisler, éditeur des couvertures des cahiers d'École, Raon l'Étape (Vosges).
  Colmet-d'Aage, commissaire adjoint des Beaux-Arts.
  Jambon et Bailly.

Diplômes de médailles d'or.

MM.
Proust.
« Propriété familiale. »
Dieulefils.
Milliau.
Mas.
Tissot.
Cezard.
Surand.
Briand.
François.
Malpuech.
Sartor.
d'Alleizette.

Pernot.
Sauvanet.
Leloup.
Beauvais, artiste graveur.
Imprimerie régionale de Marseille.
G. Vergand, artiste peintre.
Le Docteur Combes.
« Le Caoutchouc et la Gutta-Percha ».
L'Académie de la fleur.
Le Jardin.
Le Petit-Jardin.
Office colonial scolaire.

Diplôme de médaille de vermeil.

M. J. Fréville, artiste-peintre.

Diplômes de médailles d'argent.

MM.
Groupe espérantiste de Nogent.
Chenevard.
Demoulin.

L. Marie.
Geoffroy, Grangeon et Jaeglé de Madagascar (en collectivité).
Daguin et Dubreuil (en collectivité).

Diplômes de médailles de bronze.

MM. Vauchelet.
  Marin.

RÉCOMPENSES ATTRIBUÉES AUX COLLABORATEURS
PAR
LE JURY DU GROUPE XVI
DIPLOMES HORS CONCOURS

MN. Boulland de l'Escale. — Brunet. — Degouy. — Demogeot. — Gallois. — Le Roy. — Marini. — Saignes. — Taunay. — Trouillet. — Vivien. — E. Eloir. — Alcan-Lévy, imprimeur. — Welhoff et Roche. — Victor Michel, graveur. — E. Moreau. — A. Hugues.

Diplômes de médailles d'or.

MM. Fresquet, archiviste du Pavillon de la Presse. — Pierre Breuil. — Albert Brayer « Courrier de la Presse ». — Edmond Schenten « Courrier de la Presse ». — Alphonse Tourraine « Courrier de la Presse ». — Broise « Dépêche Coloniale ». — Guégan (Dépêche Coloniale). — J. Bignon. — J. Alexandre Fournier. — Berneton « Action Coloniale ».

Diplômes de médailles d'argent.

MM. Cucu, décorateur. — Gaston Léonard « Dépêche coloniale ». — Durand « Dépêche coloniale ». — Frédéric Marini « Presse coloniale ». — Paul Josa « Presse coloniale ». — Mony Salin « Action Coloniale ». — Maurice Ribet « Action Coloniale ».

HORTICULTURE

1º FLORICULTURE

GRAND PRIX. — Objet d'art.
Offert par Monsieur le Président de la République.

MM. Vilmorin-Andrieux et Cie, marchands grainiers, 4, quai de la Mégisserie à Paris (1er).

1er PRIX D'HONNEUR. — Objet d'art.
Offert par M. le Ministre des Colonies.

M. Patin (Lucien), horticulteur, avenue Jeanne d'Arc, au Perreux (Seine).

2e PRIX D'HONNEUR. — Objet d'art.
Offert par le Conseil général de la Seine.

MM. Cayeux et Leclerc, marchands grainiers, 8, quai de la Mégisserie à Paris (1er).

1er PRIX. — MÉDAILLE D'OR.

MM. Duval fils, horticulteurs, 8, rue de l'Hermitage à Versailles (Seine-et-Oise).

1er PRIX. — MÉDAILLE D'OR.

MM. Billiard et Barré, horticulteurs, 20, rue de Châtenay à Fontenay-aux-Roses (Seine).

1er PRIX. — MÉDAILLE DE VERMEIL.
Offerte par le Ministre de l'Agriculture.
Objet d'art offert par le Ministre des Beaux-Arts.

M. Desmée, horticulteur, 56, rue des Lacs au Parc Saint-Maur (Seine).

1er PRIX. — MÉDAILLE DE VERMEIL.
Offerte par le Ministre de l'Agriculture.
Objet d'art offert par le Ministre des Beaux-Arts.

M. Gentilhomme.

1er PRIX. — MÉDAILLE DE VERMEIL.

M. Tabar, horticulteur, 88, Boulevard de l'Ermitage à Montmorency (Seine-et-Oise).

1er PRIX. — MÉDAILLE DE VERMEIL.

M. Maron, à Brunoy (Seine-et-Oise).

1er PRIX. — MÉDAILLE DE VERMEIL.

M. Loison, horticulteur, rue du Midi à Vincennes (Seine).

1er PRIX. — MÉDAILLE DE VERMEIL.

M. Lagrange, horticulteur, à Oullins (Rhône).

1er PRIX. — MÉDAILLE D'ARGENT.
Offerte par le Conseil Général.

M. Asselineau, horticulteur, rue Mannessier à Nogent-sur-Marne (Seine).

2e PRIX. — MÉDAILLE D'ARGENT.
Offerte par M. le Ministre de l'Agriculture.

M. Fromont, horticulteur, 9, rue de Trianon au Perreux (Seine).

2e PRIX. — MÉDAILLE D'ARGENT.

M. Hérisson, horticulteur, 224, avenue Aug. de Bry au Perreux (Seine).

2e PRIX. — MÉDAILLE D'ARGENT.
Offerte par M. le Ministre de l'Agriculture.

M. Bruyant, horticulteur à Villiers-sur-Marne (Seine-et-Oise).

2e PRIX. — MÉDAILLE D'ARGENT.
Offerte par M. le Ministre de l'Agriculture.

M. Evrard, jardinier à Nogent-sur-Marne.

2° ARBORICULTURE

HORS CONCOURS.
Diplôme d'honneur avec félicitations.

M. Croux, pépiniériste au Val d'Aulnay (Seine).

PRIX D'HONNEUR. — Objet d'art.
Offert par le Préfet de la Seine.

M. Boucher, horticulteur, 164, avenue d'Italie, Paris.

1er PRIX. — MÉDAILLE D'OR.

M. Gravier (Alfred), Boulevard Lamouroux à Vitry-sur-Seine.

1er PRIX. — MÉDAILLE D'OR.

M. Brochet, pépiniériste à Chatenay.

1er PRIX. — MÉDAILLE DE VERMEIL.
Offerte par le Ministre de l'Agriculture.

M. Rothberg, pépiniériste, 2, rue Saint-Denis à Gennevilliers (Seine).

1er PRIX. — MÉDAILLE DE VERMEIL.

M. Grognet, horticulteur à Vitry-sur-Seine.

3° CULTURE MARAICHÈRE

PRIX D'HONNEUR.

MM. Vilmorin-Andrieux et Cie, marchands grainiers, 4, quai de la Mégisserie, Paris.

4° GAZONS

HORS CONCOURS.

MM. Chouvet et fils, 16, rue Étienne-Marcel, Paris.

1er PRIX. — MÉDAILLE D'OR.

MM. Vilmorin-Andrieux et Cie, marchands grainiers, 4, quai de la Mégisserie, Paris.

1er PRIX. — MÉDAILLE D'OR.

MM. Cayeux et Leclerc, marchands grainiers, 8, quai de la Mégisserie, Paris.

5° INDUSTRIES HORTICOLES

PRIX D'HONNEUR. — Objet d'art.
Offert par le Ministre des Beaux-Arts.

M. Tatoux, rocailleur à Paris.

RAPPEL DE PRIX D'HONNEUR.

M. Sauvanet, 7, rue du Maréchal-Vaillant à Nogent-sur-Marne (Seine).

1er PRIX. — MÉDAILLE DE VERMEIL.

M. Ferri, rocailleur à Paris.

COLLABORATEURS
du
COMITÉ NATIONAL DES EXPOSITIONS COLONIALES

1° Diplôme de grand prix.

M. Charles Lefebvre, architecte.

2° Diplômes de médailles d'or.

MM. Mallebranche.
    Luquin (Edmond).
    Guellier (Léon).

MM. Bancal (Louis).
    L. Monnier.
    Th. Vitors.

3° Diplômes de médailles d'argent.

MM. Delys.
    Evraere.
    Bellavoine.

MM. Nadal.
    Chabanot.

MACON, PROTAT FRÈRES, IMPRIMEURS

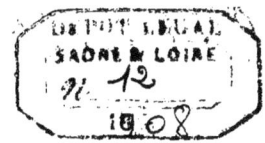

RÉPUBLIQUE FRANÇAISE

MINISTÈRE DES COLONIES

EXPOSITION COLONIALE
nationale de 1907
AU JARDIN COLONIAL

Organisée par la Société française de Colonisation
avec le concours du
Comité national des Expositions coloniales

Rapport Général

PAR

Eugène CHARABOT | Georges COLLOT

Rapporteurs généraux du Jury supérieur

AVEC LA COLLABORATION DE

Maurice CHEVRON | Pierre VIALLAR

Rapporteurs généraux du Comité du Commerce et de l'Industrie

II

LES PRODUCTIONS VÉGÉTALES

PARIS
Augustin CHALLAMEL, Éditeur
Rue Jacob, 17
Librairie maritime et coloniale

1907

EXPOSITION COLONIALE NATIONALE
1907

—

RAPPORT GÉNÉRAL

MACON, PROTAT FRÈRES IMPRIMEURS

RÉPUBLIQUE FRANÇAISE

MINISTÈRE DES COLONIES

EXPOSITION COLONIALE
nationale de 1907
AU JARDIN COLONIAL

Organisée par la Société française de Colonisation
avec le concours du
Comité national des Expositions coloniales

Rapport Général

PAR

Eugène CHARABOT | **Georges COLLOT**

Rapporteurs généraux du Jury supérieur

AVEC LA COLLABORATION DE

Maurice CHEVRON | **Pierre VIALLAR**

Rapporteurs généraux du Comité du Commerce et de l'Industrie

II

LES PRODUCTIONS VÉGÉTALES

PARIS

Augustin CHALLAMEL, Éditeur

Rue Jacob, 17

Librairie maritime et coloniale

1907

LES

PRODUCTIONS VÉGÉTALES DES COLONIES

AVANT-PROPOS

Dans un volume spécial se trouvent exposés le but et les conditions d'organisation de l'Exposition coloniale nationale de 1907.

Nous avons à aborder maintenant l'étude détaillée des expositions qu'abritaient les différents pavillons des colonies, et des expositions formant la section commerciale et industrielle organisée par le Comité national des expositions coloniales.

Il nous suffira de rappeler au préalable quelques détails relatifs à la classification générale, à la distribution des produits entre les différents bâtiments destinés à les recevoir, à la constitution et aux attributions des jurys.

La classification générale comportait seize groupes. Quelques-uns de ces groupes étaient formés à la fois des expositions des colonies, organisées par les soins du Commissariat général, et des expositions industrielles, organisées par le Comité national des expositions coloniales. D'autres étaient formés par une seule de ces deux catégories d'expositions. Et l'on se souvient que les collections envoyées par les colonies étaient réunies dans différents pavillons spéciaux. Elles constituent aujourd'hui un riche Musée permanent annexé au Jardin colonial. La section commerciale et industrielle qui, seule était temporaire, occupait un vaste hall parfaitement aménagé, ainsi qu'un certain nombre de pavillons isolés, dissimulés entre les arbres et entourés de corbeilles fleuries.

Les produits, travaux et documents de toute nature présentés dans chaque groupe, ont été soumis à l'examen d'un jury ayant fonctionné sous la présidence générale du Président du comité national des expositions coloniales. A propos de l'étude de chacun des groupes, et en tête de la liste des récompenses accordées, nous indiquerons la composition du jury correspondant.

Un jury supérieur avait la mission de ratifier les décisions des jurys de groupe, d'arrêter en dernier ressort les listes par ordre de mérite des récompenses à décerner et d'examiner toutes les réclamations qui pouvaient être présentées. Ce jury supérieur était composé des présidents des jurys de groupe et de quelques personnalités appartenant au monde colonial, politique, administratif ou scientifique.

Nous en donnons ci-dessous la composition.

Président général du Jury : M. Marcel SAINT-GERMAIN
Sénateur d'Oran.
Président du Comité national des Expositions coloniales.

JURY SUPÉRIEUR

Président.

M. **L. Dubrujeaud**, Président de la Chambre de Commerce de Paris.

Vice-Présidents.

MM. **Laveran**, Membre de l'Institut.
Renault, Industriel.
Schwob, Vice-président du Comité national des Expositions coloniales, Président du Comité du Commerce et de l'Industrie à l'Exposition coloniale nationale de 1907, Membre du Conseil supérieur des Colonies.
Tisserand, Président du Conseil d'Administration du Jardin colonial.

Secrétaires.

MM. **Cladière**, Secrétaire général du Comité du Commerce et de l'Industrie à l'Exposition coloniale nationale de 1907.
Eissen Piat, Président du Groupe IX.
Du Vivier de Strell, Président du Groupe I.

Rapporteurs généraux.

MM. **E. Charabot**, Professeur à l'École des Hautes Études commerciales, Inspecteur et Membre du Conseil supérieur de l'Enseignement technique.
G. Collot, Commissaire de la section de l'automobile et des moyens de transport.

Membres.

MM. **Audoynaud**, Président du Groupe VI.
Auricoste, Directeur de l'Office colonial.
Bellan, Syndic du Conseil municipal de Paris, Vice-Président du Comité français des Expositions à l'étranger.
Bougenot, Président du Groupe III.
Bouvier, Professeur au Muséum d'Histoire naturelle, président du Groupe XIV.
Brunet, Secrétaire général du Comité national des Expositions coloniales.
A. Cahen, Président du Groupe II.
Chanel, Président du Groupe XIII.
Dalmas, Sous-Directeur au Ministère des Colonies.
Darracq, Président de la Chambre syndicale du Cycle et de l'Automobile, Président du Groupe VII.
Deloncle (Charles), Député.
Deloncle (François), Député de la Cochinchine.
C. Delhorbe, Secrétaire général du Comité de Madagascar.
Paul Desbief, Vice-Président du Comité national des Expositions coloniales, Président de la Chambre de Commerce de Marseille.
Dron, Député, maire de Tourcoing.
Duchesne, Sous-Directeur au Ministère des Colonies.
Dupont, Sénateur, président du Comité français des Expositions à l'étranger.
Esnault Pelterie, Président de l'Association cotonnière coloniale.
Fraenckel, Président du Groupe V.
Gabelle, Directeur de l'Enseignement technique au Ministère du Commerce.
Galland, Président du Groupe VI.
Giard, Membre de l'Institut, Président du Groupe XV.
Alfred Grandidier, Membre de l'Institut.
Hetzel, Vice-Président du Comité français des Expositions à l'étranger.
Kermorgant, Inspecteur général du Service de Santé des Troupes coloniales, Membre de l'Académie de Médecine.
Laporte, Architecte.
Maguin, Vice-Président du Comité français des Expositions à l'étranger.
Mascuraud, Sénateur, Président du Comité républicain du Commerce et de l'Industrie.
Maurel, Vice-Président du Comité national des Expositions coloniales.
Mimard, Président du Groupe VIII.
Olivier, Docteur ès Sciences, Directeur de la Revue générale des Sciences.

Pinard, Vice-Président du Comité français des Expositions à l'étranger.
Prillieux, Membre de l'Institut.
A. Raynaud, Président du Groupe X.
Ruffier des Aimes, Trésorier du Comité national des Expositions coloniales.
Sandoz, Secrétaire général du Comité français des Expositions à l'étranger.
J.-P. Trouillet, Directeur de la Dépêche coloniale, Vice-Président du Comité national des Expositions coloniales, Membre du Conseil supérieur des Colonies.
Trubert, Président du Groupe XII.
Viseur, Sénateur du Pas-de-Calais.
Vivien, Président du Syndicat de la Presse coloniale, Président du Groupe XVI.
Weil, Président du Groupe XI.
You, Sous-Directeur au Ministère des Colonies.

L'étude des matériaux et documents présentés à l'Exposition coloniale va être entreprise en suivant l'ordre et les divisions adoptés dans la classification générale. Nous ne nous bornerons pas à la description pure et simple des produits, nous insisterons sur leur origine, leur production, leurs transformations, leur commerce, en nous étendant plus particulièrement sur les questions d'actualité en même temps que sur les progrès que l'exposition a révélés ou vulgarisés.

Le travail que nous avions à exécuter embrassait des questions très variées. Nous l'avons réparti entre nous de la façon suivante :

Groupe I.

Produits du sol

Classes 1 à 4 inclusivement.................... E. CHARABOT.

Groupe II.

Produits du sous-sol et Procédés d'exploitation.

Classes 5 à 10 inclusivement.................. E. CHARABOT.

Groupe III.

Produits des Industries aux colonies.

Classes 11 à 18 inclusivement, classes 25, 28, 30. E. CHARABOT.
Classe 19, 26 et 27............................ M. CHEVRON.
Classes 20 à 24 inclusivement.................. M. CHEVRON et P. VIALLAR.
Classe 29...................................... P. VIALLAR.
Classes 31, 32 et 33........................... G. COLLOT.

Groupe IV.
Alimentation.

Classes 34 à 39 inclusivement.................. E. Charabot.

Groupe V.
Fils, tissus et habillement.

Classes 40 et 41........................... M. Chevron et P. Viallar.

Groupe VI.
Habitations et constructions diverses, Aménagement intérieur.

Classes 42, 43 et 44....................... P. Viallar.

Groupe VII.
Matériel de transport.

Classes 45 à 48 inclusivement................. G. Collot.

Groupe VIII.
Armes et matériel de campement et de voyage.

Classes 49, 50 et 51........................ M. Chevron et P. Viallar.

Groupe IX.
Matériel agricole, horticole et industriel,

Classes 52 et 53........................... G. Collot.

Groupe X.
Produits pharmaceutiques.

Classe 54................................. E. Charabot.

Groupe XI.
Industries diverses.

Classes 55 à 59 inclusivement, classes 61, 64, 66. E. Charabot.
Classes 60, 63 et 65....................... P. Viallar.
Classe 62................................. M. Chevron.
Classe 67................................. G. Collot.

Groupe XII.

Animaux vivants.

Classes 68 et 69............................ E. Charabot.

Groupe XIII.

Produits et dépouilles des mammifères et des oiseaux.

Classes 70, 71, 75, 78 et 79................. M. Chevron.
Classes 72, 73, 74, 77 et 80................. E. Charabot.
Classe 76.................................... M. Chevron et P. Viallar.

Groupe XIV

Insectes utiles et insectes nuisibles.

Classes 81 à 84 inclusivement................ E. Charabot.

Groupe XV.

Produits de la mer, des rivières, des lacs et des étangs.

Classes 85, 86, 88 et 90..................... E. Charabot.
Classe 87.................................... P. Viallar.
Classe 89.................................... M. Chevron.

Groupe XVI.

Colonisation.

Classes 91, 93, 94, 95, 96, 97, 99 et 100..... E. Charabot.
Classe 92.................................... P. Viallar.
Classe 98.................................... G. Collot.

1ʳᵉ Division.

PRODUITS D'EXPORTATION DES COLONIES
SAUF LES ANIMAUX ET PRODUITS ANIMAUX.
PRODUITS DES INDUSTRIES AUX COLONIES

GROUPE I
PRODUITS DU SOL

Ce groupe est certainement un de ceux qui réunissent les matériaux les plus importants au point de vue colonial. Il comprend quatre classes entre lesquelles nous trouvons répartis tous les produits végétaux des Colonies.

Parmi les publications périodiques et les ouvrages traitant des diverses cultures coloniales en général, nous mentionnerons les suivants :

Bulletin du Jardin colonial et des Jardins d'essais des Colonies (publié sous la direction de M. J. Dybowski). — *Annales de l'Institut colonial de Marseille.* — J. Dybowski, Traité pratique des cultures tropicales, Paris 1902. — H. Jumelle, Les Cultures coloniales, 2 vol., Paris 1900. — A. Chevalier, Les végétaux utiles de l'Afrique tropicale française (fascicule I, par Ed. Perrier, A. Chevalier et E. Perrot ; fasc. 2, par E. Perrot). — H. Lecomte, Production agricole et forestière dans les Colonies françaises, Paris 1900. — R. de Wildeman, Les plantes tropicales de grande culture, Paris 1902. — H. A. Alford Nicholls (traduction de E. Raoul), Petit traité d'agriculture tropicale, Paris 1901. — Ch. Rivière et H. Lecq, Manuel pratique de l'Agriculteur algérien, Paris 1900. — Greverath, L'Agriculture en Indo-Chine, Paris 1900. — Lafont, Les Cultures de l'Archipel des Comores, Paris 1902. — N. Savariau, L'Agriculture au Dahomey, Paris 1906.

CLASSE I

PRODUITS DE LA CUEILLETTE ET DES EXPLOITATIONS NATURELLES

1ʳᵉ Section. — Caoutchouc brut, gutta, balata, gommes, résines, succédanés, etc.

2ᵉ Section. — Crin végétal, piassava, raphia et autres textiles spontanés, alfa, pailles à chapeaux, rotins, joncs, bambous, etc.

3ᵉ Section. — Plantes oléagineuses spontanées (amandes de palme, etc.).

1ʳᵉ Section, Produits d'exsudation

Caoutchouc

Le caoutchouc est un des produits les plus intéressants de l'exploitation coloniale. Ses applications, toujours plus nombreuses, toujours plus étendues, donnent à la question de la production de cette substance une importance toute particulière.

La plus ancienne plantation d'Hevea asiatique (âge : 21 ans).
Cliché de l'*Hevea asiatique*, par O. Collet.

On le produit par la coagulation du latex de nombreux végétaux de la zone intertropicale.

Le caoutchouc se trouve signalé déjà dans différents écrits qui remontent au xvıᵉ siècle, mais ce fut La Condamine qui, en 1751, donna les premières indications précises sur cette matière, à la suite de la mission qu'il accomplit dans l'Amérique du Sud pour mesurer un arc du méridien. A Fresneau l'on doit la connaissance des plantes productrices du caoutchouc et à Fusée Aublet leur détermination botanique.

Il y a quelque vingt-cinq ans, on ne prêtait encore dans nos colonies qu'une médiocre attention à la culture des plantes à caoutchouc, tandis que, au contraire, les Anglais faisaient dans l'Assam, dès 1860, des essais de plantation de *Ficus indica* L. Toutefois, en raison de la lenteur du développement de cet arbre, leurs tentatives demeurèrent sans résultat encourageant. Depuis, l'exploitation, talonnée par les besoins de la civilisation moderne, a élargi son cercle et fort nombreuses sont devenues les plantes caoutchoutifères utilisées dans les diverses parties du monde.

Plantes à caoutchouc.

Les végétaux à caoutchouc réellement exploités se trouvent distribués entre trois familles différentes que nous allons énumérer par ordre d'importance :

1. — Famille des Euphorbiacées. — Dans cette famille nous trouvons des essences caoutchoutifères appartenant principalement aux genres *Hevea*, *Manihot* et *Sapium*.

a. Les *Hevea* fournissent le très estimé caoutchouc de *Para* et contribuent à la production totale dans une proportion qui n'est pas éloignée de 60 0/0. Ce sont des arbres qui ne vivent qu'en terrain humide. Ils poussent dans des régions à température assez régulière (22-35°) et où les saisons pluvieuses sont de longue durée. On les rencontre à l'état sauvage dans l'Amérique méridionale, à l'est de la chaîne des Andes, dans les bassins de l'Amazone et de l'Orénoque, ainsi que dans les Guyanes.

La principale espèce est l'*Hevea brasiliensis* Muell. Arg. (Brésil et Venezuela). Nous mentionnerons encore *H. Spruceana* Muell. Arg. (Brésil, Colombie), *H. discolor* (Rio-Negro, Manaos), *H. pauciflora* (Rio-Negro, bassins de l'Amazone et de l'Orénoque), *H. membranacea* (Brésil, Guyane anglaise), *H. rigidifolia* (Rio-Aaupès), *H. Benthamiana* (Haut-Amazone, Rio-Negro, Rio-Aaupès), *H. lutea* (Rio-Negro, Rio-Aupès), *H. guyanensis* (Guyane), *H. nitida* Mart. (Haut-Amazone). Des essais de peuplement d'*Hevea* ont été entrepris en Guinée. C'est seulement lorsque l'arbre aura atteint sa douzième année que l'on pourra constater les résultats.

De même l'*Hevea*, dans certaines régions bien choisies de l'Indo-Chine pourra donner satisfaction aux planteurs. Des essais ont été entrepris par les services locaux et par les planteurs européens du Tonkin en vue de solutionner cette question ; les premiers résultats sont encourageants.

Au Brésil on compte en moyenne 2 kg. 5 de caoutchouc par arbre et par an.

b. Le *Maniot Glaziovii* Muell. Arg., qui produit le caoutchouc de *Céara*, est originaire de l'Amérique méridionale. Les conditions de végétation du caoutchoutier de Céara sont presque inverses de celles du caoutchoutier de Para. On rencontre, en effet, le premier à des altitudes de 200 à 600^m, dans des terrains arides, sablonneux ou rocailleux. C'est donc un arbre peu exigeant au point de vue de la qualité du terrain.

Il vient presque toujours très bien [1], malheureusement le rendement qu'il donne n'est pas élevé.

Bien préparé, le caoutchouc de Céara vaut presque le caoutchouc de Para et l'arbre pousse rapidement, de sorte que l'exploitation peut commencer dès l'âge de six ans, ce qui est un avantage appréciable. Le rendement dans les habitats favorables, d'après M. Yves Henry, n'est pas supérieur, en Afrique occidentale française, à 150 gr. de caoutchouc sain et bien sec par Céara adulte (6 ans).

De nombreux essais de peuplement de Céara effectués en Afrique occidentale française et à Madagascar, encore que de date récente, ont déjà fourni leur enseignement. Le Céara est sans utilisation possible au Sénégal. Au Soudan, quelques résultats ont été obtenus, mais ceux relatifs au Soudan Central sont négatifs. En Casamance, le Céara donne des espérances, comme d'ailleurs en Guinée où le caoutchouc fourni par cette essence a été apprécié au même prix que les belles sortes de la colonie. Les résultats obtenus au Dahomey, sans être bons, ne sont pas tout à fait décourageants.

En somme, pour M. Henry, l'aire économique du Céara, en Afrique occidentale française, aurait une limite qui se dirigerait, vers le nord, depuis l'embouchure de la Falémé jusque sur Kouroussa, par le cours du Haut-Sénégal, et qui, vers l'ouest, suivrait la rive gauche de la Falémé pour atteindre, en se recourbant, les bassins de la Haute-Gambie et de la Casamance.

Au Congo il existe de belles plantations de Manihot.

c. Les *Sapium* sont originaires de l'Équateur : *Sapium tolimense* Hort., *S. verum* Hemsl., *S. utile* Preuss., *S. decipiens* Preuss.

---

[1] D'après M. Henri Lecomte, qui a recueilli à ce sujet l'opinion de M. Glaziow, l'arbre à caoutchouc de Céara vient beaucoup mieux et produit beaucoup plus de caoutchouc dans les sols fertiles que dans les sols secs et pierreux qu'on préconise d'habitude.

Manihot Glaziovii de 30 mois (au second plan).   Jeune Ficus elastica.
Clichés extraits de Yves Henry, « Le Caoutchouc en Afrique occidentale ».

d. Nous mentionnerons encore, appartenant à d'autres genres, le *Micrandra siphonioides* Benth. (Rio-Negro) et l'*Euphorbia Intisy* Drake (Madagascar).

2. — Famille des Artocarpées. — Les genres auxquels appartiennent les essences à caoutchouc de cette famille sont les genres *Castilloa*, *Ficus* et *Artocarpus*.

a. C'est le *Castilloa elastica* Cerv. qui fournit la plus grande partie du caoutchouc du Mexique, de Guatemala, de la Colombie et de l'Équateur. La gomme des Castilloa est le plus souvent préparée sans soin et par conséquent peu appréciée. Mais le Castilloa est susceptible de fournir un produit de bonne qualité.

Grâce aux envois de graines de Castilloa faits en 1901 par le Jardin colonial, des peuplements importants ont été commencés en Basse-Guinée, au Dahomey et à Madagascar. M. Yves Henry pense que l'aire géographique des peuplements de Castilloa pourrait s'étendre jusqu'en Haute-Guinée.

On rencontre, dans la Colombie et à Panama, le *Castilloa Markhamiana* Collins.

b. Dans le genre *Ficus*, la principale espèce caoutchoutifère est le *Ficus elastica* Roxbg. arbre de grandes dimensions qui fournit une importante partie du caoutchouc d'Assam ; on y rencontre en même temps quelques autres *Ficus* : *F. religiosa* L. (Bengale, Inde centrale, Ceylan) ; *F. indica* L. (Inde, Malaisie, Philippines) ; *F. Vogelii* Miq. (côte occidentale d'Afrique), *F. annulata* Bl. (Malacca) ; *F. altissima* Bl. (Malacca), *F. obtusifolia* Roxbg. (Malacca). Le *Ficus elastica* se plaît dans les forêts humides, sur les sols frais, mais non marécageux, et à des altitudes qui peuvent être assez élevées. On le rencontre en Assam, à Java et à Sumatra.

Il a été introduit à la Côte occidentale d'Afrique et à Madagascar par les soins du Jardin colonial et à l'aide des plants fournis par les sujets rapportés de Java en 1900 par M. Em. Prudhomme à la suite de sa mission en Extrême-Orient. La première introduction fut faite au Soudan en 1902 ; les sujets obtenus végètent vigoureusement et permettent d'augurer une réussite complète, résultat d'autant plus intéressant que l'introduction du Céara au Soudan a échoué.

La seconde introduction fut faite en 1905, encore grâce aux envois du Jardin colonial, envois que l'on répartit entre les cinq colonies du Gouvernement général ; et enfin, dans le Haut-Sénégal et le Niger.

Le *Ficus* paraît devoir pousser et produire dans toute l'Indo-Chine.

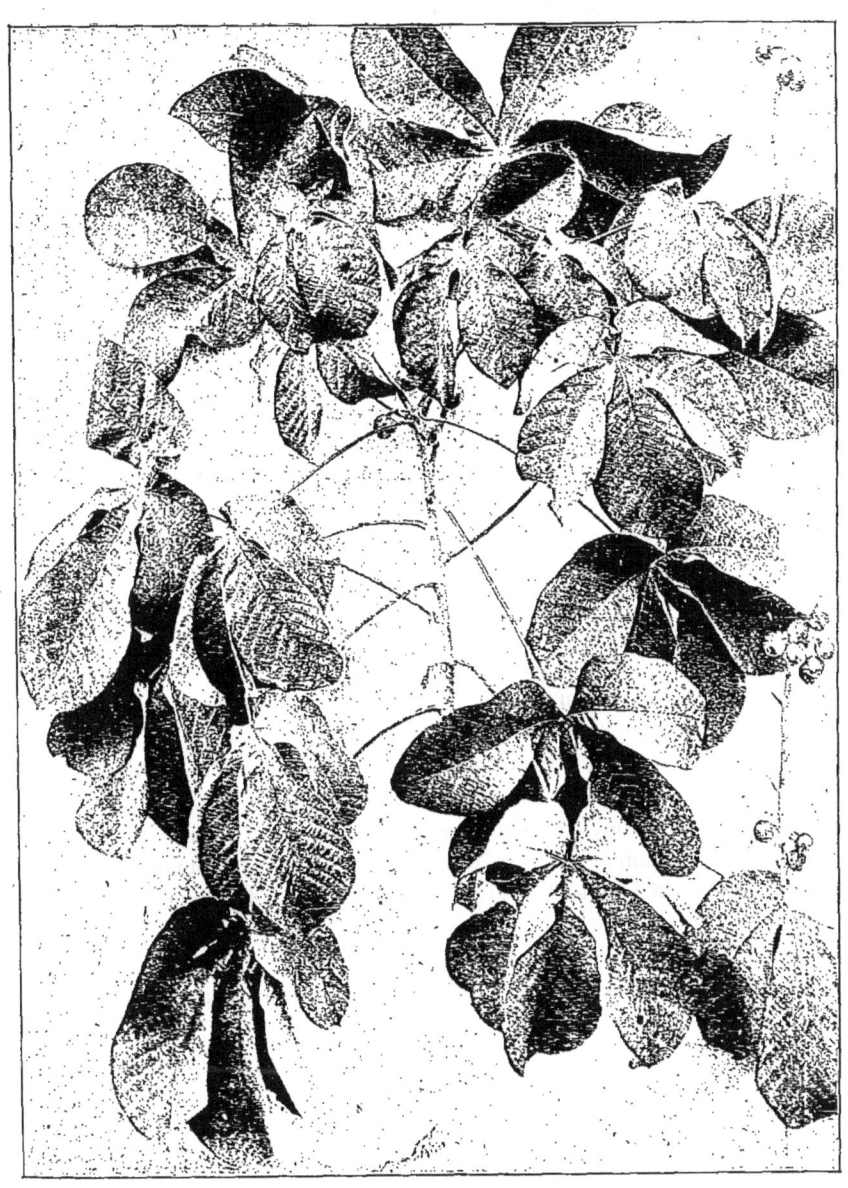

Cliché Em. Prudhomme.
Manihot Glaziovii.
Cliché communiqué par le Comité de Madagascar.

c. — Nous mentionnerons encore l'*Artocarpus elastica* Reinw. (Java, Bornéo) et l'*A. integrifolia* Bl. (Malacca).

3. — *Famille des Apocynées.* — a. L'*Hancornia speciosa* Gomez est un petit arbre caoutchoutifère de la région des Tocantins (Brésil), qui peut pousser dans les terrains sablonneux et arides.

b. Genre *Funtumia*. Le *Funtumia elastica* Stapf paraît une essence de grand avenir.

c. Au genre *Mascarenhasia* appartiennent des arbres de tailles diverses que l'on rencontre surtout à Madagascar : *M. elastica* K. Sch., *M. lisianthiflora* D. C., *M. anceps* Boiv.

d. Les *Landolphia* sont des lianes à caoutchouc caractéristiques de toute l'Afrique tropicale, y compris Madagascar.

Les recherches de MM. Hua et Chevalier [1] ont montré que les lianes présentant le plus d'intérêt pour l'Afrique occidentale sont le *Landolphia Heudelotii*) D. C. (liane gohine) et le *Landolphia owariensis* Pal. de Beauv. Dans l'immense centre de production que constitue le Soudan, la liane se rencontre presque exclusivement sur les plateaux de formation latéritique, en général sur des sols maigres. Ces lianes s'élancent alors à la cime des arbres ; elles sont dans ce cas vigoureuses, supportent la saignée et peuvent donner, comme dans le cas des lianes de Basse-Casamance et de la Côte d'Ivoire, 400-500 gr. de caoutchouc.

Malheureusement il n'en est plus ainsi dans les vallées étroites.

La règle à suivre pour les peuplements [2] est de les constituer sous couvert et d'utiliser tous les arbres comme soutiens.

En forêt (Casamance et Côte d'Ivoire) une liane est normalement exploitable vers la 8ᵉ année et peut donner 200 gr. de caoutchouc par an (Henry).

Les lianes végétant sous un climat sec et dans des terrains peu fertiles (Soudan) donnent au maximum 50 gr. de caoutchouc par an (Chevalier et Vuillet).

Une étude approfondie de la question des peuplements d'essences à caoutchouc a conduit M. Henry à conclure qu'il y a intérêt à utiliser, chaque fois qu'il est possible de le faire, les arbres de préférence aux lianes.

En dehors des deux *Landolphia* mentionnés, il en est d'autres qui

---

1. Hua et Chevalier, Les Landolphiées du Sénégal, du Soudan et de la Guinée française.
2. Yves Henry, Le caoutchouc dans l'Afrique occidentale française.

Cliché Ém. Prudhomme.

L'Euphorbia Intisy.
Intisy, caoutchouc antandroy, caoutchouc sans feuilles ou caoutchouc du Sud de Madagascar.
Cliché communiqué par le Comité de Madagascar.

peuvent fournir du caoutchouc. En particulier, le *Landolphia madagascariensis* K. Schum, dont M. Prudhomme a déterminé, sur la côte de Madagascar, la zone d'extension. On trouve aussi, à Madagascar, le *L. Perrieri* Jum. et le *L. sphærocarpa* Jum.; au Congo, les *L. Klainii* Pierre et *L. Lecomtei* Dewèvre.

e. L'*Urceola elastica* Benth. est une liane à caoutchouc de la Péninsule malaise.

f. Nous complèterons cette énumération en citant les **Tabernæmontana**, le *Carpodius Foretiana* Pierre, le *C. Jumellei* Pierre, le *C. lanceolatus* K. Sch., de l'Afrique occidentale, enfin, l'*Ecdysanthera micrantha* D. C. de l'Indo-Chine.

Extraction et coagulation du latex.

Le *latex* est un liquide blanc, émulsion naturelle formée de globules très petits en suspension dans un liquide à peu près incolore. Cette substance est contenue dans des canaux appelés *laticifères*. Les laticifères se rencontrent dans tous les organes. Chez la tige jeune ils sont surtout abondants dans la moelle, mais lorsqu'elle est âgée, les laticifères sont bien plus nombreux dans la zone moyenne de l'écorce.

C'est surtout de la tige qu'on extrait le latex par incision. Ces laticifères sont principalement dirigés dans le sens de la longueur; donc si la saignée est pratiquée dans le sens oblique, on en rencontrera le plus grand nombre.

Malheureusement les incisions transversales sont désastreuses car elles provoquent des solutions de continuité dans les laticifères.

Toute plaie produite par une incision provoque un afflux plus abondant de matériaux destinés à la formation des tissus de cicatrisation, afflux qui a pour conséquence indirecte la production d'une plus grande quantité de latex.

Au Para on pratique des incisions verticales autour du tronc, à peu près au même niveau et l'on dispose au-dessous, piqués dans l'écorce, des gobelets en fer-blanc dans lesquels s'écoule le liquide.

Au Géara, on fait des incisions verticales et on laisse le liquide s'écouler le long de l'écorce où il se coagule. Le caoutchouc se dépose en longues lanières.

L'extraction du latex de *Castilloa* est effectuée à l'aide de deux entailles en forme de V sur la même verticale. Le lait s'écoule des pointes des V jusqu'à un récipient placé sur le sol.

Cliché ÉM. PRUDHOMME.
Spécimen d'Intisy (Euphorbia Intisy) de l'Extrême Sud de Madagascar.
Cliché communiqué par le Comité de Madagascar.

La méthode de la saignée donne aussi en général de bons résultats dans le cas des *Landolphia*.

On a eu l'idée de faire usage d'une méthode d'extraction à l'aide de divers dissolvants appropriés, tels que le sulfure de carbone, la benzine, etc. Mais cette méthode, qui présente de nombreux inconvénients et en particulier celui de nécessiter l'emploi d'une masse considérable de dissolvant et d'extraire des impuretés, ne semble pas passer dans la pratique industrielle. Un procédé de cette nature aurait son application dans les cas où, comme pour le *Landolphia Perrieri*, les tiges n'atteignant que de faibles dimensions, la saignée est impraticable et l'abatage nécessaire. Il en est de même lorsqu'il s'agit d'utiliser toutes les parties desséchées de la plante, écorces, feuilles ou brindilles, qui tombent et sont perdues.

A cet effet, au lieu de dissoudre le caoutchouc, on peut, et c'est en cela que consiste la méthode Deiss, désagréger les tissus par l'acide sulfurique afin de mettre en liberté le caoutchouc. Le procédé semble un peu trop coûteux et trop brutal.

MM. Arnaud et Verneuil [1] ont préconisé un procédé mécanique fort intéressant pour la description duquel nous renvoyons au mémoire original. Cette méthode, comme les deux précédentes, a pour objet le traitement des écorces.

Le caoutchouc est constitué par les globules du latex, réunis et agglomérés, et c'est précisément le résultat de l'opération connue sous le nom de *coagulation*. M. H. Lecomte [2], qui a fait une étude rationnelle de cette opération, groupe de la façon suivante les différentes influences capables de provoquer la coagulation :

1° Les agents mécaniques. Ceux-ci, à vrai dire, ne déterminent pas la coagulation, mais la préparent plus ou moins, en rapprochant les globules. La séparation des globules peut être obtenue au moyen d'un appareil analogue aux écrémeurs centrifuges. En additionnant d'eau les divers latex on provoque la montée des globules : c'est que le plasma est ainsi rendu plus fluide et sa viscosité atténuée. Aussi bien, certains réactifs, cités comme agents chimiques de coagulation, n'agissent qu'en modifiant les conditions mécaniques de l'ascension des globules. Le bichlorure de mercure, par exemple, élève la densité du liquide et facilite ainsi la montée des globules.

2° Les agents physiques. La chaleur doit être placée au premier plan. Il n'est, en effet, aucun latex qui soit réfractaire à cet agent physique.

3° Les agents chimiques capables de provoquer la coagulation du latex sont nombreux : les alcools possèdent un pouvoir coagulant. Il en est

---

1. Arnaud et Verneuil, *Comptes rendus Ac. des Sciences*, CXXX, 259.
2. H. Lecomte, *Ass. fr. pour l'Av. des Sciences*, Conférence du 4 mars 1902, *Bull. du Museum d'Hist. nat.*, 1901. n° 4, p. 192 et 1902, n° 6, p. 442.

Cliché Em. Prudhomme.
Rameau de Castilloa elastica.
Cliché communiqué par la *Revue des Cultures coloniales*.

de même de la plupart des acides minéraux ou organiques et d'un certain nombre de sels : chlorure de sodium, iodures, fluorures, alun, etc. Il est impossible de dire, pour le moment, quelle est la nature de l'action exercée par ces agents.

Décrivons maintenant les principaux procédés de coalagution en usage dans la pratique.

Le plus important est celui qu'on emploie au Para. Le latex ayant été recueilli en quantité suffisante, on le verse dans un vase plat et large. On allume un feu de bois qu'on couvre d'un tuyau ou entonnoir (diable), faisant fonction de cheminée. Par l'orifice supérieur de celle-ci on jette sur le feu des noix de divers palmiers. Quand le feu laisse échapper une fumée abondante et claire, on trempe dans le latex l'extrémité élargie d'une longue palette enduite d'argile, et la place dans la fumée en la retournant dans tous les sens. Sous l'influence de la chaleur, une mince couche de caoutchouc se produit ; on recommence une opération semblable et ainsi de suite jusqu'à ce que le gâteau de caoutchouc ait atteint 10-12 centimètres. Biffen a montré que la fumée produite par les noix de palmier contient de l'acide acétique et de la créosote. Le premier produit favorise probablement la coagulation et le second doit, dans la suite, agir comme antiseptique empêchant toute putréfaction.

Le lait de Castilloa n'est nulle part coagulé par enfumage. Ce lait est trop acide pour être soumis à ce traitement; ce sont, dans ce cas, les liquides à réaction alcaline qui donnent les meilleurs résultats. On emploie, au Nicaragua, le suc de l'*Ipomea Bona-nox* L., au Mexique, des solutions de sel marin ou de bicarbonate de soude. Quelquefois aussi, on se contente d'abandonner le lait à lui-même pendant plusieurs jours avec ou sans addition de sel. Cette méthode de séparation spontanée semble la meilleure dans le cas du lait de Castilloa.

On peut encore faire usage d'écrémeuses centrifuges qui séparent les globules de toutes les matières étrangères contenues dans le sérum et suppriment par là même un des facteurs importants d'altération des caoutchoucs. Ce procédé n'est malheureusement pas applicable aux laits très épais et susceptibles de se coaguler rapidement.

Pour la coagulation des latex des lianes, les indigènes se servent, en Afrique occidentale française, indifféremment des quatre coagulants : le « bembéré » (*Lanea acida*), le « dâ » (oseille de Guinée), le « niama » (*Bauhinia reticulata*) et le « n'tomi » (tamarin). M. Perrier, adjoint des Affaires indigènes, recommande l'emploi des décoctions, préalablement filtrées, dans la proportion de un tiers de litre de latex pour deux tiers de litre d'infusion.

Le jus de citron et surtout l'acide sulfurique étendu sont employés en particulier à Madagascar.

Plantation de Ficus elastica.
Cliché communiqué par la Revue des Cultures coloniales.   Cliché Ém. Prudhomme.

Production et commerce du caoutchouc.

Avec les progrès de l'automobilisme et les diverses applications que notre civilisation engendre ou développe tous les jours, le caoutchouc a pris, dans la vie moderne, une importance qui s'accroît avec une extraordinaire rapidité. Le tableau ci-dessous, dans lequel est relatée la progression de la production mondiale, en donne une idée très nette :

Années	Production mondiale
1865	7.000 tonnes
1882	20.000 —
1891	33.000 —
1898	42.000 —
1904	57.000 —

D'après MM. Brenier et Claverie, cette production mondiale se répartit de la manière suivante :

Le Brésil produit à peu près la moitié de tout le caoutchouc récolté dans le monde entier. Nos colonies fournissent actuellement un peu plus de la dixième partie de ce total.

Au Congo belge la production du caoutchouc est extrêmement active, elle atteignait en 1904 le chiffre de 5.764 tonnes.

C'est donc le Brésil qui est de beaucoup le pays producteur le plus important. Voici, d'ailleurs, une statistique des exportations de caoutchouc de Para :

	Vers l'Europe	Vers les États-Unis	Total
1857	—	—	1.670 tonnes
1867	—	—	4.300 —
1877	—	—	7.670 —
1887	—	—	13.350 —
1897[1]	10.915 tonnes	11.621 tonnes	22.536 —
1900	14.313 —	12.435 —	26.748 —
1901	14.740 —	15.551 —	30.291 —
1902	14.690 —	13.860 —	28.550 —
1903	16.062 —	15.033 —	31.095 —
1904	14.335 —	16.309 —	30.644 —
1905	18.657 —	15.260 —	33.917 —
1906	18.575 —	16.192 —	34.768 —

Nos colonies, et en particulier l'Afrique occidentale française, interviennent dans la production du caoutchouc pour une part importante que nous allons déterminer.

---

1. D'après *Le Caoutchouc et la Gutta-Percha*, 15 sept. 1907.

Plantation de Castilloa de 1886.
L'arbre sur lequel s'appuie le jardinier malais a 125 centimètres de circonférence sur 19 mètres de hauteur.
Cliché du *Bulletin du Jardin colonial*.

Plantation de Castilloa de septembre 1899.
Hauteur moyenne 2^{m}20 à 3^{m}50. — Circonférence 28 cent. à 35 cent.
Cliché du *Bulletin du Jardin colonial*.

Afrique occidentale française. — L'exploitation du *Sénégal* n'a jamais donné lieu à un fort trafic, par suite de la faible étendue des peuplements de liane Toll (*Landolphia Heudelotii*) existant dans cette colonie.

Par contre, le caoutchouc est un des principaux articles d'exportation de la *Casamance* où il est produit également par des lianes appartenant au genre *Landolphia*. La coagulation est généralement effectuée à l'aide de l'eau salée.

Ainsi que l'indique le tableau ci-dessous, les exportations de la Casamance sont en progression :

Années	Exportation	Années	Exportation
1883	60 tonnes	1899	387 tonnes
1885	124 —	1900	303 —
1887	150 —	1901	210 —
1889	96 —	1902	225 —
1891	139 —	1903	379 —
1893	238 —	1904	382 —
1895	145 —	1905	402 —
1897	200 —		

Le caoutchouc est produit, au *Soudan*, par deux lianes qui, d'après M. Chevalier, se rapportent aux espèces suivantes : liane gohine (*Landolphia Heudelotii*) et liane saba (*L. senegalensis*). La coagulation est pratiquée à l'aide de décoctions et principalement de la décoction de « niama ».

Voici les chiffres des exportations de caoutchouc du Soudan par la voie du Sénégal :

1896	9 tonnes	1901	151 tonnes
1897	40 —	1902	324 —
1898	53 —	1903	533 —
1899	90 —	1904	618 —
1900	120 —	1905	615 —

Les quantités de caoutchouc exportées de la Casamance et du Soudan (totaux des nombres ci-dessus) représentent les valeurs suivantes :

1900	2.136.567 fr.	1903	3.268.132 fr.
1901	1.107.881	1904	4.002.265
1902	2.195.933	1905	4.710.010

C'est encore de lianes du genre *Landolphia* qu'est extrait le caoutchouc en *Guinée*. Nous réunissons dans le tableau suivant les chiffres successifs des exportations de cette colonie depuis 1889.

Années	Poids en tonnes	Années	Poids en tonnes	Valeurs en francs
1889	750 tonnes	1900	1.464	7.580.120
1891	1.069 —	1901	1.039	5.193.171
1893	1.156 —	1902	1.155	8.661.699
1895	947 —	1903	1.468	11.388.798
1897	1.225 —	1904	1.381	10.862.624
1899	1.399 —	1905	1.416	12.742.452

Jeunes Gohines (Station de Koulikoro).
Extrait de Yves HENRY, « Le Caoutchouc en Afrique occidentale ».

Le caoutchouc est le principal produit de la Guinée française.

En *Côte d'Ivoire* le caoutchouc est produit en abondance dans toutes les parties boisées par des lianes (*Landolphia*) et des arbres du genre *Ficus*. Les exportations ont subi des variations qui indiquent quelques crises dans la production; mais on constate, néanmoins, sur une période de quelques années, un accroissement sensible du chiffre :

Années	Poids en tonnes	Valeurs en francs	Années	Poids en tonnes	Valeurs en francs
1899	634	—	1903	1.167	4.667.248
1900	1.052	4.733.014	1904	1.536	6.535.008
1901	705	2.819.300	1905	1.180	5.255.266
1902	912	3.649.552			

Le caoutchouc est devenu le principal produit de la Côte d'Ivoire.

Au *Dahomey*, la majeure partie du caoutchouc est fournie par des lianes indigènes. On y rencontre aussi des arbres de la famille des Apocynées et des *Ficus* qui pourront être exploités avantageusement.

Le tableau des exportations indique le peu d'activité de la production du caoutchouc au Dahomey.

Années	Poids	Valeurs en francs	Années	Poids	Valeurs en francs
1895	0 t. 303 kg.	—	1901	5 t. 890 kg.	29.453
1897	2, 812	—	1902	1, 575	4.725
1899	13, 719	—	1903	1, 964	5.892
1900	19, 875	99.375	1904	4, 130	18.584
			1905	4, 002	12.770

Dans le tableau suivant est résumée la situation des colonies de l'Afrique occidentale française au point de vue de l'exportation du caoutchouc.

ANNÉES	1900	1901	1902	1903	1904	1905
	Tonnes	Tonnes	Tonnes	Tonnes	Tonnes	Tonnes
Sénégal et Soudan	441	361	550	817	1.001	1.017
Guinée française	1.464	1.039	1.155	1.488	1.496	1.416
Côte d'Ivoire	1.052	705	912	1.167	1.536	1.180
Dahomey	20	6	2	2	4	4
Total	2.977	2.111	2.619	3.474	4.037	3.617

En Afrique occidentale française les indigènes, talonnés par une concurrence commerciale acharnée, étaient arrivés à saigner les lianes d'une façon abusive et même à pratiquer l'arrachage. Il fallait donc substituer au régime de l'exploitation forestière irraisonnée, le régime rationnel de la plantation pour empêcher la disparition d'une ressource aussi importante que celle du caoutchouc. Aussi le Gouvernement général de l'Afrique occidentale française a-t-il pris, le 1er février 1905, une mesure ayant pour but de remédier à cet état de choses. L'arrêté en question interdit la circulation du caoutchouc adultéré dans toute l'étendue de l'Afrique occidentale française[1]. Il interdit également de pratiquer : 1° des incisions à

---

1. En ce qui concerne les adultérations voir *Le Caoutchouc et la Gutta-Percha*, 15 oct. 1907, p. 1407.

moins d'un mètre de l'issue du sol, 2° des incisions annulaires, 3° des incisions distantes de moins de 15 centimètres les unes des autres et d'une profondeur telle qu'elles entament l'aubier.

Plantation de Funtumia elastica (Jardin d'essais, Porto-Novo).
Extrait de Yves Henry, « Le Caoutchouc en Afrique occidentale ».

La saignée pourra être interdite à certaines époques de l'année et dans certaines régions.

Des peuplements pourront être constitués, par décision des lieutenants gouverneurs, autour des villages par les soins et au profit de leurs habitants.

Enfin des écoles professionnelles pratiques pour l'enseignement des meilleurs procédés de récolte et de coagulation sont instituées, sur le type de celle de Bobo-Dioulasso, dans les centres à caoutchouc.

Ces mesures en général et celles concernant les Écoles professionnelles en particulier, ont déjà donné les résultats les plus satisfaisants.

Congo français. — Le caoutchouc est fourni au Congo, dont il est le principal produit, par des lianes du genre *Landolphia*. Le *Manihot Glaziovii* (caoutchoutier de Céara) y a été introduit par Pierre et l'*Hevea* du Brésil par M. Ch. Chalot en 1897.

On y rencontre l'arbre à caoutchouc nommé *Funtumia elastica*, et celui-ci, encore très peu exploité, constitue une richesse latente appréciable.

Les exportations de caoutchouc du Congo prennent de plus en plus d'importance ainsi que l'indiquent les nombres inscrits dans le tableau suivant :

Années	Poids en tonnes	Valeurs en francs	Années	Poids en tonnes	Valeurs en francs
1891	390	—	1902	689	2.762.519
1896	546	2.016.334	1903	843	3.370.173
1898	578	2.775.364	1904	1.249	5.373.763
1900	655	3.018.580	1905	1.686	7.340.356
1901	655	2.843.455	1906	1.895	—

Madagascar. — Le caoutchouc y est fourni en assez grande quantité par des lianes, des arbustes et même par de véritables arbres.

L'exportation est assez active et augmente ainsi que le montre le tableau suivant :

Années	Poids en tonnes	Valeurs en francs	Années	Poids en tonnes	Valeurs en francs
1901	189	667.480	1904	862	3.842.106
1902	161	545.630	1905	904	4.840.926
1903	584	2.581.439	1906	1.267	7.537.946

Indo-Chine. — Les forêts indo-chinoises contiennent de grandes quantités de lianes à caoutchouc dont quelques-unes fournissent un excellent produit.

L'exportation a subi depuis 1899 les variations qu'indique le tableau suivant :

Années	Poids en tonnes	Valeurs en francs	Années	Poids en tonnes	Valeurs en francs
1899	53	—	1902	72	466.810
1900	339	—	1903	79	512.687
1901	267	1.734.960	1904	177	1.151.195
			1905	374	2.128.757

De nombreux envois de plantes à caoutchouc ont été faits par le Jardin colonial.

Tout récemment MM. Dubard et Eberhardt [1] ont signalé et décrit un arbre à caoutchouc du Tonkin. Il s'agit d'une espèce nouvelle de la famille des Moracées et du genre *Bleekrodea* de Blume. Les auteurs en font le *B. tonkinensis*. Cette nouvelle espèce présente un grand intérêt économique, parce que c'est le premier arbre à caoutchouc qu'on ait signalé en Indo-Chine, qu'elle forme des peuplements nombreux et denses et que son produit est de tout premier ordre.

Nouvelle-Calédonie. — Depuis quelques années, la Nouvelle-Calédonie produit, mais encore par petites quantités, un caoutchouc très apprécié.

Les nouvelles plantations en voie de création ne pourront donner leurs produits que dans 4 ou 5 ans.

Voici les chiffres des exportations :

Années	Poids en tonnes	Valeurs en francs	Années	Poids en tonnes	Valeurs en francs
1900	23	149.014	1903	11	71.278
1901	17	100.359	1904	17	138.234
1902	8	45.858	1905	23	195.546

L'exportation du 1er semestre 1906 atteint 37 tonnes (valeur 368.150 francs).

Le commerce du caoutchouc. — A l'exception du Sénégal, nos colonies exportent trop souvent leur caoutchouc à l'étranger au lieu de l'envoyer directement sur les marchés français.

Il en est ainsi, surtout, pour la Guinée et la Côte d'Ivoire qui comptent parmi les principaux pays de production. Ce fait montre qu'il y a quelque chose à réaliser sans tarder en vue de notre participation plus active au commerce colonial, encore que la situation s'améliore.

Le marché de *Liverpool* est le plus ancien et le plus important des

---

1. Dubard et Eberhardt, *Comptes rendus Ac. des Sciences*, t. CXLV, p. 631.

marchés de caoutchouc. Le chiffre de ses opérations, en progression très lente depuis quelques années, est de 20.000 tonnes en moyenne, c'est-à-dire environ le tiers de la production mondiale.

Le marché d'*Anvers* s'est constitué aux dépens du marché de Liverpool qui était jadis le seul important en Europe. Voici le mouvement des importations depuis 1891.

1891............	21 tonnes	1900............	5.698 tonnes
1893............	167 —	1901............	5.849 —
1895............	531 —	1902............	5.404 —
1897............	1.679 —	1903............	5.726 —
1899............	3.403 —	1904............	5.764 —

Magasin de la Compagnie commerciale des Colonies d'Anvers.
Extrait de Yves Henry, « Le Caoutchouc en Afrique occidentale ».

Le port du *Havre* a importé, en 1903, 4.859 tonnes de caoutchouc. Mais la majeure partie provenait d'achats faits sur d'autres marchés.

Hambourg fait des importations de caoutchouc assez abondantes : en 1902, 3.552 tonnes ; en 1903, 4.563 tonnes.

En 1899 s'est créé à *Bordeaux* un important marché de tous les caoutchoucs africains. Ce marché s'est développé rapidement grâce aux efforts combinés des importateurs et des courtiers qui en ont été les promoteurs.

Les chiffres suivants, sur lesquels ont successivement porté les transactions, l'indiquent de la façon la plus expressive :

1899	176 tonnes	1903	1.113 tonnes
1900	240 —	1904	1.183 —
1901	235 —	1905	1.350 —
1902	678 —		

Le caoutchouc à l'Exposition coloniale. — Le caoutchouc occupait une place importante, bien justifiée d'ailleurs, à l'exposition coloniale.

Magasin à caoutchouc de la Chambre de Commerce de Bordeaux.
Extrait de Yves HENRY, « Le Caoutchouc en Afrique occidentale ».

Indépendamment des spécimens de plantes contenues dans les magnifiques serres du Jardin colonial, on pouvait admirer de superbes échantillons de caoutchoucs de différentes sortes dans les pavillons des colonies et dans de nombreuses et copieuses expositions particulières.

Dans une salle affectée aux collections générales figuraient des caoutchoucs de Para, de Céara, de Ceylan, du caoutchouc de *Landolphia*. Cet ensemble constitue maintenant la série la plus riche et la plus intéressante de caoutchouc et de documents concernant cette précieuse matière, car il ne faut pas oublier que la plupart des produits de l'exposition coloniale forment aujourd'hui un musée permanent auquel on peut prédire le plus brillant avenir.

Dans le pavillon du Congo les caoutchoucs étaient largement représentés, non seulement par des sortes différentes, mais aussi par des échantillons variant de forme et d'aspect avec les régions dont il provenaient. Toute une splendide collection avait été offerte par la Société « La Brazzaville ».

Le pavillon de Madagascar, si attrayant par son ensemble, réunissait une fort intéressante exposition de caoutchoucs. Différents blocs de gomme à l'état brut attiraient l'attention des connaisseurs et l'on remarquait, en même temps qu'une collection d'insectes qui s'attaquent aux arbres producteurs de caoutchouc, la démonstration de leurs ravages sous l'écorce. Ces photographies, rapportées par M. Prudhomme, directeur de l'Agriculture, montraient la plante sous différents aspects, ainsi que l'extraction du caoutchouc de *Landolphia*.

Une autre superbe collection de caoutchoucs pouvait être admirée dans le pavillon de l'Indo-Chine.

Enfin de nombreuses expositions particulières, dont on trouvera l'énumération dans la liste des récompenses, complétaient cet ensemble d'une heureuse façon. Dans ces expositions figuraient notamment des caoutchoucs de Madagascar et de la Nouvelle-Calédonie.

Bibliographie. — Chapel, Le caoutchouc et la gutta-percha, Paris, 1892. — Jumelle, Les plantes à caoutchouc et à gutta, Paris, 1903. — Grélot, Origine botanique des caoutchoucs et des gutta-percha, Nancy, 1899. — Warburg (traduction de J. Vilbouchevitch), Les plantes à caoutchouc et leur culture, Paris, 1902. — Yves Henry, Le caoutchouc dans l'Afrique occidentale française, Paris, 1906. — Van Romburgh, Les plantes à caoutchouc et à gutta cultivées dans les Indes Néerlandaises, Paris, 1903. — Stanley-Arden, L'*Hevea braseliensis* dans la Péninsule Malaise ; E. de Wildemann et L. Gentil, Les lianes caoutchoutifères de l'État indépendant du Congo, Paris, 1904. — Moulay, Le Manisoba (*Manihot Glaziovii*), Paris, 1906. — Collet, L'*Hevea* asiatique, Paris, 1904. — C. Spire et A. Spire, Les caoutchoucs de l'Indo-Chine, Paris, 1906. — Hua et Chevalier, Les Landolphiées, Paris, 1901

Gutta et Balata

La gutta-percha diffère du caoutchouc bien plus par ses caractères physiques que par sa composition chimique. Les diverses sortes de gutta que l'on rencontre constituent des types très variés et répondent chacune à un but distinct.

Cliché EM. PRUDHOMME.

Palaquium treubii.
Cliché communiqué par la *Revue des Cultures coloniales*.

Les véritables végétaux producteurs de gutta appartiennent à deux genres de la famille des Sapotacées, les *Palaquium* et *Payena*. Ils sont confinés dans l'archipel Malais et principalement à Sumatra.

Une localisation si restreinte est de nature à inspirer quelques craintes au sujet de la production de la gutta et ces craintes s'aggravent encore si l'on considère l'imprévoyance qui préside à l'exploitation des arbres à gutta. D'après M. W. Burck, les indigènes qui se livrent à cette exploitation en détruisent un grand nombre.

Pour limiter de plus en plus cette destruction il y avait intérêt à changer le mode d'exploitation et en particulier à substituer aux procédés d'extraction irrationnels des méthodes scientifiques. Il y avait surtout intérêt à peupler nos colonies d'arbres à gutta. En vue de cette entreprise, M. Ém. Prudhomme fut chargé en 1900 d'une mission en Extrême-Orient pour étudier la culture des *Palaquium* et des *Payena*. Des sujets furent rapportés et multipliés qui fournirent des plants répartis ensuite, par les soins du Jardin colonial, entre nos colonies susceptibles de mettre cette culture à l'essai.

Il y a quelque quinze ans, M. Rigole d'une part et, d'autre part, MM. Jungfleisch et Serullas préconisèrent un procédé d'extraction consistant à récolter les feuilles et à les épuiser par le sulfure de carbone ou le toluène. Plus récemment M. Obach a proposé l'emploi de l'essence de pétrole bouillante; M. Ramsay, celui de l'huile de résine, d'où la gomme est précipitée par l'acétone; enfin, MM. Siemens et Obach préconisent l'extraction par les huiles minérales et les paraffines lourdes. Malheureusement la gutta obtenue par épuisement a été jusqu'ici de qualité inférieure. D'après M. Ledeboer, l'insuccès de la méthode serait dû à ce que les essais ont toujours été effectués sur des feuilles sèches, renfermant une gomme altérée. Il est partisan de l'emploi d'un mode opératoire analogue à celui qu'ont imaginé MM. Arnaud et Verneuil pour le caoutchouc.

Des essais d'acclimatation et de culture ont été tentés qui, pour des raisons diverses, n'ont pas encore donné de résultats positifs.

Les statistiques françaises n'indiquent pas séparément les nombres correspondant aux exportations de gutta, il n'est donc pas possible de se faire une idée exacte de la production de cette matière.

Un succédané de la gutta-percha, propre à certaines applications spéciales, la *balata*, est fournie par le *Mimusops Balata* Gaertn., des Guyanes. Cette gomme est exploitée surtout par la Guyane anglaise et la Guyane hollandaise, d'ailleurs en petite quantité. La *Guyane française* pourrait en fournir assez abondamment si l'on y utilisait à cet effet la présence des transportés. Dans la période décennale comprise entre 1895 et 1905 l'exportation de balata de notre colonie a produit en moyenne par an 33.000 fr.

Voici, d'ailleurs, les chiffres correspondant aux dernières années :

Années	Poids en tonnes	Valeurs en francs	Années	Poids en tonnes	Valeurs en francs
1900	4	15.408	1903	12	36.831
1901	9	35.139	1904	—	34.124
1902	11	45.436	1905	16	47.952

On voit qu'il y a progression presque continue.

Il n'existe pas en *Indo-Chine* d'arbre à gutta proprement dit, mais une espèce voisine, le *Dichopsis Krantziana* qui fournit un produit guttoïde de grande valeur. Malheureusement l'arbre, dont l'aire s'étend depuis les monts de l'Éléphant de la province de Kampot (Cambodge), jusqu'à Cammon, dans le Moyen Laos, avec des apparitions dans la chaîne Annamitique, ne fournit jamais de peuplement vraiment dense, se prêtant à une exploitation pratique.

Des études faites au *Soudan* il y a quelques années ont laissé entrevoir la possibilité d'extraire du latex de Karité une gutta de bonne qualité. Cette question, qui a donné lieu à de nombreuses controverses, n'est pas encore complètement solutionnée.

De superbes échantillons de gutta et de balata figuraient en particulier parmi les collections générales.

Bibliographie. — Parmi les ouvrages mentionnés à propos du caoutchouc il en est qui traitent en même temps de la gutta. Nous aurons à ajouter à la liste de ces ouvrages l'intéressante monographie de M. H. Lecomte, Les Arbres à gutta-percha, Paris, 1899.

Gommes

Les gommes sont des substances plus ou moins solubles dans l'eau, formant avec ce liquide des mucilages épais et filants. M. Jacob de Cordemoy, dans son excellent ouvrage sur les gommes et résines, auquel nous ferons des emprunts, classe les gommes de la façon suivante :

1° Gommes vraies.
- a. *Gommes vraies solubles.* Ex. : gomme arabique, gomme du Sénégal.
- b. *Gommes vraies partiellement solubles.* Ex. : gomme de cerisier.

2° Gommes mixtes.
- Gomme adragante.
- Gomme de *Sterculia*.
- Gomme de *Cycas*.

3° Gommes tannifères. Gommes de *Butea*, de *Pterocarpus*, etc.

Les meilleures gommes sont celles qui se dissolvent le plus rapidement et le plus complètement dans l'eau froide en formant des mucilages filants, homogènes et adhésifs. Il en est qui ne se dissolvent que dans l'eau bouillante, d'autres qui sont insolubles. Mais toutes trouvent leurs applications.

En plus des qualités de solubilité, une gomme doit avoir une couleur claire ; elle doit être exempte de corps étrangers et donner des solutions qui ne possèdent aucune odeur ni aucun goût désagréables.

L'extraction de la gomme des végétaux s'effectue à la fin de l'hiver, c'est-à-dire de la saison pluvieuse, époque à laquelle la gomme exsude spontanément. A l'aide d'incisions longitudinales on augmente le rendement. On laisse sécher sur l'arbre la gomme exsudée et on la récolte ensuite. Toutefois s'il s'agit d'une gomme brunissant à l'air et à la lumière on doit la recueillir le plus tôt possible.

Étudions successivement les différentes sortes de gommes énumérées plus haut.

Gommes vraies.

La plus grande partie de ces gommes est fournie par des Légumineuses du genre *Acacia* notamment. Mais un certain nombre de végétaux appartenant à d'autres familles en produisent aussi.

Les meilleurs sortes étant produites par différentes espèces du genre *Acacia*, nous limiterons à celles-ci notre étude. Les Acacias gommifères poussent dans des terrains arides, sablonneux et secs, comme on en rencontre au Sénégal et au Soudan. Deux sortes de gommes d'acacia solubles ont une importance particulière : la *gomme arabique* et la *gomme du Sénégal*. La gomme d'acacia partiellement soluble se rapproche de la gomme de cerisier.

Gomme arabique. — Elle est fournie par l'*Acacia arabica* Willd. (*A. vera* Willd., *A. nilotica* Del., *Mimosa arabica* Roxb.) et habite la vallée du Nil en Égypte, le Sénégal, la côte des Somalis, toute l'Afrique jusqu'au Cap de Bonne-Espérance, l'Asie méridionale, l'Arabie, l'Inde.

Les Arabes récoltent un peu de gomme arabique sur la côte sud-est, entre Aden et Makulla, mais en si faible quantité qu'elle est absorbée par les besoins locaux sur le marché d'Aden et que l'exportation est presque nulle.

Les Somalis récoltent la gomme, qu'ils appellent *gouhio*, en pratiquant des incisions pendant les mois de décembre et de janvier. Ils l'enferment dans des sortes de claies enveloppées de peau de chèvre et la transportent dans le golfe d'Aden, notamment à Berbera et à Zeilah, d'où elle est expédiée au port d'Aden ou en Europe. La gomme de cette provenance, la vraie gomme arabique, est de très belle qualité. Elle arrive en France par Marseille. Les exportations de la *Côte des Somalis* on donné, durant ces dernières années, les résultats suivants :

Années	Poids	Valeurs en francs	Années	Poids	Valeurs en francs
1900	7 t. 718 kg.	16.208	1903	2 t. 997 kg.	1.199
1901	2, 939	6.172	1904	0, 350	140
1902	5, 302	10.604	1905	— —	—

Cette statistique correspond aux exportations du port de Djibouti et on ne peut faire la part qui revient au territoire français.

L'*Acacia arabica* est commun dans l'*Inde*. La qualité est inférieure à celle que produit le nord-est de l'Afrique. Ce qui se vend sous le nom de gomme *Babul* est souvent un mélange de gomme arabique et d'autres gommes.

La même espèce croit au *Sénégal*, mais là l'influence du climat est tout à fait défavorable et la gomme est de qualité très inférieure.

Gomme du Sénégal. — La gomme du Sénégal est fournie par différentes espèces d'*Acacia*, dont les principales sont : *A. Senegal* Willd., *A. albida* Del., *A. Seyal* Del. La première, et la plus intéressante de ces espèces, existe sur la rive gauche du Sénégal, dans le Cayor et le Oualo, mais c'est surtout sur la rive droite du Sénégal qu'il abonde et qu'il est exploité.

La gomme est ramassée par les Maures et transportée par des caravanes à nos différents postes de Médine, Nioro, etc., où se font les échanges.

Sur toute la frontière nord du *Soudan*, de Yélimané à Tombouctou, existent des *Acacia* fournissant de la gomme, et c'est l'*A. Senegal* qui domine. C'est Médine qui est aujourd'hui le principal centre de transaction.

On distingue deux sortes de gomme du Sénégal : 1º la gomme dure, du bas fleuve, de Galam ou de Cayor ; 2º la gomme friable ou du haut fleuve.

La gomme du Sénégal a pris une place importante sur les marchés européens, aux dépens de la gomme arabique. C'est, après l'arachide et le caoutchouc, le principal article d'exportation du Sénégal. Voici les chiffres des exportations depuis 1900.

Années	Poids en tonnes	Valeurs en francs	Années	Poids en tonnes	Valeurs en francs
1900	2.509	2.336.002	1903	2.198	996.773
1901	3.197	2.910.948	1904	1.886	1.120.881
1902	3.083	1.647.018	1905 [1]	2.474	1.201.795

1. Sénégal, H^t-Sénégal, Niger.

Les chiffres tendent à baisser d'une part à cause des demandes moins actives, d'autre part à cause de la concurrence, sur le marché européen, des gommes d'Égypte. La production a d'ailleurs été entravée ces dernières années par la sécheresse.

La gomme du Sénégal arrive en France par Bordeaux, elle est presque entièrement absorbée par notre industrie.

Le *Soudan égyptien* produit aussi de la gomme. L'espèce qui la fournit paraît être encore l'*Acacia Senegal*.

Tous les produits en question étaient exposés dans les pavillons des colonies.

Gommes mixtes.

Le type de ces gommes est la *gomme adragante* qui exsude des rameaux et des tiges de plusieurs Légumineuses du genre *Astragalus*, petits arbustes vivaces et spontanés.

Pendant longtemps on s'est borné à recueillir le produit qui suinte, mais aujourd'hui on déchausse les buissons et l'on fait, autour des troncs, des entailles longitudinales. Si le temps demeure beau pendant la dessiccation on obtient l'adragante en *feuilles blanches* du commerce, qui est la plus appréciée. En cas de pluie la gomme perd sa blancheur et devient l'adragante en *feuilles jaunes*, qui est de seconde qualité.

La première qualité est consommée presque en totalité en France où elle a de nombreux emplois : confiserie, pharmacie, industrie des papiers peints, apprêt des vélins, des cuirs et des tissus de luxe. Les arrivages ont lieu par caisses de 100 kilos de Smyrne, d'Alep et de l'archipel grec à Marseille et à Trieste.

Gommes tannifères.

Elles renferment une certaine proportion d'acide gallique ou de tanins et pourraient trouver une place parmi les matières tannantes et les médicaments astringents.

RÉSINES

Les *résines* sont des produits qui peuvent être considérés comme provenant de la polymérisation des carbures contenus dans les huiles essentielles avec fixation d'oxygène ou des éléments de l'eau. Si la transformation n'est que partielle le composé reste liquide et prend le nom d'*oléorésine* ; on admet alors que la résine est restée dissoute dans un excès d'huile essentielle. Mais cette distinction n'a rien d'absolu, car il existe des résines très dures qui contiennent encore des proportions plus ou moins grandes d'huile essentielle.

Sous le nom de *baumes* on désigne des résines qui contiennent, à l'état libre ou combiné, des acides benzoïque ou cinnamique. Là encore la différenciation n'a rien d'absolument général.

Tous ces corps sont des mélanges complexes insolubles dans l'eau, solubles dans la plupart des solvants organiques usuels et fournissant par distillation avec la vapeur d'eau des quantités plus ou moins importantes d'huile essentielle, tandis que la résine proprement dite forme le résidu de la distillation.

La plupart des résines exsudent naturellement des arbres ou s'écoulent d'incisions pratiquées. Il en est qu'on trouve dans le sol, ce sont les *résines fossiles* : copals et damars fossiles que l'on rencontre sur la côte orientale d'Afrique, en Nouvelle-Zélande, au Congo, dans l'Angola, en Nouvelle-Calédonie. D'autres résines sont extraites à l'aide de dissolvants appropriés. Enfin nous mentionnerons la gomme-laque qui est produite par la cochenille à laque (Voir groupe XIV, classe 83).

Copals.

Sous ce nom générique on désigne, dans le commerce, des résines très différentes. Comme le fait M. Jacob de Cordemoy, nous étudierons successivement les copals d'Afrique et le copal d'Amérique.

Copals d'Afrique. — De *Madagascar*, de Zanzibar et de la côte orientale d'Afrique proviennent les *copals durs*, les plus estimés.

A Madagascar la résine de copal est fournie par une Légumineuse, l'*Hymenæa verrucosa* Gaertn., très grand arbre pouvant atteindre 35-40 mètres de hauteur. L'indigène recherche le copal dur demi-fossile, anciennement exsudé, et qui forme des dépôts dans le sol, au pied de l'arbre. Il récolte aussi la résine (copal vert) qui suinte de toutes les parties du copalier et pratique des incisions dans l'écorce. La population malgache connaît l'usage du copal et l'emploie pour vernir des meubles, mais cette résine est surtout exploitée en vue de l'exportation.

On en exporte de Madagascar tous les ans plusieurs tonnes. Les chiffres donnés dans les statistiques sous la rubrique *gommes* correspondent sans doute au copal. Les voici :

Années	Poids en tonnes	Valeurs en francs	Années	Poids en tonnes	Valeurs en francs
1901	19	17.896	1904	28	76.032
1902	12	18.357	1905	28	45.683
1903	10	12.995			

Les exportations des trois premiers mois de 1906 ont été de 7 tonnes (valeur 8.957 fr.).

Le copalier pousse en abondance à Zanzibar, où l'on trouve aussi du copal fossile. L'arbre tend à disparaître du Mozambique, mais par contre les dépôts de copal dans le sol sont abondants sur les côtes.

La production de Zanzibar et des côtes du Mozambique est beaucoup plus importante que celle de Madagascar (500 tonnes au moins).

L'*Afrique occidentale* fournit un copal produit, en majeure partie, par une Légumineuse le *Copaifera capallina* H. Bn. Cet arbre habite la Haute-Guinée, Sierra-Leone, le Gabon, le Congo, la Côte d'Ivoire. Là encore, on trouve le copal vert récolté sur les arbres vivants et le copal fossile enfoui dans le sol, produit des forêts disparues.

Le copal vert est extrait par incisions et s'écoule dans de petits pots en argile qu'on remplace tous les deux ou trois jours. A Sierra-Leone il se fait un important commerce de ce produit.

Le copal fossile est le plus estimé. Il entre dans la composition des vernis fins, notamment en Angleterre.

Exportations de la *Guinée* :

Années	Valeurs en francs	Années	Poids en tonnes	Valeurs en francs
1900	233.800	1903	—	236.360
1901	236.833	1904	—	188.757
1902	257.514	1905	112	224.147

Exportations de la *Côte d'Ivoire* :

Années	Poids	Valeur en francs	Années	Poids	Valeurs en francs
1900	2 T.509 kg.	2.509	1903	1 T.173 kg.	1.173
1901	1, 176	1.176	1904	1, 319	2.039
1902	0, 580	580	1905	0, 617	617

Exportations du *Congo français* :

Années	Poids en tonnes	Valeurs en francs	Années	Poids en tonnes	Valeurs en francs
1900	10	6.282	1903	29	17.821
1901	19	14.265	1904	36	43.594
1902	34	22.120	1905	24	28.214

Le copal d'*Angola* est toujours fossile. On en connaît deux sortes : le copal rouge (le plus estimé) et le copal blanc.

Il est à peine besoin de rappeler que le copal est employé pour la fabrication des vernis. Le copal dur d'Afrique orientale est très recherché pour la fabrication des vernis gras dits d'extérieur (carrosserie, devantures de magasins, etc.)

Copal d'Amérique. — La *résine animée occidentale* ou d'*Amérique* est fournie par l'*Hymenæa Courbaril* L. de la famille des Légumineuses.

Damars.

Dans les îles de la Malaisie on désigne sous le nom générique de damar toutes les gommes et résines qui exsudent des arbres et se solidifient ensuite. Mais, en réalité, les véritables damars sont les seules résines fournies par les espèces du genre *Dammara* de la famille des Conifères.

Le *Dammara alba* Rumph. fournit le *damar des Indes* ou de *Batavia* du commerce. La meilleure résine est fossile. Les exportations se font de Batavia ou de Singapour à destination des États-Unis, de France, d'Angleterre, des Pays-Bas.

Le *Dammara australis* Lamb. est un arbre de la Nouvelle-Zélande qui produit de la résine dite de Kaori. On trouve, comme dans bien d'autres cas examinés, de la résine fossile sur les emplacements d'anciennes forêts.

Le *damar de la Nouvelle-Calédonie* est fourni par trois espèces différentes de *Dammara* : *D. lanceolata* Lindl., *D. ovata* Moore et *D. Moorii* Lind. De ces trois espèces la première est la plus riche et la plus répandue. On trouve aussi en Nouvelle-Calédonie des gisements de résine fossile.

Les exportations de résine de la Nouvelle-Calédonie sont indiquées dans le tableau suivant :

Années	Poids	Valeurs en francs	Années	Poids	Valeurs en francs
1900	2 t. 378 kg.	10.779	1903	0 t. 242 kg.	97
1901	1, 404	6.792	1904	1, 075	1.115
1902	1, 005	550	1905	13, 440	6.710

Pendant le premier semestre de 1906 les exportations ont atteint le chiffre de 28 tonnes 059 kg. (valeur 19.542 fr.).

Tous les damars, quelquefois appelés copals tendres, forment la base de très bons vernis gras d'intérieur, ou de vernis à l'essence pour l'ébénisterie.

Sandaraque.

On en distingue deux sortes : la sandaraque d'Afrique et la sandaraque d'Australie.

Sandaraque d'Afrique. — Elle est fournie par le *Thuya articulata* Desf. (*Callitris quadrivalvis* Vent.). L'Algérie et le Maroc sont les pays de production de cette résine dont l'industrie des vernis fait un si grand emploi.

Sandaraque d'Australie. — Produite par une Conifère, *Frenela verrucosa* A. Cunn. (*Callitris verrucosa* R. Br.).

Gomme laque.

C'est le produit de la sécrétion d'un insecte qui vit sur de nombreuses espèces de plantes de la zone intertropicale (voir groupe XIV, classe 83).

Les sortes les plus estimées sont celles qui proviennent du Siam et de l'*Indo-Chine* française. La production dans cette colonie est déjà importante, mais elle pourrait l'être bien plus.

Benjoin.

Le benjoin est un baume extrait notamment du *Styrax benzoin* Dryander (famille des Styracées) qui habite Java et Sumatra (benjoin de Malaisie). C'est probablement une espèce identique qui fournit le benjoin de Siam.

L'extraction se pratique par incisions à l'aide d'un couperet.

On emploie le benjoin en parfumerie.

On exporte du benjoin d'Indo-Chine :

Années	Poids en tonnes	Valeurs en francs	Années	Poids en tonnes	Valeurs en francs
1901	20	61.238	1904	27	81.078
1902	—	—	1905	43	129.054
1903	41	123.705			

Baume du Pérou.

Ce baume, extrait d'une Légumineuse, le *Myroxylon Pereiræ* Klotzsch *Toluifera Pereiræ* H. Bn.), est employé en médecine et en parfumerie. Il provient de l'Amérique centrale et notamment du Mexique et du Guatémala.

Baume de Tolu.

Employé en médecine et en parfumerie, ce baume est extrait du *Myroxylon toluiferum* H. Bn et H. (*Toluifera balsamum* L.) dans l'Amérique équatoriale (en Bolivie notamment).

Styrax.

Le *Styrax liquide* est extrait d'un arbre de la famille des Hamamélidées, le *Liquidambar orientalis* Mill. (Asie Mineure). Il est employé en parfumerie.

Une espèce voisine, le *L. styraciflua* L., des parties septentrionales de l'Amérique du Sud, donne une résine limpide d'une odeur agréable.

Gommes-Résines

Ce sont des substances qui s'écoulent des végétaux et dont les propriétés tiennent à la fois des gommes et des résines. Elles renferment, en proportion très variable par rapport à celle de la résine, des gommes solubles ou insolubles dans l'eau.

Gomme-gutte.

La meilleure gomme-gutte est fournie par diverses espèces du genre *Garcinia*, habitant particulièrement l'*Indo-Chine*, le Siam, l'Inde et l'île de Ceylan. C'est le Siam qui fournit le produit le plus apprécié.

Cette substance est employée dans la fabrication des vernis à l'alcool et à l'essence.

On trouve de la gomme-gutte en *Nouvelle-Calédonie*.

Laques.

Laque du Japon. — Elle est produite par une Anacardiacée, le *Rhus vernicifera* D. C. L'arbre à laque est l'objet, au Japon, d'une culture très méthodique.

Pour la préparation à laquelle est soumise la laque brute avant d'être employée comme vernis, nous nous bornerons à renvoyer le lecteur à l'ouvrage de M. de Cordemoy, *Gommes et résines*.

Laque de Chine. — Les arbres à laques sont très répandus en Chine et, selon M. de Cordemoy, il n'est pas impossible qu'ils soient représentés par deux espèces différentes.

Laque de l'Indo-Chine. — Ce sont des Anacardiacées, le *Rhus succedanea* L., var. *Dumoutieri* (Tonkin) et le *Melanorrhea lacciferà* Pierre (Cambodge), qui, sous la provocation d'incisions, laissent écouler la laque de l'Indo-Chine.

L'arbre à laque du Tonkin (*Rhus succedanea* L.) se trouve surtout au Tonkin et dans le Nord-Annam. On en rencontre d'ailleurs plusieurs variétés. Les incisions sont faites pendant toute l'année, mais on s'abstient les jours de pluie et l'on évite également d'opérer en présence d'un soleil trop ardent qui favoriserait l'oxydation. Elles sont pratiquées en forme de V et le produit est reçu dans des coquilles enfoncées aux points d'intersection des entailles. Le produit recueilli renferme une forte proportion d'eau dont il se sépare par le repos en vase clos. On recueille avec des cuillères ce qui surnage et on le filtre sur un linge pour en séparer les matières étrangères.

Les laques du Tonkin sont classées en deux qualités distinctes, celle de Thanh-ba qui est la plus appréciée et celle de Hung-hoa. Elles subissent, notamment à Hanoï, un certain nombre de manipulations pour la description desquelles nous renverrons à l'excellente publication de M. Ch. Crevost, sur les arbres à laque de l'Indo-Chine [1].

La laque arrivant des centres de production est conservée pendant cinq mois dans l'obscurité, chez les marchands. Elle se divise en quatre couches superposées par ordre de densités. La première couche fournit une première qualité et ainsi de suite. On sépare à l'aide de cuillères quatre qualités différentes.

Les expéditions se font en jarres cylindriques sur Hong-Kong.

L'arbre à laque du Cambodge (*Melanorrhea laccifera*) habite à peu près tout le Cambodge et quelques provinces de la Cochinchine et de l'Annam. Il fournit un vernis d'excellent choix, après avoir subi diverses préparations telles que l'addition d'huile de bois (oléo-résine du *Dipterocarpus alatus*, partie claire), ensuite exposition au soleil et passage au tamis.

Les gommes et les résines à l'Exposition coloniale. — Toutes les gommes et les résines de nos colonies mentionnées dans les pages qui précèdent étaient présentées en échantillons d'une grande variété.

Bibliographie. — Jacob de Cordemoy, Gommes et résines d'origine exotique, Paris, 1900. — Grosjean, Rapports commerciaux de la Mission lyonnaise d'exploration commerciale en Chine. — Ch. Crevost, Les arbres à laque de l'Indo-Chine (*Bull. économique de l'Indo-Chine* nouv. série, n° 43, juillet 1905).

2ᵉ section. Textiles spontanés, pailles, fibres.

Crin végétal

Le crin végétal ouvre une série de produits différents par leur origine

---

1. Crevost, *Bull. économique de l'Indo-Chine*, nouvelle série, n° 43 (juillet 1905), p. 415.

botanique ou géographique, leur nature et leurs applications, produits utilisés dans les différentes colonies pour la confection d'objets variés répon-

Cliché Ém. Prudhomme.

Jeune Raphia à la Station d'Essais de l'Ivoloina.
Extrait du *Bulletin du Jardin colonial.*

dant aux nécessités de la vie courante. Des exemples de l'emploi de ces articles se rencontraient à tous les pas dans les divers campements indigènes de l'Exposition.

Le crin végétal est fourni par différents palmiers et nommément à *Madagascar* dont les exportations, pour cet article, ont été successivement depuis 1901 :

Années	Poids en tonnes	Valeurs en francs	Années	Poids en tonnes	Valeurs en francs
1901	61	36.453	1904	7	4.630
1902	22	12.751	1905	64	44.105
1903	38	27.290			

Pendant les trois premiers mois de l'année 1906 il a été exporté 8 tonnes de crin végétal (valeur 4.600 fr.).

Piassawa

Le piassawa (*Raphia tœdigera*) fournit des fibres dont la valeur n'est pas bien élevée, mais qui constituent un appoint d'une certaine utilité économique. On le rencontre principalement au *Congo* et cette colonie en exporte des quantités variables, ainsi que l'indique le tableau suivant :

Années	Poids en tonnes	Valeurs en francs	Années	Poids en tonnes	Valeurs en francs
1896	1	579	1902	289	144.418
1897	23	15.628	1903	137	61.331
1898	26	16.980	1904	81	35.586
1899	210	133.701	1905	21	5.154
1900	118	53.687	1906	46	—
1901	49	24.724			

La *Côte d'Ivoire* produit aussi du piassawa, mais les exportations de cette colonie sont, en général, moins importantes :

Années	Poids en tonnes	Valeurs en francs	Années	Poids en tonnes	Valeurs en francs
1900	5	1.475	1903	20	5.943
1901	5	1.483	1904	35	10.552
1902	5	1.625	1905	44	15.472

Raphia

Le raphia (ou rafia) est une des plantes tropicales les plus intéressantes. Toutes ses parties sont utilisables — et les belles collections du pavillon de Madagascar étaient là pour l'attester — mais celles qui donnent lieu au commerce le plus important sont les fibres tirées des feuilles, employées comme liens en agriculture.

Plusieurs espèces de *Raphia*, et en particulier le *Raphia vinifera* Pal. de Beauv. de la côte occidentale d'Afrique, peuvent être utilisées comme tex-

Cliché Em. Prudhomme.
Un régime de Raphia à la Station d'Essais de l'Ivoloina.
Extrait du *Bulletin du Jardin colonial.*

tiles. Mais c'est le *Raphia Ruffia* que l'on rencontre à *Madagascar* où il est exploité sur une assez grande échelle. Les raphias sont des palmiers à troncs relativement courts, mais épais, surmontés de grandes feuilles.

Le *Raphia Ruffia* pousse spontanément à Madagascar en tous les points de l'île, mais il se plaît surtout dans les vallées marécageuses, sur le bord des cours d'eau.

Les fibres qui servent à la confection des *rabanes* sont fournies par les jeunes feuilles non encore épanouies. On en détache les segments qu'on replie en deux dans le sens de leur longueur, puis on sépare l'épiderme extérieur du tissu central et de l'épiderme opposé. Ce sont les lanières ainsi obtenues que l'on utilise comme liens en Europe, ainsi que nous le disions plus haut.

La filasse se prépare en séparant les fibres du reste du tissu, les lavant par friction entre les pieds et une pierre, les battant avec l'eau dans un mortier et les polissant entre le pouce et un morceau de bambou.

Nous allons faire connaître l'importance des exportations de raphia de Madagascar, depuis 1901. Elles indiquent une production très active. D'ailleurs, c'est le raphia qui, avec le bétail, donne lieu au chiffre d'exportation le plus élevé à Madagascar :

Cliché Deslandes.
Préparation du Raphia.
Bao, vovo, paquet de Talankira, store en talankira.
Extrait du *Bulletin du Jardin colonial*.

Années	Poids en tonnes	Valeurs en francs	Années	Poids en tonnes	Valeurs en francs
1901	3.399	1.955.706	1904	3.333	2.077.997
1902	2.111	1.039.150	1905	4.120	2.377.829
1903	3.057	1.818.368	1906	4.652	2.190.804

En 1906 les exportations sont en augmentation et cependant elles accusent une moins-value de 187.025 fr., due à la baisse persistante subie par le raphia sur les marchés d'Europe.

. Dans ces chiffres ne se trouvent pas compris les produits de l'industrie locale.

D'autres colonies sont susceptibles de produire du raphia. On en trouve en particulier en *Guinée*. Toutefois M. E. Baillaud [1], qui a étudié l'exploitation agricole de cette colonie, a constaté que les forêts de raphia n'y sont pas très importantes.

Dans le pavillon de l'Afrique occidentale figuraient de nombreux spécimens de raphia. Ici, des collections de tissus et de fibres ; là, des graines et des fruits. Mais c'est surtout dans le pavillon de Madagascar, si parfaitement installé par M. Em. Prudhomme, avec le concours de M. Jaeglé, que cet article avait sa place d'honneur. Le raphia fait en effet l'objet du commerce important qui se manifeste par les exportations dont nous avons donné les chiffres. Ses fibres sont utilisées sur place pour confectionner des vêtements de toute sorte à l'usage des indigènes. Un mélange de raphia et de soie fait une très belle étoffe dont on a pu admirer des échantillons à l'exposition, en particulier ceux que présentait la maison Roche, de Lyon. On trouvait, dans une vitrine bien garnie, à côté d'objets confectionnés, plateaux, tapis, corbeilles, stores (Maison Le Vacher, de Paris), etc., un tableau très instructif concernant l'article.

Bibliographie. — Deslandes, Le Rafia. Exploitation, utilisation et commerce à Madagascar. Paris, 1906.

Alfa

L'alfa (*Stipa tenacissima* L.) est plutôt utilisé pour la vannerie et pour la fabrication du papier que comme textile. C'est une Graminée très répandue dans l'Espagne méridionale, l'*Algérie*, la *Tunisie*, et le Maroc.

En Algérie, la région la plus riche en alfa est, dans la province d'Oran, le plateau supérieur qui domine les vallées aboutissant à la mer. La plante est spontanée et répandue sur une espace de 5-6.000.000 d'hectares, Il n'y a donc pas de véritable culture, de sorte que la seule question dont il y ait lieu de se préoccuper est celle d'une exploitation raisonnée.

La récolte se fait, à partir de l'âge de dix ans, par voie d'arrachis à la main et au bâtonnet, sans aucun instrument tranchant, de façon à n'enlever que la feuille et à respecter la souche.

On laisse ensuite sécher les feuilles en les dressant sur le sol, et on les exporte en bottes ; quand on doit les exploiter sur place, on les fait rouir pendant un mois dans une eau stagnante, on les laisse sécher au soleil et on les bat avec un maillet.

---

1. Baillaud, *Revue générale des Sciences*, 1905, p. 426.

Le port d'embarquement est Oran et l'alfa est expédié notamment en Angleterre. Mais une partie de la production est exploitée sur place.

En Tunisie, l'alfa est surtout abondant dans le massif du Djebel Bou Hedma. L'arrachage n'est soumis, dans la Régence, à aucune mesure restrictive.

On fabrique avec l'alfa, non seulement de la pâte à papier, mais aussi des cordages, des nattes, des couffins, des paniers, des objets servant au harnachement des bêtes de somme, etc.

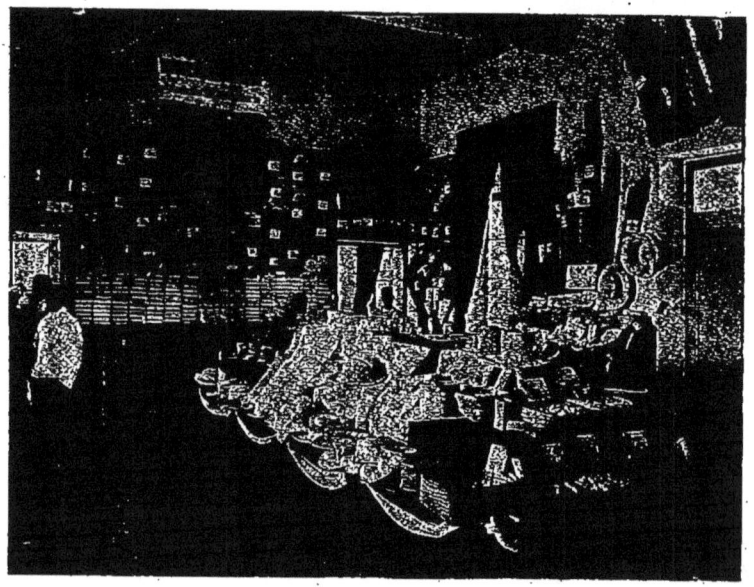

Cliché Ém. Prudhomme.
Première exposition de chapeaux et pailles à chapeaux à Tananarive (mai 1904).
Cliché communiqué par le Comité de Madagascar.

PAILLES A CHAPEAUX, ROTINS, JONCS, BAMBOUS, ETC.

Il est difficile de présenter ces articles dans un ordre rationnel. Ils sont, en effet, extrêmement nombreux, souvent imparfaitement définis, et différents selon les colonies qui les exportent ou les utilisent sur place. Aussi ne pouvons-nous songer à explorer cette question dans toute son étendue.

Entre autres progrès mis en lumière par l'exposition coloniale, nous signalerons l'utilisation des pailles de *Madagascar* pour la fabrication des chapeaux, genre Manille ou Panama. Sous l'heureuse impulsion du

Jardin colonial et grâce au zèle de M. Prudhomme, directeur de l'Agriculture, une industrie aujourd'hui importante s'est créée dans l'île ; ses produits, intéressants en même temps par leur qualité et la modicité de leur prix, étaient exposés dans un petit pavillon spécial où, nous le signalons en passant, on pouvait admirer en même temps de fines dentelles exécutées par les indigènes. Encore que cette question d'industrie coloniale doive être examinée dans un autre volume, indiquons ici la progression rapide suivie par les exportations des chapeaux de paille de Madagascar.

Années	Poids	Valeurs en francs
1903	0 t. 038 kg.	1.217
1904	1 , 720	18.193
1905	13 , 051	216.715
1906	19 , 229	537.247

Les chapeaux de paille de Madagascar ont trouvé, en particulier au cours de la dernière saison d'été, un excellent accueil sur le marché parisien. Cet exemple montre bien ce que peut, au point de vue du développement économique de notre domaine colonial, une initiative intelligente secondée par de persévérantes activités.

Il convient de signaler ici la très intéressante exposition de chapeaux présentée par M. Ranarivelo, notable, négociant malgache.

Nous trouvons, sous la signature de M. Vaucheret, dans le *Bulletin du Jardin colonial*, t. II, 1903, p. 616, une excellente étude sur les pailles à chapeaux de Madagascar. L'auteur énumère les plantes suivantes qui fournissent des pailles :

1. Vakoa (*Pandanus utilis*). On fait usage des feuilles.
2. Harefo (*Eleocharis* sp.). Cypéracée.
3. Penjy (*Lepironia* sp.). Herbe vivace.
4. Raphia. Les folioles sont employées dans la fabrication des chapeaux.
5. Dara. Palmier très épineux (*Phœnix reclinata* Jacq.).
6. Lakatra. C'est un palmier.
7. Hasina. Il s'agit d'un *Dracæna*.
8. Ahibano. Sorte de roseau.
9. Manarana. Palmier *Phloga polystachya* Noronha; syn. *Dypsis nodifera* Mart.
10. Tsindrodrotra (*Sporobolus indicus*). Graminée.
11. Vinda (*Cyperus alternifolius*). Cypéracée.
12. Zozoro (*Cyperus æqualis*). Jonc servant à confectionner des cloisons, des nattes et des corbeilles.
13. Herana (*Cyperus latifolius*).

14. Manakalahy et Banoka. Joncs.

15. Mangara. Sert à fabriquer des chapeaux de prix.

16. Sosety (*Sechium edule*). La Chouchoute ou Sosety [1], dont on tire à Bourbon une très jolie paille pour paniers, croît aussi à Madagascar.

Ces différentes pailles, à la suite du travail de M. Vaucheret, ont été étudiées, sur les échantillons du Jardin colonial, par MM. Perrot et Goris [2].

Les rotins, joncs, bambous, plantes pour vannerie, sparterie, etc. ont de nombreux et importants représentants en *Indo-Chine*. Au premier rang nous devons citer les joncs que l'on rencontre dans le bas delta du Tonkin, aussi bien qu'en Cochinchine (presqu'île de Ca-Mau et plaine des Joncs) et au Cambodge, où existe une variété particulièrement fine. Les joncs du Tonkin (*Juncus* sp.), de beaucoup les plus abondants, servent à faire, avec une trame de jute non roui, ces *nattes* dont la colonie exporte actuellement plus de 5.000 tonnes, et qui vont à Hong-Kong, d'où elles arrivent en France sous le nom de « nattes de Chine ». Il y a donc là une industrie qui pourrait s'installer et se développer en Cochinchine et au Cambodge.

Les variétés de *rotins* sont innombrables en Indo-Chine. Voici les chiffres des exploitations auxquelles ont donné lieu au cours de ces dernières années les rotins indo-chinois.

Années	Poids en tonnes	Valeurs en francs	Années	Poids en tonnes	Valeurs en francs
1901	1.747	297.344	1904	1.927	481.788
1902	2.012	402.346	1905	1.746	436.483
1903	1.956	391.290			

Ces rotins sont exploités dans le nord de l'Annam, mais on les expédie surtout de Saïgon (forêts cochinchinoises, cambodgiennes et laotiennes). Toutes les variétés ne conviennent pas pour l'exportation vers la Métropole ; ce sont surtout les rotins minces qui sont demandés. Sans pouvoir lutter contre Singapour, marché centralisateur des rotins de la péninsule malaise, des îles de la Sonde et de Bornéo, il n'est pas douteux que Saïgon et Haïphong seraient en situation d'accroître l'importance de leur rôle dans l'exportation de cette intéressante matière première.

La consommation de *bambous* est considérable en Indo-Chine où les variétés sont extrêmement nombreuses et répandues. Le Tonkin en fournit déjà 32 bien connues. De l'avis des personnes compétentes, l'industrie indigène du meuble en bambou pourrait, sous une direction européenne, prendre une bonne place dans l'exportation.

---

1. P. A. Desnuisseaux, *Bull. du Jardin colonial*, n° 46 (janvier 1907), p. 5.
2. Perrot et Goris, *Bull. du Jardin colonial*, n°ˢ 54 et suivants.

Le bambou est utilisé en vannerie et l'on a pu admirer les élégants petits paniers qu'il a permis de confectionner. Les chapeaux en « paille de Bangkok » sont simplement en bambous tressé. Cette industrie est susceptible d'un développement très grand, si l'on tient compte de ce que, d'après les renseignements de M. Serre, consul de France à Batavia [1], Java a expédié 4 millions de chapeaux en 1904.

L'Indo-Chine possède également de très nombreuses plantes, palmiers notamment, pouvant servir à la sparterie ou à la vannerie, ou bien employées déjà sur place pour la fabrication des sacs, nattes et objets similaires. En première ligne se présentent les *lataniers* (Tonkin et Nord-Annam) pour les chapeaux annamites et les manteaux de pluie, auxquels se substitue, dans le Sud-Annam, le *là-buong* (*Livistonia sinensis* ?) très employé dans la fabrication des voiles de jonques, dans la couverture et les cloisons des cabanes indigènes, etc. En Cochinchine notamment, on trouve en abondance le *Cocotier d'eau* (*Nipa fructicans*), dont les feuilles seules sont employées jusqu'ici pour la couverture des habitations. Il serait peut-être possible d'utiliser les fruits pour la fabrication des boutons comme on le fait du corozo de l'Amérique centrale et méridionale.

Des palmiers encore, les *rôniers* (diverses variétés de *Borassus*), différents *Chamærops, Corypha, Rhapis* utilisés. Le *Rhapis flabelliformis*, en particulier, donne lieu, principalement dans le Nord-Annam, à une exportation importante de cannes et de manches de parapluies et d'ombrelles (faux-laurier). Les Chinois les exploitent à Hong-Kong d'où ils sont envoyés à Londres pour être ensuite expédiés en France.

Il est à remarquer à ce sujet, comme nous aurons d'ailleurs trop fréquemment l'occasion de le faire encore, que le commerce français ne montre pas une activité suffisante dans l'exploitation des articles coloniaux.

Mentionnons aussi diverses *lianes* employées en vannerie, chapellerie, etc., ainsi que des écorces (de *Barringtonia* par exemple) et une sorte de *chouchou* fréquent au Laos, utilisable dans la chapellerie.

Nous avons examiné jusqu'ici des productions qui intéressent le commerce d'exportation. Mais, dans toutes les colonies, les indigènes ont su tirer parti des végétaux spontanés pour s'assurer un abri ou confectionner une multitude d'objets d'un emploi journalier.

Au *Dahomey*, par exemple, la vannerie et la sparterie sont deux industries très répandues [2]. La première produit principalement des corbeilles pour le transport des volailles ou de matériaux divers, des nasses pour la pêche, etc. La seconde fournit des nattes et des sacs de toute catégorie.

---

1. Serre, *Bulletin économique de l'Indo-Chine*, n. s., n° 40, p. 881.
2. N. Savariau, *L'Agriculture au Dahomey*, Paris 1906.

Pour les engins de pêche et les corbeilles on fait usage des nervures et du limbe des folioles du palmier bambou.

On fabrique aussi, dans le Bas-Dahomey, des chaises, des tables, des canapés en bambous faits avec les tronçons des nervures de la feuille de raphia et des lanières du limbe des folioles.

Les nattes servent soit à clore les vérandahs des habitations (elles sont alors formées de lanières de nervures de palmier-bambou reliées par des cordes en raphia), soit comme couchettes (celles-ci sont faites avec des

Cliché Ém. Prudhomme.
Pandanus.
Cliché communiqué par la *Revue des Cultures coloniales*.

lanières de rôniers tressées en larges quadrillages ou encore avec le limbe des jeunes feuilles d'un pandanus).

D'autres nattes encore sont obtenues avec le limbe des jeunes feuilles du *Phœnix senegalensis*.

Les sacs employés par les indigènes, en particulier pour le transport du coton, sont aussi fabriqués avec des feuilles de différents palmiers.

Nous pourrions encore multiplier les exemples de produits de cette nature. Nous nous bornerons à signaler les pailles à chapeaux de *Tahiti*.

La fabrication des chapeaux est l'occupation favorite des femmes indigènes [1] qui utilisent des pailles apprêtées par elles-mêmes. Quelques-unes de ces pailles sont de première qualité.

Les hampes florales du pia (*Tacca pinnatifida*), de la canne à sucre, du roseau ou *aeho* (*Erianthus floridulus*) sont fendues en deux suivant la longueur, chaque moitié est aplatie avec le dos d'un couteau sur une pièce de bois dur; la partie interne est grattée jusqu'à ce qu'il ne reste plus que l'écorce. Le *pia* fournit ainsi une paille fine et nacrée, celle de la canne à sucre est jaune paille.

Avec la tige du bambou on obtient une paille blanche très appréciée.

Les autres pailles employées le plus fréquemment sont fournies par le pandanus, le cocotier, les feuilles de quelques Cypéracées et la nervure médiane de la feuille de diverses fougères en particulier l'*oaha* (*Asplenium nidus*) et le *mamau* (*Cyathea medullaris*).

Les feuilles du pandanus, comme celles du cocotier, sont également utilisées pour couvrir les cases des indigènes. On sait aussi que, à la Réunion et à Madagascar, elles servent à fabriquer des sacs pour l'emballage des denrées et notamment du sucre. Ajoutons encore que l'épiderme de la feuille de pandanus est employée à Tahiti comme papier à cigarettes.

3ᵉ Section. Plantes oléagineuses spontanées.

PALMISTE OU PALMIER A HUILE

Le palmiste (*Elæis guineensis* Jacq.) est un palmier très exploité sur la côte occidentale d'Afrique, où il pousse à l'état sauvage. On le trouve dans tout le Bas-Dahomey, dans les terrains les plus variés. Mais dans les bas-fonds humides formés de fertiles terrains d'alluvions sa végétation est plus vigoureuse que sur les plateaux arides et secs.

Il n'est en général l'objet d'aucune culture, d'aucun soin, et sa multiplication s'effectue naturellement par semis.

Toutefois, depuis quelques années, au Dahomey, un certain nombre d'indigènes ont apporté des soins aux arbres existant, d'autres ont créé des palmeraies dans lesquelles ils ont fait, pendant 7 à 8 ans, des cultures intercalaires vivrières. Les conséquences de celles-ci, favorables aux plantations, ont été l'ameublissement du sol et la suppression des feux de brousse. C'est principalement aux environs de Porto-Novo et du côté d'Adjarra que ces cultures ont été établies.

Dans le Bas-Dahomey, la variété la plus fréquente fournit des fruits de

---

1. L.-G. SEURAT, Tahiti et les établissements français de l'Océanie, Paris, 1906.

la grosseur d'un œuf de pigeon. Leur noyau, très dur, est entouré d'une pulpe orangée et fibreuse riche en matière oléagineuse. Un épiderme très mince enveloppe cette pulpe.

Un coin d'une palmeraie dans les environs de Porto-Novo.
Extrait de Savariau, « L'Agriculture au Dahomey ».

Certains palmiers donneraient des fruits à noyaux tendres et ces fruits produiraient une huile de qualité supérieure.

Une variété spéciale, bien déterminée, est connue sous le nom de *pal-*

mier fétiche. Elle donne peu de fruits et le produit en est employé par les féticheurs comme huile sainte.

Palmier fétiche.
Extrait de Savariau, « L'Agriculture au Dahomey ».

Les fruits du palmier à huile se détachent du régime lorsqu'ils sont trop avancés, mais la plupart sont cueillis sur l'arbre, opération assez pénible car le palmier atteint souvent 7 et 8 mètres de hauteur.

Rouleurs de ponchons.
Extrait de SAVARIAU, « L'Agriculture au Dahomey ».

Avant d'employer les fruits pour la fabrication de l'huile, les régimes sont mis en tas jusqu'à ce que les fruits se détachent ou bien ceux-ci sont séparés à la main. Ils sont ensuite abandonnés quelques jours dans des jarres en terre où ils subissent un commencement de fermentation. Puis on les soumet à une série d'opérations que nous décrirons à propos des produits du groupe III et qui a pour but l'extraction de l'huile du péricarpe charnu et la séparation de la noix.

L'huile extraite de la pulpe est connue sous le nom d'*huile de palme*. Elle est, comme nous venons de le dire, préparée sur place. Elle est exportée pour être employée notamment en savonnerie et en stéarinerie. Seuls, les indigènes l'utilisent dans l'alimentation.

Au cours de ses travaux de fabrication de l'huile, l'indigène met de côté les noix de palme qu'il fait ensuite sécher au soleil et dont il brise les coques pour en extraire les amandes. Il fait ensuite sécher celles-ci pendant quelques jours et les vend pour l'exportation.

L'amande fournit aussi une huile dont l'extraction s'effectue, non pas sur place, mais en Europe, par broyage et expression à chaud. Cette huile prend le nom d'*huile de palmiste*. Elle est employée, mélangée à d'autres matières grasses, pour la fabrication des savons blancs.

Ce n'est guère avant l'âge de 7 ou 8 ans que le palmier commence de fructifier. Il donne alors 1 ou 2 régimes et une dizaine, lorsqu'il dépasse la vingtième année. Chaque régime pèse en moyenne 7 kilog. 5, de sorte qu'un palmier adulte peut donner 60-75 kilog. de régimes soit 40-50 kilog. de fruits [1]. Il existe pendant toute l'année des régimes sur les palmiers, mais les récoltes les plus importantes s'effectuent, la principale du mois de février à la fin avril, une autre en octobre et novembre.

Pendant toute la durée de la récolte des courtiers circulent pour l'achat des huiles sur place, et le prix moyen pratiqué est d'environ 35 francs les 100 litres. L'huile est mise en ponchons de 450 litres qui sont roulés par les routes praticables jusqu'à la gare la plus voisine ou au port d'embarquement le plus proche.

Les amandes sont expédiées en ponchons ou en sacs de 75-80 kilog. et payées aux indigènes à raison de 200 à 220 francs la tonne.

Marseille, Hambourg et Liverpool sont les principaux marchés des produits du palmier à huile.

Dahomey. — Le Dahomey est, depuis longtemps, le plus important pays de production. Hambourg absorbe la presque totalité des amandes de palme exportées par Porto-Novo, viâ Lagos. Marseille, au contraire, reçoit presque toute l'huile exportée du Dahomey, mais principalement celle exportée par les ports de Cotonou.

---

1. N. SAVARIAU. L'Agriculture au Dahomey.

Exportations :

Années	Huile		Amandes	
	Poids en tonnes	Valeurs en francs	Poids en tonnes	Valeurs en francs
1900	8.920	5.352.215	21.986	6.595.812
1901	11.291	4.742.494	24.212	4.842.324
1902	12.676	5.323.832	29.778	7.444.430
1903	6.964	2.924.731	21.685	5.421.224
1904	8.368	3.765.808	25.997	5.459.370
1905	5.637	2.395.846	17.480	3.932.970

L'huile de palme et les amandes de palmiste sont les principaux produits d'exportation du Dahomey. Il faut, au surplus, remarquer que, si les amandes décortiquées sont exportées en totalité, il n'en est pas de même de l'huile de palme dont la moitié environ de la production est consommée sur place pour l'alimentation de l'indigène.

Le palmier à l'huile est donc pour le Dahomey une source de richesse considérable, mais malheureusement pas inépuisable, car les feux de brousse atteignent souvent les arbres et en détruisent un trop grand nombre. Il y aurait donc lieu de réagir contre la coutume d'allumer ces feux de brousse.

Sénégal. — Indiquons les chiffres des exportations du Sénégal, qui montreront que les produits du palmier à huile ne sont pas sans intérêt pour la colonie :

Années	Huile		Amandes	
	Poids en tonnes	Valeurs en francs	Poids en tonnes	Valeurs en francs
1900	—	—	431	64.584
1901	—	—	732	109.939
1902	—	—	492	73.737
1903	—	—	772	115.862
1904	5	3.997	903	144.424
1905	12	8.827	903	162.612

Guinée française. — Les exportations, assez importantes, augmentent d'une façon sensible :

Années	Huile		Amandes	
	Poids en tonnes	Valeurs en francs	Poids en tonnes	Valeurs en francs
1900	—	24.612	—	476.909
1901	—	79.681	—	420.669
1902	—	72.934	—	578.776
1903	—	38.697	—	563.902
1904	—	27.363	—	571.121
1905	23	9.105	2.810	561.972

PRODUCTIONS VÉGÉTALES DES COLONIES

Durant les dix premiers mois de l'année 1906 il a été exporté 71 tonnes d'huile de palme et 2.677 tonnes d'amandes de palmiste.

Un coin du grand marché de Porto Novo.
Extrait de SAVARIAU, L'Agriculture au Dahomey.

Côte d'Ivoire. — C'est aussi un pays de grande production. L'huile de palme et les amandes de palmiste, après le caoutchouc, participent pour la plus grande part à la valeur des exportations. Nous donnons ci-après les chiffres correspondant aux produits en question.

Années	Huile		Amandes	
	Poids en tonnes	Valeurs en francs	Poids en tonnes	Valeurs en francs
1900	4.340	1.475.601	3.108	528.335
1901	5.114	1.738.637	2.986	506.496
1902	6.173	2.098.882	3.417	580.884
1903	4.864	1.653.610	2.840	482.826
1904	5.839	2.452.786	3.366	572.202
1905	3.281	1.146.840	3.169	552.115

Congo français. — L'huile de palme et l'amande de palmiste sont des produits de cueillette qui ont une certaine importance pour le Congo, car non seulement on les exporte, mais encore servent-ils à l'alimentation des indigènes. M. Fernand ROUGET, dans son excellent ouvrage, *L'Expansion coloniale au Congo français*, signale l'installation à Brazzaville d'une savonnerie qui emploie l'huile de palme. La valeur des produits du palmiste ne leur permettant pas de supporter un transport trop coûteux pour arriver aux points d'embarquement, la zone d'exploitation est relativement restreinte. Mais elle pourra s'étendre aussitôt que des moyens de communication seront créés. Les exportations ont été les suivantes :

Années	Huile		Amandes	
	Poids en tonnes	Valeurs en francs	Poids en tonnes	Valeurs en francs
1900	112	48.468	688	141.244
1901	116	53.045	611	144.477
1902	170	75.581	728	156.691
1903	98	44.298	621	142.302
1904	152	75.796	691	172.710
1905	159	66.906	667	151.963

Consommation française. — Pendant la période quinquennale 1900-1904 la consommation française d'huile de palme et d'amandes de palmiste a eu l'importance indiquée par les nombres suivants :

	Huile		Amandes	
Années	Consommation totale	Provenant de nos colonies	Consommation totale	Provenant de nos colonies
1900	20.604 tonnes	8.379 tonnes	8.295 tonnes	4.388 tonnes
1901	16.339 —	10.971 —	8.894 —	3.367 —
1902	18.945 —	12.658 —	8.561 —	4.015 —
1903	16.660 —	12.323 —	5.607 —	2.989 —
1904	15.011 —	11.146 —	8.539 —	5.959 —

Les produits du palmier à huile à l'Exposition coloniale. — Tous les produits du palmier à huile : régime de palme, noix et amande de palme, huiles de palme et de palmiste figuraient à l'Exposition coloniale dans le pavillon de l'Afrique occidentale française.

Bibliographie. — J. ADAM, Le Palmier à huile et le Cocotier, Paris 1908. — J. DANIEL, Le Palmier à huile du Dahomey, Paris 1902.

KARITÉ

Le Karité (*Butyrospermum Parkii* Kostch) est un arbre à beurre étudié depuis quelques années au point de vue de la matière grasse qu'il fournit et aussi comme producteur de gutta.

Dans la brousse, où il pousse spontanément et où il subit l'action des feux allumés pendant la saison sèche, il est rabougri, mais résiste néanmoins. Au contraire, près des villages, il est l'objet de quelques soins culturaux et possède un feuillage vert et abondant. Sa hauteur atteint une dizaine de mètres.

On le rencontre notamment dans le Moyen et le Haut-Dahomey, et aussi au Soudan et au Congo.

Il paraît redouter les terrains marécageux ; on le rencontre très rarement au bord des marigots, mais en abondance sur les hauteurs.

Au Dahomey, les indigènes récoltent ses fruits, ils ne lui prodiguent néanmoins aucun soin cultural. Les fruits de Karité ont une forme ovoïde et la grosseur d'un œuf de perdrix. Ils sont constitués par une couche externe pulpeuse et par une noix dure renfermant une amande. Les fruits tombés sur le sol sont ramassés et séchés au soleil. Les noix sont soumises à une cuisson de 3 heures environ dans des jarres en terre. Elles sont ensuite brisées entre deux pierres et les amandes séparées. Celles-ci sont elles-mêmes exposées au soleil pendant une dizaine de jours pour les sécher complètement, après quoi elles sont utilisées immédiatement pour l'extraction du beurre, ou bien conservées en silos surélevés. Nous étudierons dans un autre volume, à propos de la classe 14, la fabrication du beurre de Karité.

Les indigènes emploient, pour leur alimentation, les beurres de bonne qualité et, pour l'éclairage, les beurres mal fabriqués.

La valeur courante du beurre de Karité est de 0 fr. 50 le kilo. Ce produit a été l'objet de nombreuses études. En particulier, le service chimique du Jardin colonial s'est préoccupé de la question de sa purification et de l'élimination de son odeur *sui generis*. Il a obtenu des résultats satisfaisants.

La matière grasse du Karité est utilisable en savonnerie.

Au point de vue comestible, une difficulté se présente résultant de l'altérabilité du beurre de Karité. Ce produit rancit rapidement ce qui le rend difficilement transportable. Aussi tente-t-on d'exporter les amandes elles-mêmes.

A l'exposition coloniale on trouvait de beaux échantillons des divers produits du Karité (noix, amandes, beurre brut, beurre épuré) dans le pavillon de l'Afrique occidentale française et dans le pavillon du Congo.

Bibliographie. — E. PERROT, Le Karité, l'argan et quelques sapotacées peu connues, Paris 1907. — SAVARIAU, L'Agriculture au Dahomey, Paris, 1906. — VUILLET, Le beurre de Karité (*Bull. du Jardin colonial*, nos 9 et 11).

LES ARBRES A SUIF DE L'INDO-CHINE

Il existe, en Indo-Chine, plusieurs arbres dont les graines, chargées de matière grasse, donnent lieu à des exploitations rémunératrices. M. Ch. CREVOST[1] a publié sur cette question un intéressant mémoire *Les arbres à suif de l'Indo-Chine*. Il décrit les espèces que nous allons énumérer.

L'Arbre à chandelles.

L'arbre à chandelles (*Irvingia Oliveri* Pierre) appartient à la famille des Irvingiées. Il est très répandu en Indo-Chine dans la plupart des régions, sauf au Tonkin et dans le nord de l'Annam.

Son nom annamite est : *cây-cây*, son nom cambodgien : *châm-bâc*.

Il est encore difficile de donner une idée de la capacité de production de l'arbre en fruits, mais celle-ci paraît considérable à en juger par la quantité de noix que l'on trouve sur le sol, au moment de leur chute.

Les fruits ont la grosseur d'un citron. Quand ils sont arrivés à maturité, en juillet et août, ils tombent des arbres. Ils sont alors rassemblés et abandonnés jusqu'à ce qu'ils perdent leur mésocarpe fibreux, puis

---

1. CREVOST, *Bull. économique de l'Indo-Chine*, nos 6, 8, 10.

transportés dans les habitations. La noix est brisée avec difficulté et c'est là une des raisons qui se sont opposées jusqu'ici à l'exploitation de ce fruit.

Les amandes sont ensuite séchées au soleil et soumises enfin à l'opération de l'extraction du suif végétal, ainsi qu'il sera indiqué dans le volume suivant (à propos de la classe 14).

On obtient, avec 100 kilog. de noix, 20 kilog. d'amandes fournissant 4 kilog. de suif, d'après un rapport datant de 1884, et plus de 8 kilog., d'après un rapport plus récent. Mais des essais effectués sur l'initiative de l'Inspection générale de l'Agriculture coloniale ont montré que, en réalité, le rendement fourni par les noix examinées était sensiblement moindre (8%, au lieu de 20 et 43 %, du poids des amandes, rendements correspondant aux deux nombres indiqués ci-dessus)[1].

Ce produit était jadis très employé pour l'éclairage, mais son usage s'est trouvé restreint par l'introduction du pétrole.

D'après une étude faite au Jardin colonial, la matière grasse qui nous occupe présente un réel intérêt en ce sens qu'elle se rapproche des huiles de palmiste et de coprah, en particulier au point de vue de ses applications éventuelles en savonnerie.

Malgré les nombreux peuplements d'arbres à suif, l'exploitation de leurs produits est à peu près nulle à cause de l'emploi du pétrole pour l'éclairage et aussi à cause des difficultés que présente le concassage des noix. Ce concassage devra être pratiqué sur place pour ne pas transporter du produit inutile. Il s'agit là d'une entreprise qui n'est pas sans intérêt. Durant ces derniers mois le produit de l'arbre à chandelles aurait certainement rendu des services appréciables à la savonnerie, étant donnée la hausse considérable des matières premières, hausse que nous expliquerons dans un autre volume (voir groupe XI, classe 55).

L'Arbre à suif.

Il s'agit du *Stillingia sebifera* Michx, petit arbre à fleurs jaunes et à graines blanches, un peu aplaties, recouvertes d'un tégument sébacé, très blanc. Il s'appelle : *cây soi* en annamite, *Krêmuòn châm bâk* en cambogien, *Kuen tse chou* en chinois. Son aire de végétation paraît assez étendue en Indo-Chine où il croît à l'état spontané. Au Tonkin il est exploité pour ses feuilles dont la décoction fournit une belle teinture noire pour la soie. Les fruits sont, au contraire, abandonnés et demeurent sans profit dans notre colonie. D'ailleurs l'exploitation des rameaux pour la teinture nuirait à celle des fruits.

---

1. Milliau, *Bull. du Jardin colonial*, n° 8.

Le *Stillingia sebifera* est très répandu dans plusieurs provinces chinoises où les semences sont l'objet d'importants trafics, ainsi que le relate M. Grosjean, membre de la Mission lyonnaise en Chine [1]. L'arbre en question commence de produire vers quatre ou cinq ans. Au moment de son plein développement il peut donner de 40 à 50 livres de graines par an, c'est-à-dire environ 25-30 kilog. La récolte a lieu d'octobre à décembre, elle est effectuée en brisant les rameaux à la main. Ces rameaux sont mis en tas pour le séchage, puis on arrache les petits bouquets de fruits que l'on soumet à une dessiccation plus complète en les étendant sur des nattes. L'enveloppe extérieure noircit, éclate et l'on peut alors retirer à la main les petites fèves blanchâtres de l'extérieur.

L'huile qu'on en retire répond au nom générique de *kuen-iéou*. Mais, selon le procédé d'extraction, on obtient de la pulpe et des noyaux les sortes d'huiles suivantes : le *mou-iéou* (huile concrète extraite de la graine entière, noyau et péricarpe, et employée pour la fabrication des chandelles) ; le *pi-iéou* (huile concrète provenant du péricarpe, employée pour la fabrication des chandelles) ; le *tsé-iéou* (huile fluide, extraite du noyau, comestible et employée pour l'éclairage).

100 kilog. de graines donnent environ 30 kilog. de *mou-iéou*, ou bien 14 kg. 400 à 15 kg. 600 de *pi-iéou* avec autant de *tsé-iéou*.

En 1896, le *mou-iéou* qui se rapproche le plus du suif animal, valait sur place, à Yéou Yang, environ 39-40 fr. les 100 kilog., le *pi-iéou*, 60-62 fr. les 100 kilog. et le *tsé-iéou*, 22-23 fr.

Seules les sortes concrètes sont exportées, tandis que le *tsé-iéou* est entièrement consommé sur place. C'est Han-Kéou le grand marché centralisateur.

La direction de l'Agriculture et du Commerce de l'Indo-Chine a mis à l'étude la question du rendement en graines de l'arbre à suif au Tonkin et de la valeur industrielle des produits extraits de ces graines. Cette question intéresse non seulement notre colonie, mais aussi l'industrie métropolitaine, et en particulier l'industrie de la savonnerie.

M. Crevost émet l'opinion que la multiplication du *Stillingia sebifera* dans d'autres régions que les régions tropicales, par exemple dans le Midi de la France, peut être digne d'intérêt.

L'Arbre à vernis.

C'est le *Rhus succedanea* L. que nous avons cité plus haut, comme arbre à laque. Nous n'aurons à nous occuper ici que du suif végétal vert que l'on peut retirer de ses fruits.

---

[1]. Grosjean, *Compte rendu de la Mission lyonnaise en Chine* (Rapports sur les Corps gras et leurs dérivés, p. 385).

Les graines donnent, par expression, une huile concrète d'un vert terreux, connue en Europe depuis quelques années seulement sous le nom de *suif végétal vert* ou *Tertia Ki-yu*. C'est une matière intéressante pour la stéarinerie.

L'extraction du suif végétal vert a pris quelque importance en Chine. C'est de septembre à octobre que se récolte la graine. Celle-ci est composée d'une petite amande entourée d'une substance verdâtre, striée et rugueuse.

Le rendement des graines est de 5-7 kg. d'huile par boisseau (48 kg.), ce qui représente 10-14 %.

On obtient, selon les soins apportés à la fabrication, trois qualités d'huile.

Dans la classe pauvre de la société chinoise, cette huile remplace la graisse de porc pour l'alimentation. Mais son principal usage consiste dans la confection des bougies. On s'en sert aussi pour frauder la cire d'abeille et la cire blanche de l'insecte à cire du Kien-tchan.

Les procédés d'extraction en usage en Chine sont défectueux et donnent lieu à des pertes appréciables. Aussi semble-t-il qu'il y aurait intérêt à exporter en France les graines que pourrait fournir le Tonkin. Mais, pour trancher cette question, il importe de connaître le rendement de ces graines en matière grasse. Des essais ont été institués dans ce but.

Au Japon les semences du *R. succedanea* et du *R. vernicifera* sont utilisées aussi pour la fabrication du suif végétal [1]. Les graines recueillies sont conservées dans des sacs pendant quelque temps avant d'être employées, et l'on reconnaît que le moment est venu de les traiter quand, pressées entre les doigts, la pulpe se sépare aisément du noyau et que la fécule qui s'échappe de la pulpe forme, sous la pression et la chaleur de la main une pâte grise qui n'est autre que de la cire.

Étant donné que la végétation du *Rhus* est de courte durée, l'exploitation de ses graines ne pourra être considérée que comme secondaire. Toutefois cette exploitation, d'après M. Crevost, serait possible au Tonkin, si l'on mettait en œuvre, à cet effet, des moulins préalablement installés pour l'extraction du suif végétal des graines de *Stillingia sebifera*.

Pentacme siamensis Kurz.

Cet arbre appartient à la famille des Diptérocarpées. Les Annamites l'appellent *Cây cá chác* ou *Cây cam tien* ; au Cambodge il est désigné sous les différents noms suivants : *Dòm chhœu râng pnhòm*, *Phchêc*, *Kliâc*, *Rau pnhòm* ; enfin son nom en siamois est *R'ang*.

---

1. Jacquet, *Revue indo-chinoise*, n° 67.

Les cotylédons du *Pentacme siamensis* sont abondamment pourvus de matière sébacée et pourraient être utilement exploités.

Aussi bien, des individus de la même famille fournissent, dans les Indes et à Bornéo, des suifs végétaux marchands.

Shorea hypochra Hance.

Cet autre végétal de la famille des Diptérocarpées est abondant dans les forêts de la Basse Indo-Chine. M. Pierre [1], comme dans le cas précédent, signale, dans les cotylédons, la présence d'une matière sébacée assez abondante.

En annamite le *Shorea hypochra* est appelé *Vên-vên nghe*, *Vên-vên trâng*, *Vên-vên xanh* ; en cambodgien, *Phdiêc*, *Phdiêc so*.

M. Ch. Crevost fait la remarque intéressante que les Diptérocarpées, particulièrement répandues en Cochinchine, au Cambodge, dans l'Annam-Sud et même dans le Bas-Laos, pourraient être d'une exploitation avantageuse au point de vue de la production des matières grasses.

On attribue, d'ailleurs, l'origine de certains suifs végétaux exportés de Bornéo sur les marchés anglais et hollandais, par Singapour, aux Diptérocarpées suivantes : *Parahopea Balangeram* (*Hopea macrophylla* de Vriesse), *Hopea Balangeram* de Vr., *Hopea aspera* de Vr., *Hopea lanceolata* de Vr., originaires des îles de la Sonde.

M. Pierre signale chez le *Shorea robusta* Gaert. des cotylédons épais et huileux.

Triadica cochinchinensis Lour.

Cet arbre appartient à la famille des Euphorbiacées. Les Annamites l'appelaient *Cây cha dam*, *cây soi tia*. M. de Lanessan l'a décrit dans les *Plantes utiles des Colonies françaises*. Il donne une cire analogue à celle de l'abeille. Cette cire est contenue dans les mailles de la tunique épaisse et blanche qui entoure la graine.

Tetranthera laurifolia Jacq.

Le *Boi loi* est un grand arbre de la famille des Lauracées (*Tetranthera laurifolia* Jacq., *Sebifera glutinosa* Lour., *Litsea sebifera* Pers). assez commun dans les forêts de la Cochinchine, du Cambodge et de l'Annam et que l'on retrouve à la Réunion sous le nom de *Bois d'oiseau*.

Les baies donnent une assez grande quantité de matière grasse dont

---

1. Pierre, La Flore forestière de la Cochinchine.

on fait des bougies [1]. Il est dit dans les *Annales de l'Institut colonial de Marseille* que le *Tetranthera laurifolia* est introduit dans toutes nos colonies tropicales. Ses feuilles constituent, à la Réunion surtout, un excellent aliment pour les bêtes à cornes laitières.

La graisse des fruits, malheureusement très petits, pourrait prendre une place digne d'intérêt dans les industries françaises qui utilisent les corps gras.

Hydnocarpus anthelminticus Pierre.

Le *Chùm Bao* est un arbre de 8 à 15 mètres, de la famille des Bixacées, habitant la partie nord de la Cochinchine et particulièrement le Cambodge. Ses graines fournissent une matière grasse intéressante.

M. Ch. Crevost a retrouvé, sous le nom de *Dai phong Tu*, des graines d'*Hydnocarpus* dans les pharmacies chinoises de Hanoï. Elles sont de provenance chinoise et prescrites par les deux pharmacopées chinoise et indigène pour le traitement de la variole.

Les produits des arbres à suif à l'Exposition coloniale. — De nombreux et intéressants spécimens des produits que nous venons d'énumérer figuraient dans le pavillon de l'Indo-Chine.

Bibliographie. — Indépendamment des ouvrages cités au cours de cet exposé, on consultera avec profit l'excellente publication de M. E. Heckel, Les graines grasses nouvelles ou peu connues des colonies françaises, Paris, 1902.

CLASSE 2

ESSENCES FORESTIÈRES

1re *Section.* — Bois d'œuvre et d'ébénisterie (bruts ou travaillés), bois de carrosserie (pour automobiles, etc.), bois de marine, bois de construction, etc.
2e *Section.* — Bois à parfums, bois tinctoriaux.
3e *Section.* — Chêne-liège et similaires coloniaux, bois à papier, écorces tannantes.
4e *Section.* — Bois de pavage, traverses de chemins de fer, bois de chauffage, etc.

M. Ch. Chalot, professeur à l'École supérieure d'Agriculture coloniale, commissaire général adjoint de l'Exposition, a bien voulu rédiger, sur

---

[1]. De Lanessan, Plantes utiles des colonies françaises ; Vesque, Traité de Bot. agric. et ind., p. 307 ; Heuzé, Les Plantes industr., II, 184.

notre demande, une note relative aux essences forestières, c'est-à-dire aux produits de la classe 2. C'est cette étude intéressante et substantielle que nous allons reproduire.

La production forestière dans les colonies françaises.

Tout ce qui regarde le commerce des bois entre la métropole et ses colonies, était très largement et très convenablement représenté à l'Exposition coloniale de 1907. C'est pourquoi non seulement les matériaux de la classe 2 étaient des plus intéressants, mais aussi des plus instructifs, puisqu'ils ont contribué à faire mieux connaître les ressources forestières de celles de nos possessions où l'exploitation des bois est assuré d'un bel avenir.

D'une part on pouvait voir des collections d'étude, réunies dans les colonies même, par des fonctionnaires dévoués, collections qui comprennent dans beaucoup de cas plusieurs centaines d'échantillons admirablement étiquetés, et présentés d'une manière très bien comprise permettant sur un même échantillon, de faire voir le bois brut, et immédiatement à côté, l'aspect qu'il prend lorsqu'il est ouvré, poli et verni.

. Parmi les collections particulières réellement importantes, nous nous en voudrions de ne pas citer celles réunies sur la côte occidentale d'Afrique, à la Guinée et au Congo, par MM. Pobéguin et Autran, deux administrateurs coloniaux qui ont largement contribué à accroître nos connaissances sur les essences forestières de l'Ouest africain. A côté de ces collections, dues à des initiatives individuelles, on remarquait celles, très riches, réunies par les *Gouvernements de la Guyane, de l'Indo-Chine, de la Nouvelle-Calédonie et de Madagascar*. Dans un autre ordre d'idées, plus immédiatement pratique, nous avions les expositions Hors Concours présentées avec un goût parfait, par les grands importateurs de bois exotiques comme MM. Hollande, Pierrain, Rachet, Fettu, la *Société commerciale du Laos*, l'*Union commerciale pour les colonies et l'étranger*, la *Compagnie coloniale du Gabon*, pour ne citer que ceux qui avaient fait les plus grands efforts.

Il faut encore mentionner les lièges en planches envoyés par la Tunisie, qui ont été récompensés par un grand prix.

Tous ceux qui s'intéressent au commerce des bois coloniaux emportaient, d'une visite à l'Exposition, cette impression très nette que, dans ces dernières années, un progrès réel avait été fait et qu'avec une ténacité intelligente, il sera possible de développer encore grandement le commerce de nouveaux bois entre la France et ses colonies, surtout avec l'aide que ne manqueront pas d'apporter aux particuliers, des gouverneurs avisés, sérieusement préoccupés de mettre en valeur toutes les richesses forestières des colonies qu'ils administrent.

Si, comme nous venons de le dire, il est incontestable que le commerce des bois exotiques est susceptible de prendre dans l'avenir une importance plus grande, nous devons à la vérité d'ajouter qu'il est encore mal établi et que peu de nouveaux bois paraissent sur les marchés, où se retrouvent toujours, à quelques exceptions près, les essences connues depuis longtemps et consacrées par l'usage, comme l'acajou, l'okoumé, l'ébène, le teck, le palissandre, le bois de rose.

Les essences nouvelles, bien que tenant une certaine place dans les exportations actuelles, n'ont pas encore l'importance qu'elles devraient avoir.

Pourtant, tous ceux qui connaissent la Côte d'Ivoire et le Congo du littoral, savent que les bois d'ébénisterie y sont très nombreux, et que beaucoup d'entre eux sont facilement exploitables.

Nous savons d'un autre côté, que les marchés n'acceptent pas facilement les bois inconnus, et que ceux-ci ne trouvent pas toujours bon accueil auprès des menuisiers, des ébénistes et des architectes.

Ce qu'un importateur et un fabricant ne peuvent faire, faute de moyens, le plus souvent, les colonies intéressées doivent le tenter afin que, après avoir établi le catalogue de leurs essences forestières exploitables, elles connaissent les utilisations de bois qu'elles possèdent, et qu'elles puissent, à l'occasion, renseigner les particuliers sur les usages dont seront susceptibles ceux que l'on peut exploiter.

Des travaux de haute valeur comme la *Flore forestière de l'Indo-Chine* par le regretté savant botaniste Pierre, l'étude de la flore forestière si riche de la Guyane [1], ce qui a été fait pour la Nouvelle-Calédonie [2], et dans ces dernières années pour le Congo, plus récemment encore pour la Côte d'Ivoire, où une enquête forestière est en cours, montrent bien que nos différentes colonies se sont préoccupées de connaître la teneur de leurs forêts. A ces herbiers, si patiemment constitués, au prix des plus grands efforts, dans la plupart des cas, à ces déterminations qui permettent de cataloguer les arbres au point de vue botanique, à ces collections de bois, telles qu'il en existait autrefois de si complètes à l'Exposition permanente des colonies, collections qui sont en voie de reconstitution au Jardin colonial, il faudrait croyons-nous, un complément pratique, pour que tant de richesses amassées ne restassent pas à l'état d'études purement théoriques. Il resterait peu à faire pour que tous les travaux que nous venons de citer pussent porter leurs fruits. Il suffirait que dans chaque colonie le service compétent expédiât en France, chaque fois que son attention serait appelée sur un bois intéressant, c'est-à-dire quand il se trouverait en présence d'essences dont les peuplements seraient reconnus être assez importants, une bille au minimum, de dimensions suffisantes, pour que les bois expédiés pussent être soumis à l'examen d'industriels et de praticiens, auxquels différents ouvrages d'ébénisterie seraient commandés à l'avance, par la colonie d'où proviendraient les bois.

Les colonies intéressées à faire connaître leurs bois sur les marchés, devraient donc consentir le sacrifice, bien faible si on le compare aux résultats qu'une semblable façon de procéder peut donner, d'expédier en France à leurs frais, au fur et à mesure des découvertes, quelques spécimens des bois nouveaux, en billes permettant de les travailler différemment, puis d'allouer une indemnité aux fabricants qui essaieraient ces bois, ou encore mieux de leur commander différents ouvrages qui seraient placés à côté des bois bruts, là ou des expositions seraient organisées en France et à l'étranger, pour vulgariser les bois nouveaux de nos colonies.

Tant que l'on n'entrera pas résolument dans cette voie pratique, seuls les bois anciennement connus, continueront d'être importés, et le commerce, ignorant qu'il existe de très nombreuses essences susceptibles d'être utilisées au même titre que les anciennes, s'en tiendra là, ce qui empêchera à l'exploitation forestière coloniale de se développer.

---

1. Par Godin des Odonois. 1750.
2. Notice sur les bois de la Nouvelle-Calédonie par M. le Colonel Sebert.

PRODUCTIONS VÉGÉTALES DES COLONIES

En plus de ce qui vient d'être dit nous émettrons le vœu que des études soient faites dans le but de comparer les propriétés des bois coloniaux avec celles des bois européens analogues.

Dans l'ouvrage si intéressant de M. de LANESSAN, *Les plantes utiles des*

Cliché Ém. PRUDHOMME.

Le palétuvier dans le nord-ouest de Madagascar.

colonies françaises, on trouve déjà des études de ce genre se rapportant à des bois de la Guyane. M. Henri LECOMTE, il y a quelques années, au retour d'un voyage au Congo, avait commencé un travail analogue pour les bois de notre grande possession ouest-africaine. Tout cela serait à continuer aujourd'hui que l'on est mieux outillé pour mener à bien des études de ce genre, si utiles, et dont nos colonies seraient les premières à bénéficier.

Les chiffres statistiques, puisés aux sources les moins contestables, montrent que la France a employé, en 1905, 39.852 tonnes de bois d'ébénisterie importés. Comme elle n'en a reçu que 11.891 des colonies françaises, elle a été dans l'obligation de demander 27.961 tonnes de ces bois à l'étranger.

Cela ne veut pas dire que les exportations de bois des colonies françaises ne dépassent pas le chiffre qui vient d'être cité.

Les statistiques publiées annuellement sur le commerce des colonies françaises, montrent, au contraire, que leurs exportations sont beaucoup plus importantes, puisqu'elles ont atteint, en 1905, le chiffre de 30.000 tonnes en nombre rond. Il est bon d'ajouter que dans ce total sont comprises les quantités, assez peu importantes d'ailleurs, de bois de teinture exportées. C'est qu'en effet si le marché du Havre tient maintenant une place honorable, parmi les marchés européens, en ce qui concerne les bois, il ne faut pas oublier que Liverpool et Hambourg sont des concurrents redoutables, et que souvent les bois français exotiques ont avantage à y être transportés.

Il peut être intéressant de voir la part qui revient à chaque colonie française dans les importations de l'année 1905 qui est le dernier exercice dont les résultats, au point de vue des exportations coloniales, aient été publiés à l'heure actuelle. Les chiffres suivants nous renseignent à ce sujet et montrent que, de toutes nos possessions, le Congo français d'abord, et la Côte d'Ivoire ensuite, laissent loin derrière elles nos autres colonies.

Exportations de bois des Colonies françaises en 1905.

Colonies.	Quantités.		Désignation des principaux bois.
Congo-Français	16.936	tonnes	Okoumé, ébène.
Côte d'Ivoire	9.619	—	Acajou faux.
—	1/2	—	Bois de teinture.
Madagascar	1.300	—	Bois d'ébénisterie, Palissandre, ébène.
—	1.200	—	Bois communs.
Nouvelle-Calédonie	150	—	Santal.
Indo-Chine	130	—	Bois d'ébénisterie et teck.
—	2	—	Bois de teinture.
Guyane [1]	100	—	Bois de rose.
Martinique	100	—	Campêche.
Total.......	29.538	—	

1. La Guyane a exporté en 1905, 3459 kilogs d'essence de bois de rose. Pour ce qui concerne ce produit, nous renvoyons le lecteur à la partie du Rapport général qui traite des parfums.

Cette quantité peut-elle augmenter?

Nous répondrons oui sans la moindre hésitation. Il ne faut pas oublier en effet que jusqu'ici l'exploitation forestière de deux colonies, très riches en forêts, la Côte d'Ivoire et le Congo, a été limitée aux bords des fleuves, des rivières et des lacs, pour permettre le flottage et la descente facile des bois abattus jusqu'à la mer. Toutes les voies ferrées en construction à l'heure actuelle, ou à l'état de projet, permettront par la suite d'étendre l'exploitation forestière à des régions jusque-là inaccessibles [1].

Exploitation forestière en pays tropical.
Extrait du *Traité pratique des Cultures tropicales*, par J. Dybowski.

La connaissance plus parfaite des essences propres à chaque colonie permettra aussi, dans l'avenir, de donner plus d'importance au commerce de tel ou tel bois. A l'heure actuelle cela ne peut encore se faire, car chaque région possède des arbres qui, bien que pouvant être rangés dans la même catégorie, sont loin de présenter les mêmes qualités commerciales.

1. On ne lira pas sans intérêt à cet égard l'étude de M. A. Jolyet, Le transport des bois dans les forêts coloniales (*Bulletin du Jardin colonial*, 1902-1903).

Pour ne parler que de l'acajou provenant de la Côte d'Ivoire, il nous suffira de dire que celui que l'on exporte par Grand-Bassam est plus recherché par le commerce que celui qui est expédié par les autres ports de cette colonie. Pour les différentes provenances, il y a lieu de faire des classifications qui se traduisent par des prix de vente plus ou moins élevés.

En plus des moyens signalés plus haut, lesquels sont de nature à favoriser le développement du commerce des bois exotiques, il y a lieu d'ajouter, ce qui a trait aux prix de transport. Nous savons que ceux-ci ont déjà été réduits, mais il ne faut pas oublier que c'est aussi par le bon marché que les bois de nos colonies arriveront à concurrencer les bois d'Europe, ou plutôt à remplacer ceux qui, dans l'avenir, se feront de plus en plus rares. A ce moment-là, il faut souhaiter que les bois de provenance française, tiendront une large place dans les importations totales.

Si nous désirons voir se développer méthodiquement l'exploitation des forêts dans nos colonies, nous sommes ennemis de tout ce qui tendrait à compromettre ces réserves en appauvrissant le pays. C'est pourquoi nous applaudissons à tout ce qui est fait dans le but de sauvegarder nos forêts coloniales, en empêchant une exploitation irraisonnée. Des règlementations spéciales, dans certaines colonies, empêchent déjà d'abattre et d'exporter les arbres qui n'ont par un diamètre suffisant, de même que tous les arbres qui fournissent soit du caoutchouc soit de la gutta. En Afrique occidentale, une mission forestière a été organisée dans le but d'empêcher la disparition des boisements forestiers. Ailleurs des techniciens éprouvés, s'attachent à dresser l'inventaire méthodique de toutes les plantes utiles et ont commencé l'étude des essences de bois susceptibles de prendre place sur les marchés. Tout cela est fort heureux, et fait le plus grand honneur au Gouverneur général de l'Afrique occidentale, M. Roume, qui a montré en cette circonstance que rien de ce qui peut contribuer à mettre en valeur les richesses des immenses territoires dont il a la haute administration, ne lui est indifférent. L'œuvre qu'il a ainsi commencée est de celles dont on doit garder le souvenir.

A côté des bois d'ébénisterie, il s'exporte chaque année de nos colonies, des bois communs en quantité appréciable, et aussi des bois de teinture, qui sont habituellement expédiés en bûches. Sur la côte d'Afrique, le Congo a exporté, en 1905, 755 tonnes de bois de teinture. Aux Antilles, la Martinique et la Guadeloupe exportent du campêche, mais il semble que ce commerce ait tendance à diminuer, puisque, en 1905, les quantités exportées ont à peine dépassé 100 tonnes pour ces deux îles. Quant à l'Indo-Chine, elle exporte à peine quelques tonnes de ces bois. Les statistiques coloniales montrent que, dans ces dernières années, plusieurs de nos possessions ont exporté des quantités assez importantes d'écorce de palétuvier, qui rentre dans la catégorie des matières tannantes. Nous savons que cette matière première a été étudiée à différentes reprises [1] et qu'il se pourrait que ce commerce prît dans l'avenir une certaine extension.

De toutes les écorces tannantes étudiées il n'y a guère que celles de palétuvier qui soient assez riches pour supporter les frais de transport en France. Encore faut-il choisir avec soin les espèces auxquelles on s'adresse, les dosages montrant que les teneurs en tanin varient dans de grandes proportions non seulement suivant ces espèces, mais encore avec l'âge des arbres.

Nous avons essayé d'indiquer, dans les pages qui précèdent, quels sont les moyens propres, selon nous, à développer la production forestière dans celles de nos colonies qui se prêtent à une semblable exploitation. Nous appuierons ce qui a été dit à ce sujet, en répétant les conseils que donnait le regretté Sagot au moment où l'on s'occupait activement des bois de la Guyane. Ces conseils, dans leurs grandes lignes, peuvent en effet s'appliquer à toutes les colonies forestières. Ils se résument de la manière suivante :

1° Exploiter tous les bois utiles ;

2° Obtenir une main-d'œuvre à des prix modérés ;

3° Substituer, pour certains cas, le travail mécanique au travail humain ;

4° Perfectionner la flottaison des radeaux, seul moyen économique de transport ;

5° Diminuer le fret en arrimant plus convenablement les bois.

M. Henri Lecomte [2], dans une étude des plus instructives, après avoir montré la part peu importante que tenaient dans les importations totales les bois provenant des colonies françaises, disait avec raison que cette situation fâcheuse pourrait être modifiée si la métropole n'hésitait pas à créer un grand marché des bois, en développant celui du Havre, par exemple. Il préconisait en outre les expositions bien comprises, et non pas seulement l'exhibition tout à fait insuffisante de quelques billes sans apparence.

Enfin il disait que la ville de Paris, qui possède une école spéciale du meuble (École Boulle), prêterait évidemment son concours à une œuvre de vulgarisation avantageuse pour nos colonies, qui permettrait d'admirer des meubles, des boiseries, des objets d'art dont les bois coloniaux constitueraient la matière première.

---

1. P. Ammann, Les matières tannantes de nos colonies (*Bulletin du Jardin colonial*, année 1906, n° 1).
2. H. Lecomte, La production agricole et forestière dans nos colonies, Augustin Challamel, éditeur, Paris.

Dans cet ordre d'idées nous savons qu'un certain nombre de bois de nos colonies ont été essayés pour le pavage de la ville de Paris. Il serait intéressant de savoir quels sont les résultats obtenus à l'heure actuelle. En plus des utilisations courantes, il pourrait y avoir là des débouchés pour les essences possédant les qualités nécessaires.

Exportations de bois des colonies françaises.

Afin de permettre de juger dans son ensemble l'importance de la production forestière dans les colonies françaises, et de se rendre compte des variations que subissent les exportations, nous donnons ci-après, colonie par colonie, les chiffres concernant les envois de bois, depuis l'année 1900 jusqu'à l'année 1905.

Congo français [1]. — Jusqu'à ce jour ont été seules exploitées les essences qui se trouvent à proximité des fleuves, des rivières ou des lacs. Les régions d'où s'exportent actuellement des bois sont : le Mouny, l'estuaire du Gabon, Cap Lopez, Mayumba et le Kouillou.

On exporte principalement les bois suivants : l'Okoumé ou faux acajou (*Boswellia Klaineana*); l'Ébène (*Diospyros Ebenum*); le Bilinga, bois jaune (*Sarcocephalus*); les bois rouges (*Pterocarpus angolensis*) et (*Pterocarpus erinaceus*).

Exportations.
Bois divers (menuiserie, charpente).

Années	Quantités	Valeurs
1900	5.777 tonnes	1.157.000 fr.
1901	5.774 —	853.534
1902	8.723 —	1.118.436
1903	13.799 —	1.589.304
1904	14.371 —	1.676.209
1905	16.936 —	2.193.034
1906	34.437 —	—

Depuis 1902, on le voit, les exportations de bois suivent une marche régulièrement ascendante.

Quant aux exportations d'écorces de palétuvier, elles sont peu élevées.

---

1. On doit à M. V. Autran, Administrateur colonial, une très consciencieuse étude sur les bois du Congo, *Bulletin du Jardin colonial*, n° 5.

Années	Quantités	Valeurs
1900	1 t. 300 kg.	130 fr.
1901	12 —	1.184
1902	83 —	8.506
1903	25 —	5.038
1904	» —	—
1905	7 —	730

Côte d'Ivoire[1]. — Encore que la Côte d'Ivoire soit une colonie forestière, puisque la superficie boisée a été évaluée à 60.000 kilomètres carrés, il ne s'exporte guère, comme bois, que différentes sortes d'acajou-faux (Khaya), connues dans le pays sous les noms de *Ocouma, Macoré, Baia*. Le commerce d'exportation de ces bois paraît encore mal établi si l'on en juge par les chiffres ci-dessous, bien que le pays puisse supporter une exploitation intensive pendant très longtemps.

Exportations.
Bois d'acajou (un des principaux produits).

Années	Quantités	Valeurs
1900	13.423 tonnes	1.208.026 fr.
1901	10.697 —	962.764
1902	10.472 —	523.590
1903	13.534 —	676.714
1904	11.771 —	588.535
1905	9.619 —	551.128

Les bois de teinture sont à peine mentionnés dans les sorties de ces dernières années.

Années	Quantités	Valeurs
1900	»	»
1901	17 tonnes	2.217 fr.
1902	4 —	760
1903	4 —	724
1904	6 —	1.236
1905	2 —	305

Guinée française. — Cette colonie ne possède plus de véritables forêts et ne mérite d'être mentionnée ici, que pour une expédition d'écorce de palétuvier qui s'est élevée à 2.088 francs en 1904.

1. Pour plus de détails voir la « Richesse forestière de la Côte d'Ivoire » (*Revue des Cultures coloniales*, nᵒˢ 45 et 48).

Sénégal. — Encore moins que la Guinée, le Sénégal n'a de bois de régions d'où les exportations soient possibles. Les statistiques ne citent en effet qu'un chiffre de 2.240 kilos de bois, valant 1.200 francs, ayant été exportés en 1904.

Exploitation de la forêt de Croix-Vallon, à Madagascar. — Le sciage des bois à la main.
Extrait de l'*Empire colonial de la France*.

Le Soudan est beaucoup mieux partagé sous le rapport des essences forestières [1], mais ne peut en exporter, à cause de son éloignement de la mer.

Madagascar. — Les forêts de Madagascar recouvrent actuellement 10 à 12 millions d'hectares, soit environ le vingtième de la superficie totale de l'île. Nulle part on ne constate de groupements d'essences de

---

1. Essences forestières du Soudan, *Revue coloniale*, n^{lle} série, 19 et suivants.

même nature, ainsi que cela se voit en France, mais au contraire les forêts sont remplies de variétés de toutes les espèces. De ce fait, l'exploitation présente de sérieuses difficultés.

On peut répartir les forêts en trois zones :

I. — Régions côtières.
II. — Régions moyennes (jusqu'à 700 et 800 mètres d'altitude).
III. — Régions élevées de 800 à 1.300 mètres.

Les principaux bois exportés sont :

L'ébène (azoarina) ; le palissandre (azomainty) ; le palissandre blanc, le palissandre rouge ; le gayac ; le bois de rose ; le santal ; le buis ; le bois de natte ; le teck ; (l'azaina), bois de mâture ; le takamaka, bois dur qui ne se pique ni ne se pourrit jamais ; le palétuvier.

Exportations.

Bois d'ébénisterie.

Années	Quantités	Valeurs
1901	562 tonnes	111.544 fr.
1902	989 —	263.058
1903	2.316 —	564.754
1904	2.244 —	369.734
1905	1.366 —	217.090
1906	1.176 —	158.315

	Bois communs.			Bois de palétuvier.	
Années	Quantités	Valeurs		Quantités	Valeurs
1901	62 tonnes	3.650 fr.		278 tonnes	7.620 fr.
1902	56 —	4.518		988 —	18.709
1903	269 —	89.061		37 —	1.565
1904	681 —	—		18 —	2.100
1905	1.233 —	71.949		— —	—

Mayotte et dépendances. — Les essences forestières de cette colonie présentent beaucoup d'analogie avec celles de Madagascar. Elles sont surtout utilisées pour les besoins locaux.

Ces îles, en effet, n'exportent que peu de bois ainsi que le montrent les chiffres suivants.

Exportations.
Bois de construction.

Années	Quantités	Valeurs
1901	»	»
1902	195 tonnes	87.750 francs
1903	148 —	13.850 —
1904	34 —	2.404 —
1905	Statistiques détruites par un cyclone.	

Indo-Chine. — Les forêts de la Cochinchine s'étendent sur une superficie d'un million d'hectares auxquels il convient d'ajouter environ 100.000 hectares recouvrant les îles du golfe de Siam.

Au Cambodge le domaine forestier peut s'évaluer approximativement au tiers du territoire, soit environ 4 millions d'hectares. Parmi les principales essences, communes d'ailleurs aux forêts de la Cochinchine et du Cambodge, on peut citer :

Le *trac* (Dalbergia) bois rouge dur lourd; le *lim* (Baryxilum); le *sên* (Shorea); le *Dinh* employé surtout pour la construction des pagodes; le *go* (Palmdea) bois dur, difficile à travailler, recherché pour l'ébénisterie.

On peut dire que, dans les forêts de l'Annam, du Tonkin et du Laos, on retrouve à peu près les même bois qu'en Cochinchine et au Cambodge.

A l'exception du teck, les bois de ces pays sont, pour les usages européens, les uns trop durs à travailler, les autres trop mous ou sans résistance, de sorte qu'ils ne sont guère utilisés que sur place. Le bois le plus intéressant du Laos septentrional est le teck, dont on avait nié l'existence.

Exportations.

Années	Quantités	Valeurs
1901	363 tonnes	73.776 francs
1902	202 —	40.447 —
1903	39 —	7.881 —
1904	255 —	50.986 —
1905	132 —	26.409 —

Années	Charbon de bois		Palétuvier	
	Quantités	Valeurs	Quantités	Valeurs
1901	1.974 tonnes	178.297 francs	»	»
1902	2.292 —	343.764 —	»	»
1903	2.027 —	121.634 —	376 tonnes	37.598 francs
1904	2.664 —	105.566 —	103 —	10.257 —
1905	2.570 —	102.818 —	47 —	4.720 —

Nouvelle-Calédonie. — Le bois est l'une des grandes richesses de la colonie. Les essences forestières propres à la construction, à la menuiserie et à l'ébénisterie sont aussi variées que nombreuses et, lorsque le développement économique de la Nouvelle-Calédonie aura pris tout son essor, il est hors de doute que les forêts, encore peu exploités jusqu'à ce jour, offriront des ressources considérables, tant pour les usages locaux que pour l'exportation.

A l'heure actuelle le santal est le seul bois qui soit mentionné dans les exportations de cette colonie.

Exportations.

Bois de santal.

Années	Quantités	Valeurs
1900	47 tonnes	9.932 francs
1901	377 —	95.892 —
1902	123 —	44.166 —
1903	45 —	22.245 —
1904	55 —	30.403 —
1905	150 —	88.246 —

Martinique. — Le seul bois exporté de la Martinique est le campêche, bois de teinture, introduit du Honduras en 1715. Il s'y est facilement multiplié et donne lieu à une exploitation à peu près constante. En 1823, on exportait 1500 tonnes de ce bois de teinture valant 140.000 fr., et, en 1897, on en exportait environ 1550 tonnes valant 125.000 francs.

Exportations.

	Bois d'ébénisterie.		Bois de teinture (campêche).	
Années	Quantités	Valeurs	Quantités	Valeurs
1900	3 t. 214 kg.	580 fr.	357 tonnes	26.458 francs
1901	6, 852	780	271 —	20.908 —
1902	4, 230	1425	283 —	17.589 —
1903	»	»	271 —	15.555 —
1904	19, 024	1382	378 —	21.123 —
1905	1, 240	590	105 —	6.236 —

Guadeloupe. — Cette île exportait il y a quelques années des quantités appréciables de bois en bûches et de bois de teinture. Ces dernières ont été pour ainsi dire nulles en 1905, puisque les statistiques ne mentionnent que 3 tonnes de bois de teinture pour cet exercice, ce qui équivaut à un arrêt dans les exportations de campêche. On sait que dans le bois de campêche, seul le cœur du bois est exporté ; sous l'influence de l'air et de l'humidité, il acquiert une coloration rouge noirâtre, du moins à l'extérieur.

Exportations.

Années	Bois en bûche. Quantités	Valeurs	Bois de teinture (campêche). Quantités	Valeurs
1900	»	»	593 tonnes	31.983 francs
1901	»	»	»	»
1902	94 tonnes	12.800 francs	210 —	21.560 —
1903	200 —	9.776 —	552 —	27.591 —
1904	127 —	9.357 —	280 —	15.410 —
1905	65 —	4.780 —	3 —	1.853 —

Guyane. — Il est peu de pays qui soient aussi riches que la Guyane en essences forestières de valeur.

Des expériences faites comparativement avec quelques-uns des bois de cette colonie et les meilleurs bois d'Europe, ont montré la supériorité des premiers au point de vue de la durée et de la résistance à la rupture.

Des pièces d'angélique, par exemple, employées à côté de semblables pièces de chêne, dans le corps de plusieurs vaisseaux de guerre français, ont été retrouvées à la visite, plusieurs années après, absolument intactes, alors que le chêne était complètement pourri.

Quant à la résistance, elle a été reconnue pour le balata, entre autres, plus de trois fois supérieure à celle du chêne, et près de deux fois supérieure à celle du teck de première qualité.

La difficulté d'exploitation des bois, à la Guyane, réside principalement dans le manque de main-d'œuvre, et dans l'attrait qu'exerce la recherche de l'or sur la population qui cherche à s'employer de préférence dans les placers avec l'espoir de gains élevés et plus faciles.

Exportations.

Années	Bois d'ébénisterie. Quantités.	Valeurs	Bois de rose [1]. Quant. en tonnes	Valeurs
1900	0 t.,889 kg.	80 fr.	243 tonnes	19.416 francs
1901	»	»	21 —	1.648 —
1902	5, 000	775 —	»	»
1903	1, 680	152 —	228 —	18.210 —
1904	16, 885	3.745 —	75 —	6.729 —
1905	1, 470	221 —	110 —	8.250 —

C. CHALOT
Commissaire général-adjoint,
Professeur à l'École supérieure d'Agriculture coloniale.

---

1. Une grande quantité de bois de rose est soumise à la distillation sur place. Voir le groupe III, classe 17.

CLASSE 3

PRODUITS DE LA CULTURE

1re *Section*. — Café, thé, cacao.

2e *Section*. — Condiments, épices et aromates (poivre, vanille, muscade, macis, cannelles, girofle, cardamome, gingembre, curcuma, etc.).

3e *Section*. — Plantes d'un grand emploi alimentaire et plantes fourragères, féculents, etc. (manioc, arrow-root, paddy, maïs, sorgho, mil, haricots et pois divers, pois du Cap, etc.).

4e *Section*. — Plantes oléagineuses (arachide, cocotier ou coprah, ricin, sésame, etc.).

5e *Section*. — Matières textiles, fibres et bourres diverses (coton, jute, ramie, fibre de coco, chanvre de Manille, ananas, agaves et Fourcroya, aloès, sisal, kapok, chouchoute, etc.).

6e *Section*. — Matières tinctoriales et substances tannantes (indigo, rocou, henné, curcuma, bois de sappan, campêche, canaigre, etc.).

7e *Section*. — Produits pharmaceutiques.

8e *Section*. — Tabac en feuilles et masticatoires (bétel, noix d'arec, etc.).

1re Section. Café, thé, cacao.

Café

Caféier d'Arabie.

Le caféier le plus anciennement cultivé est le caféier d'Arabie (*Coffea arabica* L., famille des Rubiacées) ; c'est un petit arbre de 7 à 8 mètres de hauteur au maximum. Son fruit, communément appelé cerise, est une drupe ovoïde dont l'exposition coloniale réunissait de nombreux spécimens ; elle est, à la maturité, rouge, jaune ou blanche selon les variétés (*vermelho*, de l'Amérique centrale, *amarello* du Brésil, *leucocarpa* de de Sierra-Leone, etc.). Le *Coffea arabica* typique est le caféier dit de *Moka*.

Les fruits contiennent deux noyaux seulement parcheminés renfermant chacun une graine qui, débarrassée de son mince tégument, constitue le grain de café. Encore enveloppée de son noyau parcheminé, la graine extraite du fruit est ce qu'on appelle le café en parche.

Le caféier d'Arabie est une plante tropicale, mais il est néanmoins sensible aux températures un peu élevées. Aussi sa culture est-elle délicate. D'après M. Henri Lecomte, il exige une température moyenne comprise entre 15 et 25°. Il ne résiste pas aux gelées et, sans être aussi sensible à l'ardeur du soleil tropical que le cacaoyer que nous allons étudier bientôt, il prospère mieux à l'ombre d'autres arbres. Il préfère les régions ventilées, tandis que les bas-fonds ne lui conviennent pas ; on le trouve entre 600 et 1.200 mètres d'altitude. Si un climat trop longtemps humide est préjudiciable à la qualité du café, les régions à pluies d'été lui sont favorables. Enfin, le caféier a des exigences au point de vue du sol..Il lui faut 1 mètre de profondeur de terre, de la potasse, de l'acide phosphorique, de l'oxyde de fer.

Un caféier.
Extrait de l'*Empire colonial de la France*.

Pour l'établissement d'une caféière on s'inspire des exigences que nous venons d'indiquer sommairement.

Dans certains pays, comme au Brésil par exemple, on n'ombrage généralement pas. Mais on abrite dans l'Inde, au Coorg, au Mysore, à Java et dans d'autres contrées encore. C'est le climat qui indique la règle à suivre.

On choisit comme arbres-arbris des *Erythrina*, des *Inga*, des *Abbizzia*, des *Cœsalpinia*, des *Cassia*, etc., comme lorsqu'il s'agit du cacaoyer.

Coffea arabica.

Cliché Em. Prudhomme.

Généralement les plantations sont réalisées à l'aide de sujets provenant de semis faits en pépinière et le caféier est entretenu par des sarclages, des binages, des tailles et des fumages.

C'est vers trois ans qu'apparaissent les premières fleurs et entre six et huit ans que l'arbre est en plein rapport. Il se maintient généralement jusqu'à 20 ou 30 ans. Ensuite le rendement diminue si vite qu'il y a souvent avantage à renouveler les plantations.

La maturité du fruit est complète environ huit mois après la floraison, dont l'époque diffère suivant les contrées.

Les rendements en café sont variables, mais on peut admettre qu'ils ne dépassent guère en moyenne 450 gr. par pied et par an.

Préparation. — Après la cueillette, les graines doivent être extraites des fruits.

Usine à décortiquer le café des plantations Schmidt.
Le café arrive par le haut du bâtiment.

Un dispositif tout à fait rudimentaire est encore usité à cet effet aux Antilles. Les fruits placés dans une trémie tombent entre un cylindre recouvert d'une lame de cuivre formant râpe et deux barres de bois. Ils ne peuvent passer entre ces deux barres sans être déchiquetés. Un crible reçoit les graines tandis que la pulpe est chassée par le cylindre. L'opération est facilitée par l'écoulement d'un mince filet d'eau.

Le crible est légèrement incliné et soumis à un mouvement de trépidation. Le diamètre des trous est tel que les graines seules puissent passer. Dans ces conditions les fruits mal dépulpés se réunissent sur les bords. On les soumet à une nouvelle opération.

Pour enlever les débris de pulpe attachés aux graines, on lave celles-ci et on les fait ensuite sécher au soleil, soit sur des terrasses, soit dans des tiroirs que l'on peut rentrer rapidement en cas de mauvais temps.

Le café ainsi préparé est dit café en parche. Il faut éliminer et cette parche et le tégument. On opère à l'aide de pilons mécaniques qui n'aboutissent pas au fond des mortiers. Le café, après ce traitement, est dit bonifié. Il est finalement soumis au vannage, au triage et à l'empaquetage.

Presque partout ailleurs qu'aux Antilles, l'outillage est plus perfectionné. On opère à l'aide de deux méthodes différentes la préparation. L'une de ces méthodes est dite par voie sèche, l'autre par voie humide.

La première a l'avantage d'être plus simple, la seconde celui de donner un produit plus fin.

La méthode par voie humide comprend la série d'opérations suivantes : 1° le dépulpage à l'aide d'appareils à cylindres ou d'appareils à disques ; 2° la fermentation pendant 40 à 60 heures, dans des cuves ou des citernes en ciment, pour faciliter la désagrégation des débris de pulpes restés adhérents à la parche ; 3° le lavage dans des bassins où les graines sont remuées à l'aide de rateaux à main ou de palettes automatiques ; 4° le séchage, à l'air libre (8 jours au soleil) ou bien à air chaud, à 55 ou 60° (1 jour 1/2) ; ou bien encore sous l'action combinée de la chaleur et du vide ; 5° la décortication, qui a pour but l'enlèvement de la parche ; elle est pratiquée soit par battage au mortier, soit, pour les opérations en grand, à l'aide de dispositifs mécaniques spéciaux ; 6° le polissage, dont l'objet est la séparation du tégument de la graine et qu'on opère à l'aide d'une hélice à couteaux tournant dans un cylindre (on peut opérer en même temps la décortication et le polissage à l'aide d'appareils combinés à cet effet) ; 7° le triage mécanique basé sur la grosseur et la forme des graines.

Ces cafés sont ensuite emballés en sacs ou en barriques.

De plus en plus, le café est expédié, après la 4° opération, en Europe où se font la décortication, le polissage et le triage. Il y a à cela un réel intérêt, car le grain protégé par sa parche se conserve mieux pendant le transport.

La méthode par voie sèche, qui est pratiquée en Arabie et au Brésil, consiste à faire sécher les fruits au soleil ou en magasin, à procéder ensuite à la décortication et au polissage. Les grains sont, finalement, vannés et triés.

Maladies du caféier. — Nous avons signalé les exigences du caféier en ce qui concerne sa culture. Aux difficultés qui en résultent s'ajoute une autre difficulté, celle relative à la protection des plantes contre leurs nombreux ennemis : insectes ou champignons. Le Dr DELACROIX[1] a traité cette intéressante question avec toute son autorité et nous renverrons à son excellent ouvrage les lecteurs désireux d'avoir des renseignements plus complets.

Parmi les maladies du caféier, nous mentionnerons seulement celle que produit l'*Hemileia vastatrix*, champignon de la famille des Urédinées, qui a causé de si grands ravages.

Caféier de Libéria.

Le *Coffea liberica* Hiern. est un arbre de 10 à 12 mètres de hauteur auquel, depuis l'invasion de l'*Hemileia*, on a donné la préférence dans beaucoup de pays. Cette espèce n'est cependant pas indemne de la maladie, mais elle lui oppose une résistance plus grande à cause de son exceptionnelle vigueur.

Le caféier de Libéria est plus précoce que le caféier d'Arabie : il fleurit à 18 mois et fournit une récolte la 3e année. Il est plus productif : un pied peut donner tous les ans 1 k. à 1 k. 500 de café. Sa durée est plus longue.

Malheureusement, le café qu'il donne, bien que possédant des qualités réelles, n'a pas trouvé sur les principaux marchés un accueil très favorable.

Les baies du caféier de Libéria sont, ainsi qu'on pouvait le constater à l'exposition coloniale dans différents pavillons, deux fois plus grosses que celles du caféier d'Arabie.

Contrairement à ce qui a lieu pour cette dernière espèce, le caféier de Libéria, originaire de la côte occidentale d'Afrique (Sierra-Leone et Libéria), ne prospère qu'à des altitudes inférieures à 500 ou 600 mètres.

La dessiccation du fruit étant assez lente on opère généralement par voie humide pour préparer le grain de café.

Caféier de Rio-Nunez.

Depuis un certain nombre d'années d'intéressants essais ont été poursuivis relatifs à la culture de ce caféier (*Coffea stenophylla* Don.) qui présente, comme le caféier de Libéria, une grande vigueur de végétation et qui fournit un café de qualité supérieure, avec un arome particulier apprécié par les connaisseurs.

Production et commerce du café.

Le *Brésil* produit à lui seul plus de la moitié de la récolte mondiale de café

[1]. Dr DELACROIX, Les maladies et les ennemis des caféiers. Paris. 1900.

Cliché Em. Prudhomme.
Fleurs et fruits de Caféier de Libéria.

(cette récolte mondiale dépasse 800.000 tonnes). Durant ces dernières années cette contrée a traversé une crise assez aiguë, provoquée par la baisse des prix du café et l'insuffisance de ses débouchés. Aussi des mesures ont-elles été mises à l'étude dans le but d'améliorer la situation. Il s'agit de prohiber l'exportation des cafés de qualité inférieure, de poursuivre énergiquement la fraude et d'organiser au dehors une propagande active.

Nous allons étudier succinctement la question de la production du café dans les colonies françaises.

Les cafés coloniaux (d'importation directe) payent à leur entrée en France le droit du tarif minimum diminué de 78 fr., soit 58 fr. les 100 kil. net. Les cafés torréfiés et moulus sont soumis à la moitié des droits du tarif métropolitain.

Sénégal. — Du Sénégal (Sénégal, Haut-Sénégal et Niger), on a exporté 204 kil. de café (valeur 257 fr.) en 1905.

Guinée française. — La Guinée française exporte une certaine quantité de café, ainsi que l'indique le tableau suivant :

Années	Valeurs en francs	Années	Poids	Valeurs en francs
1900	2.722	1903	—	1.450
1901	1.419	1904	—	3.700
1902	2.156	1905	0 t. 454 kg.	908

Les exportations dans les dix premiers mois de 1906 n'ont pas dépassé 232 kil.

Côte d'Ivoire. — Les plantations sont d'origine récente. La Côte d'Ivoire a été pendant longtemps la seule colonie française de la côte occidentale d'Afrique exportant des quantités assez importantes de café. En 1905, les exportations de cette denrée ont sensiblement diminué, ce qui peut s'expliquer par le prix de revient élevé de ce produit qui, même en bénéficiant d'un régime de faveur, ne peut lutter que difficilement contre la production étrangère. Le fléchissement des exportations correspond à la période aiguë de la crise subie par les cafés du Brésil. Voici, depuis 1900, les chiffres des exportations de cafés.

Années	Poids en tonnes	Valeurs en francs	Années	Poids en tonnes	Valeurs en francs
1900	25	61.805	1903	76	75.662
1901	72	71.865	1904	71	71.278
1902	64	63.611	1905	29	32.601

Dahomey. — Exportations très rares : 516 kilog. (1.032 fr.) en 1902. Pas de mention les années suivantes.

Congo. — Le caféier est très répandu dans les forêts du Congo ; M. Dybowski l'a rencontré dans l'Oubangui, M. de la Kéthulle sur le Bomu, M. Laurent, sur le Lualaba, M. Dewevre, sur la Lomami, M. H. Lecomte, près de la Loémé et dans les forêts du Kouilou.

Les plantations de caféiers ne se développeront pas au Congo. En effet le café, provenant principalement du bassin conventionnel, ne bénéficie pas à l'entrée en France du demi-droit, mais, d'après le décret du 22 avril 1899, seulement d'une détaxe de 12 francs sur le tarif minimum métropolitain, jusqu'à concurrence de la quantité fixée (droit exigible 124 francs), ce qui place les planteurs dans une situation désavantageuse. Nous donnons dans le tableau suivant les valeurs des exportations depuis l'année 1900.

Années	Poids en tonnes	Valeurs en francs	Années	Poids en tonnes	Valeurs en francs
1900	43	47.752	1903	38	30.395
1901	42	31.808	1904	17	12.363
1902	30	23.294	1905	34	23.532

Madagascar. — Les exportations de café ont subi une progression régulière. Des envois d'espèces nouvelles résistant à l'Hemileia, faites aux stations d'essais par le Jardin colonial, permettront d'étendre cette culture, si les circonstances économiques qui exercent leur influence sur le marché de ce produit n'y mettent pas obstacle. En 1899 et même en 1900, Madagascar n'exportait pas encore de café ; depuis, les importations de cette denrée ont pris successivement les valeurs suivantes :

Années	Poids	Valeurs en francs	Années	Poids en tonnes	Valeurs en francs
1901	0 t. 117 kg.	189	1904	6	10.378
1902	0 670	1.131	1905	26	46.443
1903	1 407	3.041	1906	60	95.023

Réunion. — La culture du café fut jadis prospère à la Réunion. Elle fournit 3.000 tonnes en 1817. Depuis elle a considérablement décliné. Nous donnons un aperçu des variations subies par les chiffres des exportations depuis 1817 jusqu'à ces dernières années.

Années	Poids en tonnes		Années	Poids en tonnes	Valeurs en francs
1817	3.000		1898	103	—
1845	665		1900	11	32.948
1865	368		1901	70	189.244
1871-75	(moyenne annuelle) 376		1902	103	260.609
1886-90	(moyenne annuelle) 234		1903	52	132.076
1891-95	(moyenne annuelle) 155		1904	26	66.919
1896	44		1905	»	»

La presque totalité du café de la Réunion est expédiée en France. Le port de Nantes en reçoit la plus grande quantité.

Le café de Libéria a été introduit dans la colonie. On rencontre à la Réunion, deux variétés de *Coffea arabica* L.

Mayotte et Comores. — Les chiffres des exportations de café, durant ces dernières années, ont été les suivants [1] :

Années	Poids en tonnes	Valeurs en francs	Années	Poids en tonnes	Valeurs en francs
1901	5	14.800	1903	83	—
1902	16	21.835	1904	9	13.477

Côte des Somalis. — Voici les exportations du port de Djibouti, mais il est impossible de faire la part du territoire français :

Années	Poids en tonnes	Valeurs en francs	Années	Poids en tonnes	Valeurs en francs
1900	20	30.328	1903	1.712	2.311.515
1901	781	1.171.858	1904	2.572	3.472.010
1902	2.134	3.736.096	1905	2.628	3.547.434
			1906	2.289	3.435.001

Établissements français de l'Inde. — Le caféier n'est cultivé que dans quelques jardins à Pondichéry et à Karikal, mais il prospère bien sur les montagnes de Salem d'où les cafés sont transportés à Pondichéry et sont employés pour la consommation. Le surplus est quelquefois envoyé en France où il est estimé. Depuis 1900, nous ne trouvons qu'en 1901, mention d'une exportation de café de nos établissements de l'Inde (pour 2.408 fr.).

1. Les statistiques de 1905, détruites par un cyclone, n'ont pu être reconstituées.

Indo-Chine. — Des essais de culture de caféier de Libéria ont donné déjà des résultats. Voici les chiffres des exportations de café d'Indo-Chine :

Années	Poids en tonnes	Valeurs en francs	Années	Poids en tonnes	Valeurs en francs
1901	3	6.196	1904	145	349.022
1902	15	35.352	1905	178	426.394
1903	13	32.299			

On voit que les exportations augmentent rapidement.

Nouvelle-Calédonie. — La Nouvelle-Calédonie est une colonie à café. Elle est précisément située à la même latitude que les meilleures régions de culture du café au Brésil. Les exportations, qui avaient suivi une marche régulièrement ascendante jusqu'à 1903, ont décru depuis. Cette diminution peut être attribuée à la baisse des prix. Les planteurs hésitent, dans ces conditions, à augmenter leurs exploitations, d'autant que la main-d'œuvre est rare dans la colonie. Il est à souhaiter qu'une prochaine détaxe des cafés coloniaux, dont le projet a été déposé récemment sur le bureau de la Chambre des députés par MM. Guieysse et Thierry, favorise le développement du caféier dans nos possessions et en particulier en Nouvelle-Calédonie où les conditions naturelles sont excellentes. Pour fixer les idées, nous indiquons l'importance des exportations depuis 1896.

Années	Poids en tonnes	Valeurs en francs	Années	Poids en tonnes	Valeurs en francs
1896	208	—	1902	548	955.938
1897	253	—	1903	626	1.036.741
1898	342	—	1904	346	584.035
1900	276	555.605	1905	295	500.258
1901	443	879.455			

Établissements français de l'Océanie. — A Tahiti la production est utilisée pour la consommation locale et une faible proportion est expédiée en France.

Années	Poids	Valeurs en francs	Années	Poids	Valeurs en francs
1900	0 t. 106 kg.	159	1903	0 t. 174 kg.	261
1901	0 224	337	1904	0 128	192
1902	0 516	774	1905	»	»

Martinique. — Le premier pied de café fut transporté à la **Martinique** par le capitaine de Clieux en 1723. Les plantations de cacaoyer ayant été détruites en 1727 par un effroyable cataclysme, comme celui qui se produisit à nouveau en 1902, la culture du caféier fut entreprise pour les remplacer.

En 1789 la production annuelle s'élevait à 3.500 tonnes. Mais cette culture fut négligée plus tard en faveur de celle de la canne à sucre et l'on a pu voir les exportations diminuer considérablement ainsi que l'indique le tableau ci-dessous :

Années		Poids en tonnes	Années	Poids		Valeurs en francs
1821-1830	(moyenne annuelle)	762	1897	1 t.		—
1831-1840	—	425	1900	2 t.	440 kg	6.929
1841-1850	—	173	1901	4	496	11.667
1851-1860	—	62	1902	4	183	7.684
1861-1870	—	26	1903	1	017	2.127
1871-1880	—	8	1904	1	499	3.108
1891		2	1905	0	809	1.674
1894		3	1906	2	654	—

On voit que les exportations actuelles sont extrêmement réduites. Il est vrai que les plantations de la colonie produisent du café pour la consommation locale.

Guadeloupe. — Le café est un des grands produits d'exportation de la Guadeloupe. C'est de la Martinique que le caféier fut transporté à Saint-Domingue et à la Guadeloupe. Après avoir été extrêmement prospère, cette culture est devenue moins importante et a cédé le pas à celle de la canne à sucre. C'est surtout le caféier d'Arabie que l'on rencontre à la Guadeloupe. Cependant il y existe aussi quelques plantations de caféiers de Libéria. Depuis 1816 les exportations de café de la Guadeloupe ont subi les variations qu'indique le tableau-ci-dessous :

Années		Poids en tonnes	Années		Poids en tonnes	Valeurs en francs
1816-1820	(moyenne annuelle)	957	1890-1900	(moyenne annuelle)	555	
1821-1830	—	1.050	1901		657	1.559.666
1831-1840	—	682	1902		759	1.733.771
1841-1850	—	286	1903		746	1.591.988
1851-1860	—	258	1904		522	1.198.947
1861-1870	—	315	1905		830	1.814.305
1871-1880	—	380	1906		773	1.703.107
1881-1890	—	430				

Guyane. — La Guyane a produit jadis des quantités assez importantes de café. Elle en a exporté jusqu'à 136 tonnes (en 1869). Aujourd'hui il arrive que ce produit ne suffit pas pour la consommation locale. C'est ainsi que, en 1901, 1902 et 1903, le café ne fut pas signalé dans les statistiques. Mais des plantations ont été entreprises dans les pénitenciers et on voit réapparaître cette denrée dans les statistiques de 1904 et des années suivantes.

Exportations :

Années	Poids	Valeurs en francs	Années	Poids	Valeurs en francs
1900	0 t. 076 kg.	114	1904	0 t. 160 kg.	480
1901	—	—	1905	0 552	1.044
1902	—	—	5 premiers mois de 1906	0 199	—
1903	—	—			

Le café à l'Exposition coloniale. — De nombreux exposants des diverses colonies, et principalement de la Nouvelle-Calédonie et de Madagascar, présentaient des échantillons variés de cafés. En particulier, au pavillon de la Nouvelle-Calédonie, le visiteur pouvait déguster l'excellent produit de la Compagnie française des cafés calédoniens servi par des Canaques.

Dans le pavillon de l'Indo-Chine, on voyait des cafés en parches, en cerises, décortiqués (cafés d'Arabie et cafés de Libéria).

La Guinée, le Congo, Madagascar, la Réunion, les Comores, la Guadeloupe offraient aussi les plus beaux échantillons de cette précieuse denrée. Dans le pavillon de Madagascar, le café était présenté sous ses différents aspects : plante, fleur, fruits frais et fruits décortiqués, différentes espèces : café d'Arabie, café de Libéria, etc.

Il ne faut, enfin, pas omettre de mentionner les superbes spécimens de caféiers de diverses espèces des serres du Jardin colonial.

Bibliographie. — A. Lecomte, Le Café, Paris, 1900. — E. Pierrot, Culture pratique et rationnelle du caféier, Paris, 1906. — Fauchère, Culture pratique du caféier et préparation du café (*Bull. du Jardin colonial*, nos 39 à 45). — Raoul, Culture du caféier, Paris, 1897. — Boutilly, Le caféier de Libéria, Paris, 1900. — Dafert (traduction A. Couturier), Principes de culture rationnelle du Café au Brésil, Paris, 1900. — A. Rigaud, Traité pratique de la culture du café dans la région centrale de Madagascar, Paris, 1896. — Dr G. Delacroix, Les maladies et les ennemis des caféiers, Paris, 1900. — J. Buis, L'Hemileia et l'avenir du caféier à Madagascar et à la Réunion, Paris, 1907.

Cliché Pennot.
Coffea canephora var. opaca (des Serres du Jardin colonial).
Extrait du *Bulletin du Jardin colonial.*

Thé

Le thé (*Thea sinensis* Sims) est un arbrisseau de la famille des Ternstrœmiacées, toujours vert qui, à l'état sauvage, peut atteindre 8 à 10 mètres de hauteur. Mais dans les contrées où il est cultivé, comme à Ceylan, les pieds les plus hauts, réservés comme porte-graines, dépassent rarement 3 mètres.

Les deux principales variétés de théier sont celles d'Assam et de Chine. Le théier d'Assam croît plus rapidement que celui de Chine. Il produit plus vite et plus abondamment. Mais à côté de ces avantages, le premier présente l'inconvénient d'être moins robuste et de culture plus difficile que le second. Aussi cultive-t-on surtout des hybrides des deux variétés en question.

L'arbre à thé se multiplie par graine. Une opération de première importance est celle de la taille qui accroît le nombre des jeunes pousses et, dès lors, des jeunes feuilles.

La première récolte de feuilles a lieu après la taille de trois ans et demi ; elle est effectuée très méthodiquement en ne prenant que le bourgeon terminal et les premières feuilles. La cueillette dure toute l'année à Ceylan en repassant sur le même point tous les 7 à 10 jours.

Très longue est la durée des sujets exploités : on connaît des plantations de plus de cinquante ans qui sont encore en pleine prospérité. Un pied produit, en moyenne, à partir de la sixième année, environ 65 grammes de thé préparé.

Préparation. — La récolte effectuée, les feuilles de thé sont soumises aux opérations suivantes : flétrissage, enroulage, fermentation, séchage et triage.

Le flétrissage a pour but d'assouplir les feuilles de façon qu'elles puissent être enroulées sans rupture. On opère par étalage des feuilles sur des toiles tendues dans des greniers bien éclairés et aérés, et l'on remue de temps à autre pour éviter la fermentation. Quand la feuille devient brune et gluante l'opération est terminée.

L'enroulage peut être fait, et c'est ainsi qu'opèrent les Chinois, par friction entre les deux mains qu'on déplace tantôt circulairement, tantôt transversalement. A Ceylan et à Java cette opération est effectuée mécaniquement.

Une légère fermentation, dans un endroit frais, débarrasse les feuilles de leurs principes acres.

Dans certaines régions la fermentation est suivie d'un nouvel enroulage, mais c'est exceptionnel.

Le séchage peut être obtenu (méthode ancienne) sur une toile métallique, à l'aide d'un feu de charbon de bois. Mais aujourd'hui on fait généralement usage d'étuves sèches métalliques.

Cliché EM. PRUDHOMME.
Théier.
Cliché communiqué par le Comité de Madagascar.

Des tamis de différents calibres mus à la main ou mécaniquement permettent d'effectuer le triage. On sépare ainsi diverses sortes commerciales : broken pekoé ou orange pekoe; pekoe ; pekoe souchong; coujou; résidus.

Ces différentes sortes sont emballées dans des caisses doublées de zinc et fermées hermétiquement.

Les thés verts et les thés noirs ne diffèrent que par le mode de préparation, les thés noirs étant tout d'abord soumis à l'action du soleil et malaxés à la main avant de subir la torréfaction qui est commune aux deux sortes de thés. Les thés verts sont au contraire torréfiés immédiatement

Cliché Em. Prudhomme.

Plantation de Théiers à Ceylan.
Cliché communiqué par la *Revue des Cultures coloniales*.

après la cueillette. Pour rendre la coloration verte plus vive et plus uniforme, les Chinois ajoutent souvent un peu d'indigo et de sulfate de chaux; ce dernier produit fixe la couleur.

Maladies du théier. — Le théier a de nombreux ennemis qui, heureusement, ne sont pour la plupart pas dangereux. Toutefois, un hémiptère, l'*Helopeltis Antonii*, cause de réels dégâts à Ceylan et à Java, en dévorant les feuilles. Le meilleur moyen de destruction est la chasse acharnée.

Production et commerce du thé.

L'un des principaux pays de production est la Chine qui exporte annuellement environ 120.000.000 de livres de thé dont la moitié est consommée par la Russie.

Le Japon en exporte bien 30.000 tonnes par an, sans compter Formose qui en produit environ 10.000 tonnes.

L'Angleterre absorbe la presque totalité de la production des Indes anglaises qui est considérable, pas moins de 160.000.000 de livres.

Depuis la destruction de ses plantations de café par l'*Hemileia*, Ceylan a vu se développer la culture du thé. Et actuellement les exportations de cette île atteignent environ 60.000 tonnes.

Java exporte environ la dixième partie de ce qu'exporte Ceylan.

Les autres pays producteurs de thé sont : Natal, les îles Fidji, etc.

Colonies françaises. — Peu de nos colonies exportent du thé.

L'*Indo-Chine* en consomme de grandes quantités. De plus l'arbre à thé y pousse parfaitement. La culture en a été développée et les exportations, inexistantes avant 1897, ont progressé constamment, ainsi que l'indiquent les nombres inscrits dans le tableau suivant :

Années	Poids en tonnes	Valeurs en francs	Années	Poids en tonnes	Valeurs en francs
1897	10	—	1903	168	386.249
1898	33	—	1904	327	817.460
1901	159	391.228	1905	224	559.472
1902	163	408.522			

Néanmoins on importe encore tous les ans, pour la Cochinchine surtout, de 1200 à 1500 tonnes de provenance chinoise.

A la *Réunion* des plantations furent tentées en 1858 par Perrotet, puis abandonnées. Elles ont été reprises sur les terrains du Crédit foncier colonial. Durant ces dernières années on a pu enregistrer quelques exportations de thé :

Années	Poids	Valeurs en francs	Années	Poids	Valeurs en francs
1900	0 t. 013 kg.	52	1903	0 t. 030 kg.	187
1901	2 696	13.480	1904	1 012	9.790
1902	—	—	1905	1 858	9.290

D'autres colonies françaises, comme Madagascar et la Nouvelle-Calédonie, pourraient produire du thé.

Pays de consommation. — Voici, classés d'après leur consommation par tête d'habitant, les divers pays qui reçoivent les thés exportés : Australie, Grande-Bretagne, États-Unis d'Amérique, Hollande, Russie, Allemagne, Autriche, France, Belgique.

En France on peut évaluer à plus de 1.000 tonnes la consommation annuelle de thé. Cette consommation, d'ailleurs, augmente d'une façon à peu près continue. L'Indo-Chine n'en fournit que le tiers à peine, mais sa part est appelée à grandir.

Le thé à l'Exposition coloniale. — Dans le pavillon de l'Indo-Chine les thés occupaient une place intéressante : thé de l'Annam (Union commerciale indo-chinoise, compagnie Lombard), thé vert, thé noir, thé sauvage ; thé préparé, feuilles, fleurs et graines de thé. On pouvait voir également des thés de Madagascar. Ajoutons une mention pour l'intéressante exposition de MM. Digonnet et Cie et pour les tablettes de thé comprimé et les essences de thé de la maison Guieu, préparées par M. Bernard.

Bibliographie. — A. Neuville, Technologie du thé, Paris 1905. — V. Boutilly, Le thé, Paris, 1898. — Guigon, Le thé (manuel de l'Importateur), Paris, 1901. — Coulombier, L'arbre à thé, Paris, 1900. — A. Demersay, Étude économique sur le maté ou thé du Paraguay, Paris, 1867. — Perrot et Goris, La fleur de thé (*Bull. Jardin colonial*, 1907, n° 47, p. 165).

Cacao

Le cacaoyer, qui pousse à l'état sauvage dans les forêts de l'Amérique centrale, était cultivé par les Indiens bien avant la découverte du nouveau monde. Ce n'est que vers la fin du xviie siècle qu'il fut importé en Espagne et de là en France. Son usage, très restreint à l'origine, a pris aujourd'hui une importance considérable.

A quelques exceptions près, le vrai cacaoyer partout cultivé est le *Theobroma Cacao* L. (famille des Malvacées) qui est le plus anciennement connu.

L'arbre, qui atteint 8-10 mètres de hauteur à l'état sauvage, est de taille plus réduite quand il est cultivé. Il exige un climat chaud et humide, de préférence les vallées. Les plants sont obtenus à l'aide de graines qui germent très rapidement ; lors de la transplantation, il faut laisser entre chaque pied une distance de 3 mètres au moins.

L'ombre étant indispensable à la croissance du cacaoyer, il est nécessaire, pendant la première période de la végétation, d'intercaler d'autres arbres destinés à abriter les jeunes plants : le bananier donne, à ce point de vue, d'excellents résultats. Pour un ombrage permanent, on emploie, à Trinidad, l'immortelle, appelée aussi « mère du cacaoyer ».

La taille du cacaoyer est une condition rigoureuse pour obtenir une bonne récolte ; il faut éviter de laisser l'arbre s'élever outre mesure ; il faut aussi empêcher la production alors qu'il est trop jeune.

Cliché Fauchère.
Jeune cacaoyer.

Ce n'est qu'à partir de la cinquième année que les jeunes plants commencent réellement de produire, mais une plantation n'atteint son plein rapport qu'après 7 à 10 ans.

Le fruit, vulgairement appelé *cabosse*, est une baie peu charnue, rouge ou jaune selon les variétés, ovoïde, de 12-20 centimètres de longueur, sur 6-10 centimètres d'épaisseur, marquée de dix côtes longitudinales. L'intérieur est formé d'une pulpe blanche ou jaunâtre qui englobe 20-40 graines transversalement disposées. Ce sont ces graines (fèves) qui constituent le cacao du commerce.

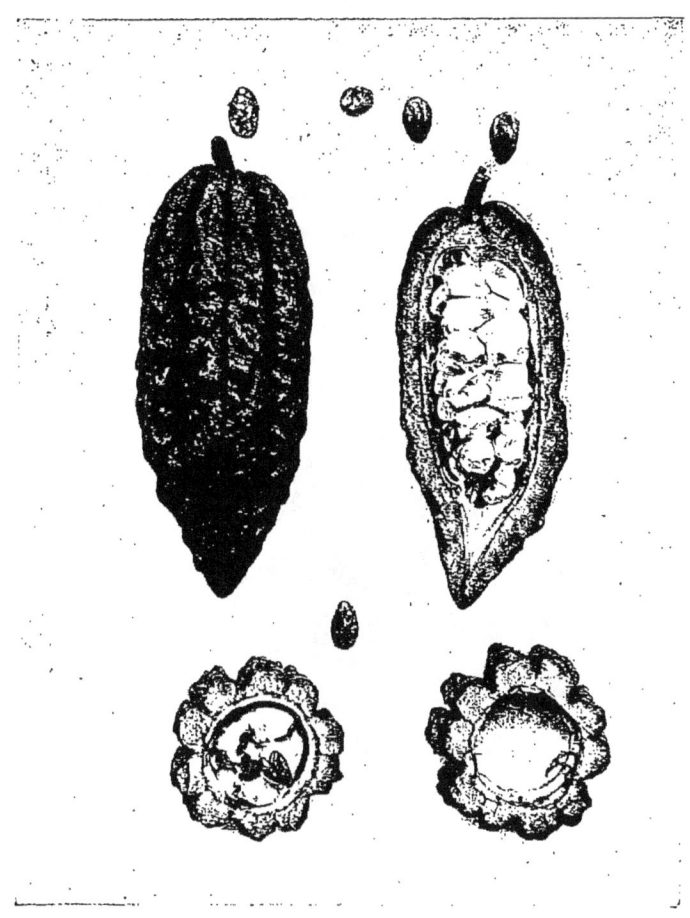

Cliché Fauchère.
Cabosses du cacao de Madagascar.

La récolte se fait à peu près toute l'année. Le fruit est coupé à l'arbre avec un instrument spécial appelé croc à cacao.

Préparation du cacao. — Les cabosses sont écossées aussitôt après leur cueillette, et les graines extraites sont soumises à l'importante opération de la fermentation, qui a pour but de réduire la proportion des matières astringentes et de débarrasser la graine de la pulpe qui restait adhérente.

Cliché Fauchère.
Cabosses de cacao.
Extrait du *Bulletin du Jardin colonial*.

Après la fermentation, dans quelques contrées comme Ceylan et le Cameroun, les graines sont lavées et séchées ensuite, mais le plus souvent on procède aussitôt au séchage. Le séchage est effectué au soleil ou au moyen de l'air chaud. Quelquefois, comme cela a lieu au Venezuela, les fèves de cacao sont soumises au terrage, c'est-à-dire roulées sur une toile dans de la terre rouge ou de la brique pilée, pour leur donner une belle coloration.

Finalement on trie les fèves et on les emballe.

Maladies du cacaoyer. — Les maladies du cacaoyer sont généralement peu graves. Elles sont dues aux insectes ou aux cryptogames. L'ennemi le plus redoutable est, à Ceylan et à Java, l'*Helopeltis Antonii* dont nous avons signalé les ravages causés à l'arbre à thé.

Production et commerce du cacao.

D'après M. Aug. CHEVALIER [1] la production mondiale du cacao est la suivante :

Pays producteurs	Poids en tonnes	
	Année 1903	Année 1904
Équateur	23.238	19.560
San Thomé	22.451	6.135
Brésil	21.738	10.148
Trinidad	14.856	10.252
Venezuela	12.451	6.924
Saint-Domingue	6.250	1.975
Grenade	6.250	3.980
Ceylan	3.575	1.415
Gold Coast	2.297	9
Surinam	2.225	3.249
Haïti	2.175	1.000
Cuba	2.025	650
Jamaïque	1.650	650
Indes néerlandaises	1.458	724
Martinique et Guadeloupe	1.050	695
Cameroun	800	135
Autres pays	1.500	791
Total.......	125.989	69.095

L'exportation est à peu près proportionnelle à la production. L'Équateur, Trinidad, le Brésil, San Thomé, Grenade, viennent en tête. Mais l'accroissement le plus considérable durant les dernières années provient

---

[1]. Aug. CHEVALIER, *Annales de Géographie*, 15 juillet 1906.

Clichés Fauchère.

Séance de terrage du cacao à Trinidad.

des colonies africaines : Gold Coast, Cameroun et San Thomé. Comme pour le coton, le café, le caoutchouc, les nations européennes essayent, de cette façon, de lutter contre la concurrence américaine. Et il faut reconnaître que les Anglais à Gold Coast et les Portugais aux îles Principe et San Thomé ont obtenu d'excellents résultats.

Colonies françaises. — Notre production de cacao est encore relativement très faible, ainsi que vont l'indiquer les statistiques qui suivront. Et cependant plusieurs d'entre elles présentent des conditions favo-

Cliché FAUCHÈRE.
Séchoir à Cacao à Surinam.

rables à cette culture, entre autres la Guyane, les Antilles, le Congo, la côte est de Madagascar.

A son entrée en France le cacao d'importation directe des colonies paye la moitié des droits du tarif métropolitain.

La *Côte d'Ivoire* a exporté ces dernières années, de faibles quantités de cacao. C'est néanmoins un résultat intéressant, car il montre la possibilité d'obtenir, dans la colonie, du cacao en quantité plus importante. D'ailleurs la colonie anglaise voisine, la Gold Coast, compte, comme nous venons de l'indiquer, parmi les pays africains producteurs de cacao.

Années	Poids	Valeurs en francs	Années	Poids	Valeurs en francs
1900	0 t. 055 kg.	55	1903	0 t. 623 kg.	623
1901	0 135	135	1904	0 980	980
1902	0 238	238	1905	2 165	2.165

Au *Congo français*[1], les colons furent encouragés par les résultats obtenus à San Thomé et les premières cultures du Jardin d'essais de Libreville furent faites au sud de la colonie, dans la plantation de Cayo, sur le lac du même nom, près de la rivière Loémé. Aujourd'hui les exploitations se sont développées, mais elles sont encore trop récentes pour donner leur plein rendement. Elles ne tarderont certainement pas à faire monter sensiblement le chiffre des exportations de cacao. De nombreuses importations de variétés de choix ont été faites dès 1898 par M. C. Chalot et ensuite par les soins du Jardin colonial. Presque toutes les plantations en rapport se trouvent dans la colonie du Gabon, ce qui permet au produit de bénéficier du demi-droit.

Les exportations de cacao du Congo français à partir de 1900 sont indiquées dans le tableau suivant :

Années	Poids en tonnes	Valeurs en francs	Années	Poids en tonnes	Valeurs en francs
1900	14	29.031	1903	50	73.068
1901	47	62.213	1904	91	116.933
1902	58	68.285	1905	51	67.647

Les cacaos du bassin conventionnel du Congo sont, à leur entrée en France, l'objet d'une détaxe de 9 fr. sur le tarif métropolitain, jusqu'à concurrence de la quantité fixée (droit exigible 95 fr.).

A *Madagascar* la culture du cacaoyer paraît appelée à prendre un développement important. Les exportations de cacao ont été les suivantes :

Années	Poids en tonnes	Valeurs en francs	Années	Poids en tonnes	Valeurs en francs
1901	7	23.021	1904	19	38.472
1902	23	43.787	1905	6	12.260
1903	14	23.787	Premier trimestre de 1906.	13	21.222

La culture de la canne à sucre s'était, à la *Réunion*, substituée à celle du cacaoyer. Mais il existe encore quelques plantations qui fournissent

---

1. Voir à ce sujet les intéressantes remarques de M. Fernand Rouget, dans son ouvrage, *L'Expansion coloniale au Congo Français*, p. 871.

une excellente qualité de cacao. Voici quelques chiffres indiquant la valeur des exportations de cette denrée.

Cassage des cabosses de Cacao à Madagascar.
Cliché du *Bulletin du Jardin colonial*.
Cliché Fauchère.

Années	Poids	Valeurs en francs	Années	Poids	Valeurs en francs
1900	0 t. 697 kg.	871	1903	—	938
1901	0 765	957	1904	1 t. 539 kg.	1.624
1902	2 484	3.105	1905	—	—

Les exportations de *Mayotte* et des îles qui en dépendent, de 1901 à 1904, ont été les suivantes :

Années	Poids	Valeurs en francs	Années	Poids	Valeurs en francs
1901	0 t. 400 kg.	800	1903	14 t. 070 kg.	23.800
1902	2 455	2.590	1904	13 217	24.705

Ainsi que nous avons déjà eu occasion de le dire, les statistiques de 1905, détruites par un cyclone, n'ont pu être reconstituées.

En *Indo-Chine* le cacao ne joue aucun rôle actuellement. Le Jardin botanique de Saïgon en possède simplement quelques pieds, et il y a eu des tentatives de culture en Cochinchine et au Cambodge.

La première plantation de cacao à la *Martinique* date de deux siècles et demi. Cette culture prit une rapide extension, mais en 1727 les plantations furent partiellement détruites par un ouragan suivi d'inondations. Malgré cela la culture se releva, et, en 1775, la Martinique et St-Domingue fournissaient à elles seules à la France pour la presque totalité de sa consommation de cacao. Les planteurs, un moment déroutés par la crise de la canne à sucre, ont repris courage et sont revenus aux cultures du café et du cacao un moment délaissées. A vrai dire le cacao a toujours été un des produits les plus importants de la colonie. La catastrophe de St-Pierre, qui a détruit une partie de l'île, a eu comme répercussion la diminution des exportations de cacao, mais celles-ci tendent à remonter vers la limite qu'elles avaient atteinte en 1900. Le tableau ci-dessous rend compte de ces variations :

Années	Poids en tonnes	Valeurs en francs	Années	Poids en tonnes	Valeurs en francs
1900	731	1.304.011	1904	319	427.535
1901	688	880.200	1905	470	579.978
1902	435	714.390	1906	—	758.123
1903	334	483.171			

La *Guadeloupe* est aussi une colonie à cacao. Les principales plantations sont aujourd'hui localisées au sud et à l'ouest de l'île. Depuis 1816, date de la reprise de possession de la Guadeloupe, les exportations ont suivi la marche suivante :

Années	Poids en tonnes	Années	Poids en tonnes	Valeurs en francs
1816-1830.(moyenne par an)	12	1900	294	620.553
1831-1850	11	1901	351	662.208
1851-1870	56	1902	589	1.021.150
1871-1890	173	1903	600	1.004.844
1892	305	1904	625	1.017.921
1894	300	1905	638	912.283
1896	396	1906	—	1.053.478
1898	533			

Cacaoyère à la Guyane.
Cliché du *Bulletin du Jardin colonial*.

On voit que les chiffres des exportations sont loin d'être négligeables. Il convient, d'ailleurs, de faire remarquer que la colonie produit le cacao pour sa consommation propre et même pour l'exportation dans les colonies voisines.

La *Guyane* possède des cacaoyères naturelles qui sont connues depuis plus d'un siècle et demi. Malheureusement, depuis la découverte des mines d'or, les indigènes ont déserté peu à peu les travaux agricoles pour se diriger vers les placers. Mais actuellement, l'exploitation du cacao est l'objet d'une attention toute particulière et, sans les difficultés créées par la rareté de la main-d'œuvre, on verrait certainement monter le chiffre des exportations de cette denrée. Voici un tableau indiquant les variations récentes de ce chiffre :

Années	Poids en tonnes	Valeurs en francs	Années	Poids en tonnes	Valeurs en francs
1900	9	7.807	1904	9	9.345
1901	14	12.566	1905	16	15.958
1902	5	4.303	5 premiers mois de 1906.	12	—
1903	—	23.395			

La consommation du cacao. — D'après M. Harold Donald SMITH, les pays importateurs de cacao se rangent dans l'ordre suivant :

	Importations en tonnes	
	1903	1905
États-Unis	25.216	34.621
Allemagne	21.310	29.188
France	20.333	21.425
Grande-Bretagne	18.387	20.757
Pays-Bas	16.449	18.711
Espagne	5.897	5.670
Belgique	2.720	2.954
Autriche-Hongrie	2.002	2.627

La consommation française pendant la période quinquennale de 1900 à 1904 a été de :

	Consommation en tonnes	
Années	au total	Provenant de nos colonies
1900	17.463	838
1901	17.914	822
1902	19.261	1.088
1903	20.741	1.020
1904	21.794	1.082

On voit donc que nos colonies nous fournissent seulement, en chiffres ronds, le vingtième du cacao qui nous est nécessaire. Nous sommes par conséquent tributaires de l'étranger pour les dix-neuf autres vingtièmes. Il en résulte que la culture du cacao peut être développée sans crainte dans nos colonies.

Le Venezuela exporte principalement en France et en Espagne ses cacaos ; fait des envois en Trinidad, en Amérique, en France et en Grande-Bretagne. Nous recevons la majeure partie du cacao brésilien.

Les trois grands marchés sont, par ordre d'importance : *New-York*, *Hambourg* et *le Havre*.

Il n'y a pas d'égalité entre l'importation et la consommation. Ainsi pour la Suisse, les Pays-Bas et la France, qui vendent de grandes quantités

Cliché Fauchère.

Jeunes plants de Cacaoyers avec leurs abris
aux Colonies françaises.

de cacao en poudre et de chocolat, il est difficile d'établir d'une façon précise les chiffres de consommation. M. A. Chevalier[1] donne les suivants se rapportant à la consommation de chocolat par tête d'habitant.

---

1. A. Chevalier, *loc. cit.*

France............	880 gr.	Espagne............	588 gr.
Angleterre.........	745 gr.	États-Unis.........	586 gr.
Allemagne.........	708 gr.	Norvège...........	80 gr.
Belgique..........	630 gr.		

Le cacao à l'Exposition coloniale. — Le cacao occupait, à l'exposition coloniale, une place honorable. Il nous suffirait de dire, à l'appui de cette affirmation, que la maison Menier y présentait et faisait déguster ses excellents produits. Nous ajouterons qu'il y avait lieu de remarquer, en outre, des cacaos de la maison Millard et de nombreuses expositions de produits de *Madagascar*. Dans le pavillon de cette colonie n'étaient pas seulement présentés les fruits, mais encore pouvait-on voir, sous verre, un ennemi de la plante, l'*Enaria melanictera*, coléoptère rongeant les feuilles du cacaoyer.

Du *Congo* avaient été envoyées différentes variétés de cacao.

L'*Indo-Chine*, bien que ne produisant pas encore, présentait une collection intéressante de cabosses.

Enfin, signalons plusieurs expositions de la *Martinique* et de la *Guadeloupe* et surtout les superbes spécimens de cacaoyers qui figurent dans le Pavillon Menier au Jardin colonial.

Bibliographie. — H. Lecomte et C. Chalot, Le Cacaoyer et sa culture, Paris, 1897. — Dr P. Guérin, Culture du Cacaoyer, Paris, 1896. — F. E. Olivieri, Le Cacaoyer (manuel pratique du planteur), Paris, 1907. — A. Fauchère, Culture pratique du cacaoyer et préparation du cacao, Paris, 1906. — H. Jumelle, Le Cacaoyer, Paris, 1900. — Ch. Chalot et M. Luc, Le cacaoyer au Congo français, Paris, 1906. — A. Elot, Culture et préparation du cacao à la Trinidad, Paris, 1900. — Olivieri, Le Cacao, Paris, 1907.

2ᵉ Section. Condiments, épices et aromates.

Poivre

Le poivrier noir (*Piper nigrum* L.), de la famille des Pipéracées, est un arbre vivace, pourvu de racines adventives à l'aide desquelles il peut se fixer aux arbres et grimper. Ses fruits sont des baies sphériques peu charnues. Ils sont fixés au nombre de 20 à 30 sur un pédoncule pendant. On les récolte généralement avant leur maturité et, en se desséchant, ils acquièrent une coloration brune ou noirâtre. Ils se présentent alors sous la forme de sphères ridées de 4^{mm} environ de diamètre. Sous un péricarpe mince ils renferment chacun une seule graine dont l'albumen est corné en dehors et amylacé à l'intérieur.

Les principes actifs qui donnent au poivre ses qualités sont : une huile essentielle (1,50-2,25 %), un alcaloïde la *pipérine* (2-3 %), une matière grasse et une résine.

On distingue, dans le commerce, le *poivre blanc* qui est le plus estimé, et le *poivre noir*. Ces deux sortes proviennent de la même espèce, mais tandis que le poivre noir est simplement desséché, le poivre blanc est le fruit mûr débarrassé de son péricarpe pulpeux après immersion dans l'eau de mer ou dans l'eau légèrement chargée de chaux. En somme, le poivre blanc est formé par la graine.

La culture du poivrier exige des soins constants qu'il est difficile d'attendre des ouvriers des régions tropicales. Il se multiplie par boutures. Dans un sol riche il peut commencer de produire la première année, mais il faut généralement deux ans de plus. Les récoltes vont en augmentant jusque vers la sixième année et se maintiennent dix ou quinze ans, après lesquels elles diminuent constamment.

Dès que les deux ou trois baies inférieures des épis sont mûres on coupe ceux-ci et on les fait sécher au soleil ou dans des paniers devant le feu.

Le poivrier noir est indigène des forêts de Travancore et du Malabar. De là il a été transporté à Sumatra, à Java, à Bornéo, aux Philippines, dans le Siam, en Indo-Chine et, plus tard, aux Indes occidentales et même à la côte d'Afrique.

Commerce du poivre.

La production mondiale annuelle du poivre peut être évaluée, en chiffres ronds, à près de 40.000 tonnes.

Les exportations de Java et de Madura dépassent 5.000 tonnes, celles du Siam s'élèvent à environ 2 tonnes par an, celles des Indes anglaises à 1 tonne. Les principaux centres de commerce du poivre en Orient sont Penang et Singapour, qui exportent ensemble environ 25.000 tonnes par an (poivre noir et poivre blanc).

L'Afrique occidentale, Maurice, et, en particulier l'Indo-Chine, ajoutant leurs exportations, on arrive bien près du total indiqué plus haut.

Étudions tout spécialement la production de nos colonies et disons tout d'abord que le droit auquel est soumis le poivre colonial à son entrée directe en France est celui du tarif minimum métropolitain diminué de 104 fr., soit 208 fr. les 100 kilos nets.

Nous trouvons, dans les statistiques de 1903 concernant *Mayotte* et ses dépendances, trace d'une exportation de 6 tonnes de poivre (valeur 6.140 fr.). Mais c'est surtout l'*Indo-Chine* qui, parmi nos possessions, fournit cette épice. Indiquons tout d'abord les chiffres des exportations.

Années	Poids en tonnes	Valeurs en francs	Années	Poids en tonnes	Valeurs en francs
1892	1.092	—	1902	3.424	5.768.670
1895	1.565	—	1903	3.414	3.414.401
1898	2.325	—	1904	5.311	6.372.687
1901	2.647	4.772.815	1905	4.426	5.311.386

Pour avoir le total de la production il faudrait ajouter à ces chiffres quelques centaines de tonnes, car la consommation locale est assez importante.

Poivrière au Cap Saint-Jacques.
Extrait de l'*Empire colonial de la France*.

Le principal débouché pour les poivres d'Indo-Chine est la Métropole, et notre colonie peut amplement satisfaire à nos besoins, puisque notre consommation ne dépasse guère 3.600 tonnes (1903). Le surplus a permis de constituer des stocks au Havre, de sorte que ce port peut concurrencer, dans une certaine mesure, Londres et Hambourg.

En 1883, la Cochinchine était seule à exporter (278 tonnes); en 1893, à la suite de la promulgation de la loi portant détaxe, les exportations montent à 1.498 tonnes. Le Cambodge n'a pas tardé à prendre la tête comme pays producteur en Indo-Chine et les exportations ont été en progression, comme l'indique le tableau ci-dessus.

Il convient d'ajouter que les planteurs et exportateurs indo-chinois commencent de préparer des poivres blancs de bonne qualité. Jusqu'alors ces poivres étaient restés le monopole de Singapour et de Tellichery.

En dehors de la Chine, qui consomme une quantité considérable de poivre et surtout de poivre blanc, les principaux pays d'importation sont : les États-Unis, l'Angleterre, l'Allemagne et la France (3.600 tonnes en 1903).

Vanille

La vanille est produite par des plantes du genre *Vanilla* appartenant à la famille des Orchidées.

La principale espèce cultivée est le *Vanilla planifolia* Andr. On cultive encore le *V. pompona* Schiede ou *vanillon* de la Guadeloupe ; le *V. Gardneri* Rolfe ; le *V. appendiculata* Rolfe ; le *V. odorata* Presl. et le *V. phæantha* Rchb. — Pour la description de ces espèces, ainsi que pour tous les documents sur cette question ne pouvant entrer dans le cadre de notre rapport, nous renverrons à l'excellent ouvrage que M. H. Lecomte, en collaboration avec M. C. Chalot, a consacré au Vanillier, à sa culture, à la préparation et au commerce de la vanille.

Le vanillier est une plante grimpante produisant des gousses parfumées. Ce sont ces gousses qui, après avoir subi une préparation spéciale destinée à développer l'odeur, sont employées en parfumerie aussi bien que dans les diverses industries de produits alimentaires utilisant les substances aromatiques, en particulier, dans la chocolaterie et la pâtisserie.

Pour la multiplication du vanillier le seul moyen employé est le bouturage, car le semis de graines est extrêmement délicat et ne peut se faire dans la pratique. Quant aux soins d'entretien que réclame une vanillerie, ils sont peu considérables si l'on fait abstraction de tout ce qui concerne la fécondation, effectuée artificiellement, et la cueillette.

Il ne faut pas compter qu'un vanillier puisse durer plus de 7 à 8 ans ; s'il a produit dès la troisième année il aura donc fourni 5 récoltes. C'est là une moyenne qui paraît admise par les planteurs ; mais il est bien évident que, suivant les circonstances, la durée de production pourra être augmentée ou diminuée.

Pour que les ovules contenus dans l'ovaire puissent devenir des graines et que l'ovaire lui-même soit capable de se transformer en un fruit renfermant des graines, il faut que la cellule femelle contenue dans chaque ovule reçoive le contact de la cellule mâle fournie par le pollen. La pollinisation directe n'est pas possible à cause de la conformation même de la fleur et, dans la nature, ce sont les insectes qui, en visitant les fleurs, sont les agents actifs de la pollinisation. Mais un grand nombre de fleurs échappent à cette pollinisation par trop incertaine ; aussi dans les cultures, si l'on ne veut pas voir compromettre les récoltes, est-on obligé de recourir à la pollinisation par la main de l'homme.

Cliché Em. Prudhomme.
Liane de Vanille sur Pignon d'Inde.
Cliché communiqué par le Comité de Madagascar.

Les fruits ou gousses arrivent à maturité six ou sept mois environ après l'époque de la floraison. C'est alors qu'on les récolte.

D'après M. H. Lecomte, 800 fleurs fécondées donnent un déchet de 60 °/₀ et l'on récolte environ 3 kg. 700 de vanille verte pour ces 800 fleurs. On admet que 150 vanilliers produisent en moyenne 7 kilos de vanille verte et 2 kilos de vanille préparée. Dans certaines localités, on a accusé jusqu'à 25 kilos de vanille verte pour 180 plantes, mais ce sont des chiffres exceptionnels.

L'odeur de vanille ne se développe que lors de la dessiccation du fruit sur la liane. Dans la pratique on ne pourrait laisser cette dessiccation s'effectuer spontanément en abandonnant le fruit en place, que sous peine de le déprécier. Après la cueillette on lui fera donc subir une préparation spéciale destinée à développer son arome.

Au Mexique on sèche la vanille soit au soleil, soit au four ; ce dernier procédé nécessite des soins méticuleux pour éviter d'avoir trop de déchets.

A la Réunion on emploie surtout un procédé qui consiste à immerger un certain nombre de fois dans l'eau chaude, la vanille placée dans des paniers. Pour le traitement de quantités considérables de vanille on opère à l'étuve. De nombreuses méthodes de dessiccation ont d'ailleurs été proposées ou appliquées sur lesquelles nous ne pouvons insister dans ce travail.

Une fois préparée et séchée la vanille est soumise au dressage, opération qui consiste à lui donner une forme correcte en tirant doucement les gousses par les extrémités. On effectue ensuite le triage en plusieurs catégories, et le mesurage. Une fois triées et mesurées les gousses sont réunies en paquets de 50 et ficelées. La vanille est expédiée dans des caisses en fer blanc soudées et renfermant 10-12 kilos de vanille.

La principale substance odorante de la vanille est la *vanilline* que l'on prépare artificiellement sur une grande échelle soit par une voie exclusivement chimique, soit en partant de l'eugénol extrait de l'essence de girofle. (Voir groupe XI, classe 55).

Production et commerce de la Vanille.

En dehors des colonies françaises que nous allons examiner tout spécialement, la vanille est produite par le Mexique (qualité de vanille très appréciée), Maurice, Seychelles, Ceylan et Java.

Le Mexique est la terre classique de la culture du vanillier. Il produit la meilleure sorte. Ses exportations sont assez variables. Leur chiffre annuel a été, en moyenne, de 60 tonnes environ de 1891 à 1900.

A Maurice, la culture de la vanille est en décadence. En 1889 les exportations s'élevaient à 22 tonnes, elles sont tombées au-dessous de 4 tonnes en 1899.

La moyenne des exportations des Seychelles, de 1891 à 1900, a été d'environ 25 tonnes par an.

Quant à la production de Ceylan, elle est à peu près négligeable, comme d'ailleurs celle de Java.

Les droits de douane qui frappent la vanille des colonies importée directement en France sont réduits à la moitié des droits du tarif minimum métropolitain.

Passons en revue les colonies françaises qui produisent de la vanille :

Au *Congo* le climat est très favorable à la vanille, mais on peut dire que les exportations n'existent pas encore, car elles se réduisent à quelques kilogrammes, lorsqu'elles ne sont pas nulles (18 kilos en 1901 ; 11 kilos en 1902 ; 47 kilos en 1904 ; 77 kilos en 1905).

A *Madagascar* la production de la vanille a augmenté dans une très grande proportion. La vanille de cette île est très appréciée.

Voici les derniers chiffres d'exportations :

Années	Poids en tonnes	Valeurs en francs	Années	Poids en tonnes	Valeurs en francs
1901	7	160.015	1904	9	173.314
1902	13	302.108	1905	31	447.492
1903	12	206.613	1906	41	457.748

La *Réunion* est un des principaux pays de production de la vanille, ainsi que l'indique le tableau des exportations :

Années	Poids en tonnes	Valeurs en francs	Années	Poids en tonnes	Valeurs en francs
1851	0 t. 030 kg.	1.500	1899	82	3.358.148
1861	16	1.876.200	1900	96	3.375.161
1871	14	1.400.000	1901	51	1.945.043
1881	30	503.016	1902	199	2.692.416
1891	71	1.694.000	1903	50	1.286.302
1893	87	2.447.000	1904	94	1.565.104
1895	104	3.058.000	1905	75	1.001.396
1897	101	3.973.300			

Par suite de la lutte difficile que l'industrie du sucre de canne soutient contre l'industrie du sucre de betterave, la culture de la vanille à la Réunion s'est développée à ce point qu'il y a eu surproduction.

Le climat de *Mayotte* se prête bien à la culture de la vanille qui, effectivement, a pris dans la colonie une rapide et considérable importance, ainsi que l'indique le tableau des exportations :

Années	Poids en tonnes	Valeurs en francs	Années	Poids en tonnes	Valeurs en francs
1899	2 t. 755 kg.	155.670	1903	200	7.549.752
1901	1 364	40.000	1904	76	2.311.104
1902	46	1.659.960	1905 (les statistiques manquent).		

La *Nouvelle-Calédonie* a exporté, durant ces dernières, les quantités suivantes :

Cliché G. Coulon.

Séchoir à vanille et case tahitienne.

Extrait de Seurat, Tahiti.

Années	Poids	Valeurs en francs	Années	Poids	Valeurs en francs
1900	0 t. 036 kg.	540	1903	0 t. 138 kg.	2.852
1901	0 106	3.190	1904	0 078	864
1902	0 101	2.400	1905	0 056	494

A *Tahiti* la production de la vanille est considérable, mais le produit est de qualité inférieure à celui de la Réunion et surtout du Mexique, aussi son prix est-il moins élevé. Cela tient au manque de soin apporté à la préparation. Des efforts sont faits actuellement pour remédier à cet état de choses. Comme l'indique le tableau suivant, les exportations n'ont cessé d'augmenter jusqu'en 1902 ; mais depuis, en raison de l'encombrement des marchés, elles ont subi un ralentissement assez marqué.

Années	Poids	Années	Poids en tonnes	Valeurs en francs
1883	1	1900	74	811.338
1886	4	1901	92	1.108.776
1889	4	1902	145	1.197.291
1892	12	1903	131	591.448
1895	23	1904	134	403.215
1898	42	1905	120	300.935

A la *Martinique* la production est sans importance. Depuis l'année 1900, les exportations ont oscillé entre 200 et 500 kilog. (ce maximum a été atteint en 1902).

Par contre la *Guadeloupe* exporte quelques tonnes. Mais, dans cette colonie on cultive partout, concurremment avec la vanille (*Vanilla planifolia*), le vanillon (*Vanilla pompona*) dont le prix est extrêmement bas, surtout à une époque de surproduction. Voici l'échelle des exportations.

Années	Poids	Années	Poids en tonnes	Valeurs en francs
1864	0 t. 371 kg.	1900	8	76.068
1874	0 300	1901	3	43.676
1884	1 816	1902	9	175.667
1894	4 504	1903	9	100.821
1896	4 564	1904	9	119.875
1898	5 936	1905	7	77.850
1899	5 935	1906	8	—

Enfin, la vanille pousse dans la *Guyane*, mais cette colonie ne possède aucune vanillerie en exploitation.

Les États-Unis font de grandes consommations de vanille : les importations sont variables à cause des stocks existants, mais on peut évaluer à environ 75 tonnes leur consommation annuelle. La France en reçoit des quantités très importantes et en retient pour ses besoins à peu près le quart. Et cependant, si l'on évalue notre consommation annuelle par tête d'habitant on constate qu'elle ne dépasse guère 1 gr., malgré que la vanille entre dans la composition du chocolat. En 1900 la France a importé 168 tonnes de vanille (commerce général), 40 tonnes (commerce spécial).

La même année, le marché anglais en a absorbé 50 tonnes, l'Allemagne en a consommé une quarantaine de tonnes.

La découverte de la préparation de la vanilline artificielle en 1876 n'a nullement ralenti l'écoulement de la vanille naturelle. Elle a seulement

Cliché Em. Prudhomme.
Muscadier.
Cliché communiqué par la *Revue des Cultures coloniales*.

permis de satisfaire des besoins nouveaux. Cependant l'emploi de la vanilline s'est étendu considérablement, non seulement dans la parfumerie, mais encore dans la biscuiterie, dans la chocolaterie ; et, de plus, la concurrence est devenue si vive dans l'industrie des parfums artificiels que le prix de la vanilline a atteint une limite extrêmement basse : 45 fr. le kilog.

Récemment, après une période de baisse tout à fait désespérante, durant laquelle la vanille Bourbon se payait à peine 25-28 fr. le kilog., le cours est devenu plus ferme. La vanille Bourbon, de belle qualité moyenne, valait ces derniers temps 38-40 fr. et la vanille de Madagascar 31-32 fr. Mais quelle est la part d'influence de la spéculation dans cette situation ? Elle n'est certainement pas négligeable, encore que la nouvelle loi sur la vente des produits alimentaires aux États-Unis ait créé sur le marché de ce pays des avantages à la vanille sur la vanilline.

Bibliographie. — H. LECOMTE (avec la collaboration de CH. CHALOT), Le Vanillier, Paris, 1902. — DELTEIL, La Vanille, Paris, 1902.

MUSCADE ET MACIS

Le muscadier (*Myristica fragrans* Houtt., *M. officinalis* L., *M. moschata* Thunb., famille des Myristicacées) est un petit arbre originaire des Moluques. Son fruit est une capsule charnue, jaune, s'ouvrant en deux valves. La graine est ovoïde, brune et recouverte d'un arillode charnu. Cet arillode, détaché, est le *macis* du commerce. L'arillode enlevé, la graine est encore pourvue d'un tégument dur, qu'il faut casser pour en retirer l'amande. Celle-ci est la *noix muscade*.

Le macis et la noix muscade renferment des huiles essentielles très aromatiques.

Par pression à chaud la noix muscade abandonne une matière grasse chargée de produits aromatiques et appelée beurre de muscade.

Un arbre peut donner annuellement, en moyenne, 1.500 à 2.000 fruits et 1.000 fruits fournissent 5 kilog. de noix et 0 kilog. 5 de macis.

Le principal centre, et même le centre presque exclusif de culture pour l'exportation, est la Malaisie d'où sont expédiées tous les ans 1.500 tonnes de graines. Une petite quantité est exportée de l'Ouest-Indien.

Quelques-unes de nos colonies produisent de la muscade, mais par quantités insignifiantes.

On trouve des muscadiers à la *Réunion*, toutefois cette colonie n'exporte pas.

La *Martinique* exporte de faibles quantités de muscades en coques :

Années	Poids	Valeurs en francs	Années	Poids	Valeurs en francs
1900	0 t. 069 kg.	127	1903	0 t. 028 kg.	61
1901	0 056	289	1904	0 072	65
1902	—	—	1905	—	—

Ajoutons que, dans le *Sud-Annam*, on a signalé un muscadier sauvage dont les noix pourraient peut-être donner lieu à un petit trafic.

CANNELLES

La cannelle est l'écorce des jeunes rameaux de plusieurs espèces du genre *Cinnamomum* (famille Lauracées) et principalement le *C. zeylanicum* Breyne (cannelle de Ceylan) et le *C. Cassia* Blume (cannelle de Chine).

Cannelle de Ceylan.

Le cannellier de Ceylan est indigène dans cette ile ; on le trouve aussi à l'état sauvage dans l'Inde sur la côte de Malabar. C'est un petit arbre toujours vert, à feuilles luisantes.

Il constitue l'une des grandes cultures de Ceylan. On le cultive aussi à Malacca et à Java, mais sur une échelle bien moindre.

La cannelle est surtout employée comme épice. Par distillation avec la vapeur d'eau elle fournit une huile essentielle dont les principes aromatiques les plus importants sont : l'aldéhyde cinnamique (65-75 0/0) et l'eugénol (4-8 0/0).

Ceylan est la principale contrée productrice d'écorce de cannelle, mais les exportations n'ont pris une réelle importance que depuis l'invasion des cultures de caféiers par l'*Hemileia*. Aujourd'hui le chiffre de ces exportations dépasse 3.000.000 de livres.

Les cannelles de nos colonies, importées directement en France, payent la moitié des droits du tarif minimum métropolitain.

A la *Réunion* il existait jadis quelques cultures de cannelle, mais aujourd'hui on ne signale aucune exportation de cette colonie.

La *Martinique* exporte, en faible quantité, des cannelles

Années	Poids	Valeurs en francs	Années	Poids	Valeurs en francs
1900	0 t. 442 kg.	402	1903	1 t. 795 kg.	1.224
1901	1 033	707	1904	1 676	1.328
1902	0 545	560	1905	—	—

Toutefois ces exportations sont relatives, non pas à la cannelle de Ceylan, mais à la cannelle blanche qui provient d'une Magnoliacée (*Cannella alba* Murr.)

Cliché EM. PRUDHOMME.
Rameau de Cannellier de Ceylan.
Cliché communiqué par la *Revue des Cultures coloniales*.

Cayenne a eu autrefois des plantations de cannelle qui ont disparu depuis longtemps.

Cannelle de Chine.

La cannelle de Chine est moins estimée que la précédente, mais c'est la meilleure après celle-ci.

Son écorce, qui est employée comme épice, est pâle.

On extrait des rameaux (feuilles et tiges), par distillation avec la vapeur d'eau, une huile essentielle qui est l'objet d'un commerce important. Cette huile essentielle est plus riche en aldéhyde cinnamique mais moins appréciée que l'essence d'écorce de cannelle de Ceylan.

En Chine les principaux lieux de production sont, au Sud, les provinces de Kwang-Tung et de Kwang-Si et les forêts de la vallée du Le Ngum, sur le bord du Mékong. Les expéditions se font de Canton, de Pakhoï et de Shanghaï, à destination de Londres et de Hambourg. Elles atteignent quelquefois 5.000 tonnes.

Les cannelles du *Tonkin* et de l'*Annam* sont fournies par plusieurs espèces, mais probablement en majeure partie par le *Cinnamomum Loureiri* Nees. Celle qui est le plus demandée sur le marché métropolitain provient du *Cinnamomum Cassia* qu'il serait aisé d'acclimater au Tonkin. Le centre producteur le plus important en Indo-Chine se trouve dans les montagnes en arrière du poste de Tra-My (Quang-Nam, Annam central); mais la cannelle du Nord-Annam (provinces de Thanh-Hoa et du Nghê-An) est la plus appréciée. Le cannellier se trouve aussi à l'état sauvage au Laos et au Cambodge. Le tableau suivant indique l'importance des exportations de cannelle d'Indo-Chine.

Années	Poids en tonnes	Valeurs en francs	Années	Poids en tonnes	Valeurs en francs
1886	547	—	1903	315	3.254.170
1896	241	—	1904	295	1.652.610
1901	221	1.808.566	1905	252	910.681
1902	271	2.608.227			

La consommation française n'est pas très active. Voici quelques chiffres d'importation et de consommation de cannelle d'Indo-Chine en France.

1893	1899-1903 (moyenne annuelle)	1903
233 tonnes	203 tonnes	197 tonnes

Girofle

Les clous de girofle du commerce ne sont autre chose que les boutons desséchés du *Caryophyllus aromaticus* L. (*Eugenia caryophyllata*

Toutefois ces exportations sont relatives, non pas à la cannelle de Ceylan, mais à la cannelle blanche qui provient d'une Magnoliacée (*Cannella alba* Murr.)

Cliché EM. PRUDHOMME.
Rameau de Cannellier de Ceylan.
Cliché communiqué par la *Revue des Cultures coloniales*.

Cayenne a eu autrefois des plantations de cannelle qui ont disparu depuis longtemps.

Cannelle de Chine.

La cannelle de Chine est moins estimée que la précédente, mais c'est la meilleure après celle-ci.

Son écorce, qui est employée comme épice, est pâle.

On extrait des rameaux (feuilles et tiges), par distillation avec la vapeur d'eau, une huile essentielle qui est l'objet d'un commerce important. Cette huile essentielle est plus riche en aldéhyde cinnamique mais moins appréciée que l'essence d'écorce de cannelle de Ceylan.

En Chine les principaux lieux de production sont, au Sud, les provinces de Kwang-Tung et de Kwang-Si et les forêts de la vallée du Le Ngum, sur le bord du Mékong. Les expéditions se font de Canton, de Pakhoï et de Shanghaï, à destination de Londres et de Hambourg. Elles atteignent quelquefois 5.000 tonnes.

Les cannelles du *Tonkin* et de l'*Annam* sont fournies par plusieurs espèces, mais probablement en majeure partie par le *Cinnamomum Loureiri* Nees. Celle qui est le plus demandée sur le marché métropolitain provient du *Cinnamomum Cassia* qu'il serait aisé d'acclimater au Tonkin. Le centre producteur le plus important en Indo-Chine se trouve dans les montagnes en arrière du poste de Tra-My (Quang-Nam, Annam central); mais la cannelle du Nord-Annam (provinces de Thanh-Hoa et du Nghê-An) est la plus appréciée. Le cannellier se trouve aussi à l'état sauvage au Laos et au Cambodge. Le tableau suivant indique l'importance des exportations de cannelle d'Indo-Chine.

Années	Poids en tonnes	Valeurs en francs	Années	Poids en tonnes	Valeurs en francs
1886	547	—	1903	315	3.254.170
1896	241	—	1904	295	1.652.610
1901	221	1.808.566	1905	252	910.681
1902	271	2.608.227			

La consommation française n'est pas très active. Voici quelques chiffres d'importation et de consommation de cannelle d'Indo-Chine en France.

1893	1899-1903 (moyenne annuelle)	1903
233 tonnes	203 tonnes	197 tonnes

GIROFLE

Les clous de girofle du commerce ne sont autre chose que les boutons desséchés du *Caryophyllus aromaticus* L. (*Eugenia caryophyllata*

Thunbg), de la famille des Myrtacées. Le giroflier est un bel arbre toujours vert, dont les inflorescences portent chacune une vingtaine de fleurs et quelquefois plus. Celles-ci sont récoltées avant leur épanouissement et séchées. On obtient comme nous venons de le dire, les clous de girofle employés en qualité d'épice ou soumis à la distillation en vue de l'extraction de l'essence. Mais cette distillation est effectuée en Europe. L'huile essentielle est intéressante non pas seulement à cause de son emploi direct en parfumerie, mais comme matière première servant pour l'extraction de l'eugénol que l'on transforme en isoeugénol (œillet artificiel) et ensuite vanilline.

Le giroflier peut se multiplier par marcottage, mais généralement on le propage par semis.

Avant de parler de nos colonies, nous nous occuperons des autres centres de production parmi lesquels, d'ailleurs, nous trouverons les plus importants.

La majeure partie des girofles employés pour la distillation viennent de Pemba et de Zanzibar. On cultive aussi le giroflier à Amboine, à l'île Maurice et à Malacca (Penang).

Le tableau ci-dessous indique l'importance des exportations de girofles de Pemba et de Zanzibar.

Années	Poids en livres anglaises [1]	Valeur en roupies [2]
1898	10.856.566	2.155.956
1899	16.593.340	2.954.487
1900	11.788.095	2.372.227
1901	11.962.069	2.465.373
1902	10.125.769	2.957.589
1903	12.092.138	2.795.980
1904	14.502.775	4.986.449

Ces quantités ont été ainsi réparties :

	Europe	Asie	Amérique	Afrique
	livres	livres	livres	livres
1898	4.138.086	5.912.800	729.960	75.720
1899	8.028.780	7.599.517	648.970	316.073
1900	5.235.388	5.769.293	719.600	63.814
1901	4.470.632	7.084.471	252.000	153.966
1902	4.160.485	5.412.143	412.300	140.841
1903	3.551.966	7.560.852	852.361	126.959
1904	7.312.375	4.839.524	2.056.175	94.701

[1]. 1 livre anglaise = 0 kg. 454.
[2]. 1 roupie = 2 fr. 38

Les principaux marchés sont : en Europe, Rotterdam, Londres, Hambourg et Marseille ; en Asie, Bombay ; en Amérique, New-York.

Nos girofles coloniaux, à la condition d'être importés directement, payent la moitié des droits du tarif minimum métropolitain.

Les colonies françaises qui produisent des girofles sont les suivantes :

Madagascar. — Les clous de girofle de Madagascar sont très aromatiques. Exportations :

Années	Poids en tonnes	Valeurs en francs	Années	Poids en tonnes	Valeurs en francs
1901	34	26.711	1904	78	104.410
1902	37	27.283	1905	48	86.915
1903	67	70.999	1906	109	163.727

On voit que la progression est presque continue.

C'est la petite île de Sainte-Marie qui entretient presque exclusivement le commerce des clous de girofle. Encore qu'on ait découvert ces derniers temps une maladie sur les girofliers, la récolte de 1906, d'après le chiffre des exportations, semble avoir été une des meilleures.

Réunion. — Les exportations, jadis importantes, ont fléchi considérablement pour devenir nulles durant ces dernières années.

Années	Poids en tonnes	Années	Poids en tonnes
1844 (griffes et clous)	828	1897	3
1845 »	451	1898	1
1880 »	28	1900	2

Depuis 1900, les girofles ne figurent plus sur les statistiques.

Mayotte. — Exportations :

Années	Poids	Valeurs en francs	Années	Poids	Valeurs en francs
1901	—	—	1903	1 t. 657 kg.	2.050
1902	1 t. 512 kg.	3.500	1904	—	—

Martinique. — Exportations insignifiantes ; elles n'atteignent pas 50 kg. par an.

En somme, Madagascar est la seule colonie française qui exporte des quantités de girofles de quelque importance.

Cardamome

Plusieurs espèces du genre *Amomum* (famille des Zingibéracées) fournissent des graines très aromatiques desquelles, d'ailleurs, on peut extraire des huiles essentielles : *A. Cardamomum* White (*Elettaria Cardamomum* Maton) (cardamome officinale du Malabar, cardamome de Siam), *A. Cardamomum*, var. β Flückiger (cardamome long de Ceylan), *A. Melegueta* Roscoe (graine du Paradis), *A. aromaticum* Roxb. (cardamome du Bengale), *A. angustifolium* Sonnerat.

C'est surtout à Ceylan que la culture du cardamome est développée et on y distingue trois variétés : la variété indigène (cardamome long), la variété du Malabar et celle du Mysore.

Le cardamome du Malabar est d'un prix élevé et ne sert que rarement à la préparation de l'huile essentielle. Mais c'est le meilleur et le plus cultivé.

Le cardamome long de Ceylan (cardamome indigène) est moins apprécié que le précédent et aussi que la troisième variété, celle du Mysore.

Lorsque les fruits sont cueillis (la récolte a lieu à Ceylan d'août en avril) on les expose au soleil 3 heures le matin et 2 heures l'après-midi, le reste du temps la dessiccation se fait dans un magasin, sur des claies en bambou. Quand le fruit est sec, on l'ouvre et on enlève les graines qu'on emballe avec précaution.

La graine du Paradis est fournie par un végétal très répandu depuis le Congo jusqu'à Sierra Leone.

Le Cardamome de l'*A. angustifolium* provient des pays situés au sud de l'Abyssinie. Il arrive rarement sur les marchés européens.

L'*Indo-Chine* produit des cardamomes qui sont dirigés surtout vers la Chine. L'exportation est assez variable, ainsi que l'indique le tableau ci-dessous.

Années	Poids en tonnes	Valeurs en francs	Années	Poids en tonnes	Valeurs en francs
1901	245	1.880.648	1904	329	903.910
1902	178	608.904	1905	141	843.074
1903	547	—			

Les amomes et cardamomes de nos colonies, à leur entrée directe en France, payent la moitié des droits du tarif minimum métropolitain.

Gingembre

Le gingembre (*Zingiber officinale* Roscœ, *Amomum Zingiber* L., famille des Zingibéracées) est une plante du port du roseau, dont les rhizomes possèdent des caractères aromatiques et des propriétés stimulantes dus à une huile essentielle. Ces rhizomes sont employés en Angleterre et aux États-Unis notamment.

Les colonies anglaises fournissent la presque totalité du gingembre (les Indes orientales les 8/10, la Jamaïque et la côte occidentale d'Afrique le reste).

Le total des exportations est d'environ 4.500 tonnes.

On trouve le gingembre en *Indo-Chine*, mais le produit n'est pas exporté.

Curcuma

Le safran des Indes ou curcuma (*Curcuma longa* L., *Amomum Curcuma* Jacq., famille des Zingibéracées) est une plante qui fournit un rhizome féculent (arrow-root de l'Inde orientale) employé surtout comme condiment. Ce rhizome est exporté principalement en Angleterre.

A la *Guadeloupe* il entre dans la composition du mets créole appelé *colombo*.

On le signale en *Indo-Chine*.

Piment

Le piment, encore appelé *toute-épice*, *poivre-giroflé*, *poivre de la Jamaïque*, *quatre-épices*, etc. est un arbre de la famille des Myrtacées (*Pimenta officinalis* Lindl., *Myrtus Pimenta* L., *Eugenia Pimenta* D. C.) cultivé pour l'exportation, principalement à la Jamaïque. On le trouve encore dans divers pays chauds (sud du Mexique, Costa-Rica, Venezuela, Asie tropicale, Réunion, etc.).

Ce sont les baies qui, cueillies avant maturité et séchées au soleil, sont employées comme épice. Elles renferment une huile essentielle riche en eugénol.

La Jamaïque exporte annuellement près de 6.000 tonnes de piment.

Nous trouvons quelquefois le piment dans les statistiques des exportations de colonies françaises :

La *Côte d'Ivoire* en a, exceptionnellement, exporté 495 kg. (valeur 495 fr.) en 1904.

Les *Établissements français de l'Inde* en ont exporté : pour 6.500 fr. en 1900, pour 1.600 fr. en 1901, pour 2.550 fr. en 1902, pour 3.824 fr. en 1904, pour 10.020 fr. en 1905.

Les droits auxquels sont soumis les piments des colonies françaises sont réduits à la moitié des droits du tarif minimum métropolitain.

Signalons encore le *piment âcre* (*Pimenta acris* Wight, *Myrcia acris* D. C., *Myrtus acris* Sw.), de la même famille. Il habite les Antilles et le

Venezuela. A la *Réunion* ses feuilles sont employées dans les sauces. A la Jamaïque et à la Dominique, elles servent à la préparation du rhum de laurier (*bay rum*). On en extrait l'huile essentielle par distillation et on l'ajoute au rhum.

Les fruits donnent aussi une huile essentielle.

Le *Myrcia acris* est très répandu à la *Martinique*, où il est peu exploité [1].

Les Condiments et aromates à l'Exposition coloniale.

On pouvait remarquer de superbes collections de ces denrées : vanilles de diverses origines, cannelles, poivres, muscades, piments, curcumas envoyés par différentes colonies et formant aussi des expositions particulières d'un réel intérêt. Mais ce qui a le plus attiré notre attention, c'est la série, aux termes nombreux, des aromates peu connus. Il y avait là de précieux matériaux d'étude, que l'on retrouvera d'ailleurs dans le Musée permanent du Jardin colonial. Nous ne saurions trop recommander leur examen et aux jeunes savants à la recherche de sujets de travaux et aux commerçants désireux d'augmenter leurs sources de profits.

3ᵉ Section. Plantes alimentaires, plantes fourragères, féculents, etc.

Dans un très intéressant article consacré à la production légumière moderne, M. Dybowski [2] s'exprime ainsi : « Si l'art du producteur a été, il y a peu de temps encore, de savoir lutter contre le climat, il consiste aujourd'hui à savoir en tirer parti. Les voies de communication plus nombreuses, mieux desservies, pourvues d'un matériel plus moderne, plus perfectionné, jouent le rôle de canaux qui feraient communiquer des vases très éloignés en unifiant leurs niveaux. »

Effectivement, un puissant courant commercial basé sur la production des primeurs s'est établi entre l'Algérie et la Métropole. Nous devons donc en dire un mot avant d'aborder l'étude méthodique des plantes alimentaires des colonies françaises.

A ce sujet, M. R. Schilling [3] a publié une étude très substantielle qui nous donne des renseignements précis et sûrs.

Les primeurs cultivées dans la région d'Alger sont : la *pomme de terre*,

1. A. Lahille, *La Dépêche coloniale illustrée*, 31 août 1906, p. 289.
2. J. Dybowski, *Revue générale des Sciences*, 1906, p. 453.
3. R. Schilling, Culture et exportation des primeurs dans le département d'Alger et en Tunisie. Tunis 1906.

le *haricot vert*, l'*artichaut*, le *petit pois* et la *tomate*. Ce sont les seuls légumes qui soient exportés. Dans le même but, on a tenté, mais sans grand succès, la production de l'asperge à Aïn-Taya. Il en a été de même des choux-fleurs. Ces légumes arrivaient presque toujours en mauvais état, aussi leur culture n'est-elle plus effectuée qu'en vue de la consommation locale.

La question de la production des diverses plantes alimentaires donnant lieu à un commerce d'exportation sera étudiée en son temps. Nous ne l'envisagerons ici qu'à un point de vue tout à fait général.

La culture maraîchère a trouvé dans la région d'Alger d'excellentes conditions de développement, telles que douceur du climat, abondance de l'eau. Mais, ainsi que le fait très justement remarquer M. J. Dybowski, le corollaire de la production a été l'étude de moyens de transport. Celle-ci comporte la rapidité de la locomotion elle-même et des transbordements, l'aménagement du milieu transporteur, l'abaissement des tarifs et enfin le perfectionnement de l'emballage. Les progrès auxquels cette étude a déjà abouti ont donné à l'exportation des primeurs algériennes vers la métropole une activité dont les chiffres ci-dessous indiquent l'importance et l'accroissement :

Importation des légumes algériens en France.

	Pommes de terre nouvelles	Autres légumes
1899	11.093 tonnes	5.776 tonnes
1900	12.215 —	6.896 —
1901	15.771 —	7.129 —
1902	16.110 —	11.151 —
1903	16.697 —	10.690 —

Voici, pour l'année 1905, les chiffres d'exportation des légumes frais d'Algérie :

Haricots verts	3.232 tonnes
Petits pois	1.114 —
Artichauts	4.365 —
Tomates	1.114 —

Ces légumes sont presque exclusivement expédiés en France : Marseille Lyon et Paris constituent leurs principaux débouchés. Les pommes de terre prennent, en partie, la même direction, mais une fraction de la production est envoyée à Londres, à Hambourg et à Trieste.

Actuellement, c'est vers le sixième jour après la récolte que les légumes d'Algérie peuvent être mis en vente sur le marché à Paris. Il est évident que, la fraîcheur étant une qualité indispensable pour les primeurs, la Tunisie devra obtenir des conditions de transport relativement plus rapides pour pouvoir tenter avec succès semblable production.

Tout comme le nord du département d'Alger et quelques parties du littoral de l'Oranie, certaines régions tunisiennes réunissent les conditions nécessaires pour être affectées avec profit à la culture des légumes de primeur. La Tunisie pourrait donc suivre l'exemple de sa voisine et trouver là une nouvelle source de prospérité.

En ce qui concerne les colonies françaises, on peut dire qu'elles tirent de leur sol les éléments nécessaires à l'alimentation des indigènes. Et parmi ces produits du sol il en est un grand nombre qui se répandent non seulement en France, mais encore dans différentes directions sur le globe, pour les besoins de l'alimentation ou pour les exploitations industrielles les plus variées. Nous allons faire un tableau de ce mouvement dans les pages qui vont suivre.

Bibliographie. — J. Dybowski, Traité pratique de cultures tropicales, Paris, 1902 (Une place importante a été réservée dans cet ouvrage aux plantes vivrières, à la culture potagère et à la culture fruitière). — H. Jumelle, Les cultures coloniales, I. Plantes alimentaires, Paris, 1900. — Bui-Quang-Chiêu, Les cultures vivrières au Tonkin et J. Lan, Les légumes annamites au Tonkin (*Bulletin économique de l'Indo-Chine*, nouvelle série, n° 48, décembre 1905). — A. Pairault, Les plantes comestibles féculentes cultivées aux Antilles, 1893. — J. Pouchat, Légumes indigènes (*Bulletin économique de l'Indo-Chine*, nouvelle série, n° 48, décembre 1905). — R. Schilling, Culture et exportation des primeurs dans le département d'Alger et de Tunisie, Tunis, 1907.

Plantes féculentes.

Nous aurons à nous occuper : 1° de plantes à tubercules ou à rhizomes féculents (pomme de terre, taro, manioc, patate, igname, arrow-root, calathea, canna, etc.) ; 2° de plantes dont le tronc renferme une moelle amylacée (cycas, sagoutiers, etc.)

Pomme de terre.

La pomme de terre constitue pour l'Algérie une production importante. Sa culture s'étend, à l'ouest d'Alger, tout le long de la côte, à Castiglione, à Fouka, Douada, Zeralda, Staouéli et depuis Guyotville jusqu'à la Pointe-Pescade. On la retrouve à Hussein-Dey, Kouba, etc., au Cap Matifou et jusqu'à Aïn-Taya.

Seule, la *Royale-Kidney* (variété de la pomme de terre jaune de Hollande) est cultivée en vue de l'exportation. C'est, en effet, l'unique variété appréciée à Paris, à Lyon, à Londres et en Allemagne. Son rendement est peu élevé : il ne dépasse guère le 3 pour 1. C'est un inconvénient qui pourrait être atténué par la culture de formes améliorées de la variété en question.

Nous ne nous étendrons pas davantage sur la pomme de terre dont la culture est bien connue et un peu hors de notre sujet. Pour plus de détails en ce qui concerne la production de la pomme de terre primeur nous renverrons nos lecteurs à la publication, déjà mentionnée de M. R. Schilling, *Culture et exportation des primeurs* dans le département d'Alger et la Tunisie.

Nous mentionnerons cependant que la *Réunion* a exporté des quantités importantes de pommes de terre. Malheureusement, ainsi que l'indique le tableau ci-dessous, ces exportations ont diminué presque constamment pour n'être plus mentionnées en 1905 :

Années	Poids en tonnes	Valeurs en francs	Années	Poids en tonnes	Valeurs en francs
1900	485	71.633	1903	375	94.276
1901	70	11.150	1904	19	4.292
1902	273	62.933	1905	»	»

L'*Indo-Chine* expédie au dehors quelques tonnes de pommes de terre.

Bibliographie. — Indépendamment de la brochure que nous venons de citer, nous signalerons les classiques *Recherches sur la culture de la pomme de terre industrielle et fourragère*, par Aimé Girard (Paris, 1891).

Taro.

Les taros sont des plantes appartenant à la famille des Aroïdées, au genre *Colocasia* et principalement à l'espèce *C. esculenta* Schott. (*C. antiquorum* Schott., *C. nymphæifolia* Kunth., *Arum esculentum* L., *Arum Colocasia* L.). Le rhizome tubéreux, vivace et farineux, en est la partie comestible. Le végétal présente, dans son ensemble, un aspect assez analogue aux arums ornementaux que l'on rencontre si fréquemment dans nos jardins. Les feuilles, de grandes dimensions, ont des pétioles très développés. Les fleurs en sont unisexuées, réunies en spadice entouré d'un spathe ; les fleurs femelles sont situées à la base du spadice et séparées des mâles par des organes neutres.

C'est surtout dans les îles de l'Océanie, où les tubercules sont une des bases de l'alimentation, que la culture du taro est le plus développée.

Le tubercule est plus ou moins volumineux ; certaines variétés en fournissent dont le poids ne dépasse pas 500 gr. ; chez d'autres ce poids peut atteindre 5 kg. C'est que les variétés de taros sont fort nombreuses. Celles dont les tubercules sont le plus riches ont une teneur en fécule de 33 % de la matière sèche. A côté de cette fécule se trouve un principe toxique (glucoside cyanhydrique) que l'on élimine par des lavages répétés ou bien par l'action de la chaleur, si bien que les tubercules cuits ou bien lavés sont parfaitement comestibles. Les variétés blanches sont moins amères que les variétés violettes.

Les taros sont employés, pour l'alimentation, cuits à l'eau et assaisonnés

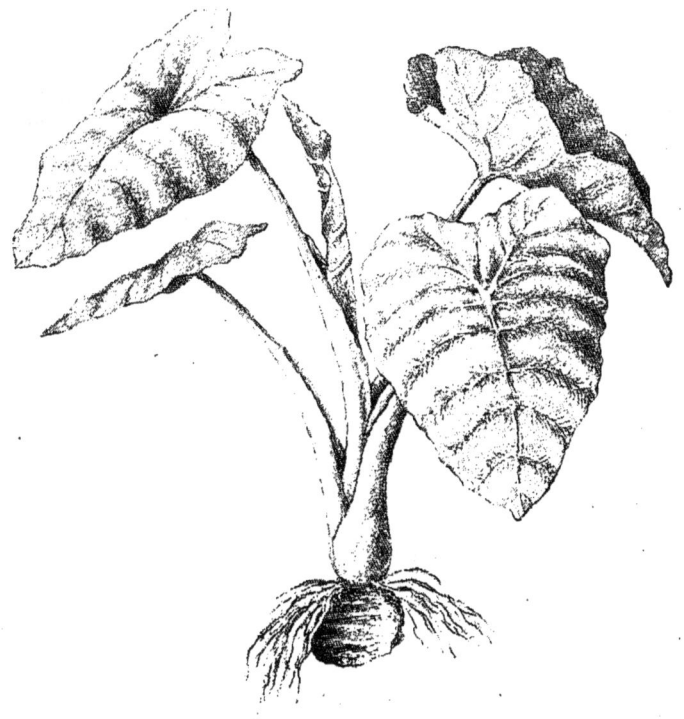

Colocasia esculenta.
Extrait de J. Dybowski, « Traité de Cultures tropicales ».

de diverses façons. On en extrait aussi la fécule et, celle-ci, lavée plusieurs fois et séchée au soleil, sert quelquefois à frauder l'arrow-root. En Indo-Chine on en fait des pâtisseries.

Pour les plantations, le meilleur moment est celui qui précède l'hivernage, mais cela n'a rien d'absolu. Le taro préfère en général le terrain humide et riche en humus ; la multiplication se fait par les tubercules.

La récolte ne doit pas se prolonger après le quatorzième mois ; elle peut commencer dès le huitième. En échelonnant les plantations on peut donc avoir du taro sans discontinuité.

Le taro est très répandu dans les pays chauds. Comme nous l'avons dit on le cultive beaucoup dans les îles de l'Océanie. On le rencontre sur la côte occidentale d'Afrique, au Dahomey par exemple. C'est le *koulkas* des Arabes, le *saonjo* de Madagascar et de la Réunion, le *tales* de Java, le *poati* Kuchoo de l'Inde, le *Koai môn* des Annamites, etc.

Manioc

Le manioc est une plante de la famille des Euphorbiacées, originaire du Brésil, mais aujourd'hui très répandue dans les régions tropicales. Ses tubercules peuvent être consommés directement, ou bien utilisés pour l'extraction de la fécule qui sert à préparer le tapioca, ou qui trouve les débouchés des fécules en général.

On distingue deux espèces principales pour la culture : 1° le manioc amer, *Manihot utilissima* Pohl (*Jatropha Manihot* L., *Manihot edulis* Plum., *Janipha Manihot* Kunth.), qu'on appelle vulgairement cassave amère ; 2° le manioc doux ou camanioc, *Manihot palmata* Muell. (*Manihot Aipi* Pohl. ; *Manihot dulcis* Bail ; *Jatropha dulcis* Rottb.), dont le nom vulgaire est cassave douce.

Ce sont des arbustes de 2 m à 2 m. 50 dont les tubercules sont disposés comme ceux du dahlia et se développent dans le voisinage du collet de la plante. Tandis que les tubercules du manioc doux sont constamment inoffensifs [1], ceux du manioc amer renferment, à l'état frais, un principe vénéneux que la chaleur détruit, de sorte qu'on peut très aisément, par lavage et cuisson, obtenir un produit non toxique. MM. DUNSTAN et HENRY ont démontré que les propriétés toxiques du manioc amer sont dues à la présence de *phaséolunatine*, glucoside susceptible de donner de l'acide cyanhydrique par dédoublement.

En Amérique, à la Guyane et probablement au Zambèze, on cultive surtout le manioc amer à cause de son rendement plus élevé.

Par contre à la Réunion, à Madagascar et à la Nouvelle-Calédonie, c'est le manioc doux que l'on trouve.

Les espèces que nous avons nommées se rencontrent sous un grand nombre de variétés différentes parmi lesquelles on doit faire un choix quand il s'agit d'établir une culture.

Le manioc se plaît dans des sols meubles, légers, bien ensoleillés, en pente. Sa culture est épuisante. Il faut donc faire usage d'engrais. A des

---

1. En réalité les maniocs doux renferment toujours, d'après M. Th. PECKOLT, une petite quantité d'acide cyanhydrique sous forme de glucoside.

PRODUCTIONS VÉGÉTALES DES COLONIES 145

altitudes assez élevées, on obtient des résultats, mais ceux-ci sont plus satisfaisants dans les vallées.

Cliché Savariau.
Pied de manioc.

La multiplication se fait par boutures prises de tiges. A partir du huitième mois on peut généralement arracher les tubercules du manioc doux, tandis que, avec le manioc amer, la récolte est plus tardive et ne peut généralement se faire avant douze à dix-huit mois. On peut, passé ces délais, arracher au fur et à mesure des besoins, sans cependant attendre

trop longtemps, car les tubercules ont une conservation limitée : ils deviennent ligneux. C'est à un an et demi que le manioc amer donne la meilleure qualité de fécule et le maximum de rendement à ce point de vue. Le manioc doux est d'une durée de conservation plus restreinte et c'est quelques mois plus tôt que l'arrachage doit être effectué.

On opère à la charrue ou à la bêche. Les rendements sont très variables, ils oscillent entre 15 et 120 tonnes à l'hectare.

Nous décrirons dans le volume suivant (groupe III, classe 11) l'extraction de la fécule de manioc et sa transformation en *tapioca*.

Indépendamment des colonies françaises, dont nous allons faire une étude spéciale en ce qui concerne la production du manioc, les principaux centres de culture sont : les États-Unis, le Brésil, la Malaisie (qui envoie sa fécule à Singapour en vue de son traitement industriel), le Mozambique, San Thomé, l'Angola. Singapour exporte tous les ans de 20 à 25.000 tonnes de manioc sous la double forme de tapioca et de fécule.

La plupart de nos colonies possèdent des cultures de manioc, pour l'alimentation des indigènes. Au *Dahomey*, par exemple, le manioc se trouve dans toute la colonie et principalement dans le sud. On y cultive et le manioc amer et le manioc doux, ce dernier en quantité prédominante. Les indigènes dépouillent les tubercules de leur écorce, les font bouillir et les consomment tels quels ou avec de l'huile de palme. Ils utilisent aussi sur place pour préparer la fécule qui, d'ailleurs, ne suffit pas aux besoins locaux. Les statistiques du service des douanes accusent, en effet, des importations de manioc (venant de Lagos) pour 35.541 fr. en 1902 et pour 307.386 fr. en 1903. Cette constatation est tout à fait regrettable concernant une culture facile, d'une réussite certaine dans la colonie et susceptible d'apporter à celle-ci une nouvelle source de richesse.

A *Madagascar* et à la *Réunion* on rencontre le manioc doux. La Réunion a exporté en 1902, 558 tonnes de manioc, et en 1903, 1850 tonnes. On y fabrique du tapioca pour l'exportation.

En *Indo-Chine* le manioc existe mais ne donne lieu à aucune culture importante. Cependant il pourrait s'étendre dans le moyen Tonkin où on le rencontre déjà.

La *Nouvelle-Calédonie* possède deux variétés de manioc doux : le St-Philippe, précoce, à tige verte très ramifiée, le manioc bouquet, très vigoureux.

A *Tahiti*, on cultive le manioc amer. La culture est pratiquée surtout dans l'île Moorea et aux Iles-sous-le-Vent.

Aux *Antilles françaises* on rencontre plusieurs variétés différentes. Les variétés de la *Guyane* sont très productives, de bonne qualité, se conservent bien en terre.

Bibliographie. — L. COLSON et L. CHATEL, Culture et industrie du manioc, Paris. — DUMAS, *Bull. du Jardin colonial*, n° 39.

Patate.

La patate douce (*Ipomæa Batatas* Lam., *Batatas edulis* Chois., *Convolvulus indica* Mor.) appartient à la famille des Convolvulacées. Elle compte, aux colonies, parmi les principales plantes alimentaires, à cause de ses tubercules. Il existe un grand nombre de variétés de patates qui se différencient surtout par les tubercules et aussi par la forme des feuilles.

La patate est sucrée et ses teneurs en fécule et en sucre sont extrêmement variables : la première oscille dans les tubercules frais entre 7 et 20 %, la seconde entre 62 et %. La composition moyenne est la suivante : eau 75 %, amidon 15 %, glucose 4 %.

C'est dans les terres plutôt légères et modérément humides que les patates prospèrent le mieux. Si les terrains sont trop humides les tubercules ont une tendance à pourrir avant la récolte. Les terres d'alluvions silico-argileuses sont les plus convenables, mais en général la culture se fait un peu partout, car elle n'exige guère d'entretien. La reproduction de la patate se fait par bouturage. On récolte de trois à six mois après la plantation. Dans certains pays, en Indo-Chine notamment, les tiges herbacées bouillies servent de légumes; les tiges tendres, coupées en lanières, constituent un excellent légume en salade; les tiges ligneuses et les feuilles sont un excellent fourrage pour les bestiaux.

Les tubercules arrachés se conservent très difficilement. Mais le mode de végétation de la plante permet, fort heureusement, de remédier à cet état de choses. Les tiges sont d'un enracinement facile, de sorte que, lorsqu'une première récolte a été obtenue, on butte soigneusement la tige, et l'on peut deux ou trois mois après, faire un nouvel arrachage.

Un pied rapporte quelquefois 8-10 kg. de tubercules. Le rendement à l'hectare, très variable, peut atteindre 20 tonnes.

Différents procédés de conservation ont été essayés qui donneraient des résultats satisfaisants. Cette question est fort intéressante au point de vue de l'uniformisation des cours sur les marchés et de la meilleure utilisation de cet excellent produit.

La culture de la patate a pu réussir en plein air dans le Midi de la France, mais c'est surtout dans les pays chauds qu'elle est pratiquée, au Mexique, au Brésil, au Pérou, au Japon, aux Marquises, à la Nouvelle-Zélande, aux Sandwich, etc. On peut dire que partout, dans nos colonies, la patate est connue et employée pour l'alimentation. En Algérie, sur la côte occidentale d'Afrique, à Madagascar, en Indo-Chine, à la Nouvelle-Calédonie, à Tahiti, aux Antilles, à la Guyane, la patate est très appréciée. Aux Antilles on prépare, par cuisson dans du sirop de sucre et séchage à l'étuve, une conserve dont le goût rappelle un peu celui des marrons glacés. On extrait aussi la farine de patate.

Marché aux patates à Adjarra, près de Porto-Novo.
Extrait de Savariau, « L'Agriculture au Dahomey ».

Igname.

C'est encore une plante féculente très répandue dans nos diverses colonies. Au Dahomey, les indigènes ont pour elle une véritable vénération qu'ils manifestent tous les ans en célébrant la fête de l'igname.

L'igname appartient à la famille des Dioscoréacées et au genre *Dioscorea*. La principale espèce des pays tropicaux est le *Dioscorea alata* L. qui, d'ailleurs, présente un grand nombre de variétés (pas moins de 50) formant, au point de vue pratique, deux catégories : l'igname douce et l'igname amère.

Les ignames sont des plantes vivaces, herbacées, grimpantes, fournissant des rhizomes presque toujours souterrains dont on fait usage dans l'alimentation. La chair des tubercules est ferme, ce qui rend difficile l'extraction de la fécule (on doit faire tremper les tubercules pendant deux jours dans de l'eau froide avant de les râper). On consomme l'igname comme la pomme de terre. Il renferme un principe vénéneux (glucoside cyanhydrique) qui est éliminé par le lavage et la cuisson.

Les terrains alluvionnaires secs, élevés, sont ceux que préfère l'igname. On met en terre des tranches de tubercules, on butte et l'on place généralement des tuteurs (cette dernière pratique n'est pas adoptée en Indo-Chine).

On ne peut faire qu'une récolte par an, à cause de la longue évolution de la plante.

L'igname a une valeur nutritive supérieure à celle de la pomme de terre, ainsi que le démontrent les résultats de l'analyse chimique. Dans un sol favorable, on peut obtenir des tubercules pesant jusqu'à 4 kilos.

L'igname sous ses variétés différentes est cultivée dans un grand nombre de contrées : Chine, Japon, Indo-Chine, archipel Malais, Antilles, Nouvelle-Zélande, Nouvelle-Calédonie, côtes occidentales d'Afrique, etc. Nous relevons en particulier, dans les statistiques, les importations suivantes de la *Côte d'Ivoire* : en 1901, 1.858 kilos (valeur 371 fr.), en 1904, 1.442 kilos (valeur 289 fr.).

Arrow-root.

Cette fécule, d'un blanc nacré, de digestion si facile et d'une valeur nutritive si grande, l'arrow-root, employée si fréquemment pour l'alimentation des enfants ou des malades, est fournie par les rhizomes de plantes du genre *Maranta* (familles des Cannacées). Les deux principales espèces cultivées sont : le *M. arundinacea* L. et le *M. indica* Tussac dont la démarcation n'est d'ailleurs pas bien nette.

On cultive cette plante sur une grande échelle aux Bermudes, dans les

Antilles (à la Barbade et à Saint-Vincent), dans le Sud des États-Unis, au Brésil, dans l'Inde (région de Madras), en Malaisie, au Natal, à la Réunion, à Maurice.

Les climats chauds et un peu humides, une terre légère avec un sous-sol perméable, lui conviennent particulièrement. La reproduction s'effec-

Maranta arundinacea.
Extrait de J. Dybowski, « Traité de Cultures tropicales ».

tue à l'aide de fragments de rhizomes. La récolte se fait après un an de culture, en arrachant à la charrue ou avec la houe à main.

Calathea

Cette plante (*Calathea Allouya* Lind., *Maranta Allouya* Aubl., famille des Cannacées) est très voisine de la précédente. On la cultive pour ses rhizomes aux Antilles, au Guatemala, à la Guyane et au Brésil. Elle fournit une fécule très fine. Aux Antilles on la désigne sous le nom de topinambour.

Canna.

Le *Canna edulis* Ker. Gawl. (famille des Cannacées), à fleurs rouges est la principale espèce alimentaire du genre. Il est très cultivé en Australie pour l'extraction de la fécule dite fécule tolomane, ou encore arrow-root du Queensland, dont les Anglais font un si grand emploi dans la préparation des gelées.

Les rhizomes ont la forme de gros tubercules allongés et renferment 28 % de fécule.

La multiplication se fait à l'aide des petits tubercules que l'on trouve et la récolte a lieu au bout de dix à douze mois.

Autres plantes à tubercules féculents.

Citons encore, en fait de plantes à tubercules féculents : les *Ouvirandra* (famille des Naïadacées) de Madagascar et de Sénégambie ; l'*Alocasia macrorhiza* Schott. (famille des Aroïdées), cultivé surtout aux Moluques, dans l'Inde et en Océanie, comme le taro ; le *Tacca pinnatifida* Forst. (famille des Amaryllidées), dont les tubercules donnent une fécule (arrow-root de Tahiti) appréciée surtout en Angleterre et en Amérique et dont les pailles à chapeaux sont très bien utilisées par les Tahitiennes ; le *Tacca involucrata* Sch. et Th. qui remplace, sur la côte occidentale d'Afrique et au Soudan, l'espèce asiatique et océanienne précédente. Nous passons maintenant à l'étude de végétaux dont la partie féculente est le tronc.

Cycas.

Les Cycas (famille des Cycadées) sont des arbres dont la moelle du tronc est amylacée. On en exploite plusieurs espèces notamment au Japon, en Cochinchine, aux Moluques, en Nouvelle-Calédonie.

Sagoutiers.

Les véritables sagoutiers sont des Palmiers appartenant au genre *Metroxylon*. Ils habitent la Malaisie, la presqu'île de Malacca et le Siam. Les principales espèces sont : le *M. Rumphii* Rottb. (*Sagus Rumphii* Willd.; *Sagus farinifera* Gœrtn.) et le *M. Sagu* Rottb. (*Sagus inermis* Mart., *Sagus lævis* Jack).

Pour obtenir le sagou, contenu dans le tronc, il est nécessaire d'abattre l'arbre. C'est un peu avant la floraison, qui marque la fin de la vie de l'arbre, que l'on fait la récolte. A cette époque, on obtient le meilleur rendement en fécule et la meilleure qualité de produit. Le blanchiment des pétioles est un indice de l'approche de la floraison. L'arbre abattu, le tronc est débité en tronçons qu'on fend dans le sens de leur longueur.

On enlève la moelle par lanières que l'on réduit en poudre par râpage ou pilonnage. Cette poudre est pétrie sous l'eau pour en extraire la fécule. On place la matière sur une toile ou sur un tamis au-dessus d'un baquet, l'eau entraine la fécule qui se dépose. On la lave une seconde fois et on la fait sécher. On obtient ainsi la farine de sagou, dont la presque totalité est envoyée à Singapour. Là elle est soumise au granulage ou perlage pour être réexpédiée ailleurs.

Les exportations annuelles de sagou de Singapour atteignent 130.000 tonnes.

Le sagou reçu à Singapour vient de Malacca, de Johor, de Sumatra, de Bornéo et de petites îles avoisinantes.

En 1902, il a été exporté de *Mayotte* 10 tonnes de sagou (valeur 3.815 fr.).

La *Nouvelle-Calédonie* en exporte de faibles quantités, mais d'une façon irrégulière :

Années	Poids	Valeur en francs	Années	Poids	Valeur en francs
1900	»	»	1903	»	»
1901	0 t. 963 kg.	1.050	1904	»	»
1902	0 160	34	1905	0 t. 105 kg.	100

La *Réunion*, la *Martinique*, la *Guyane* exportent des fécules exotiques parmi lesquelles le sagou occupe une bonne place.

Le *Caryota urens* Roxb. est un palmier dont la moelle fournit un sagou dans le Mysore et au Malabar. Ce sagou est inférieur à celui de *Metroxylon*.

CÉRÉALES

Nous étudierons sous cette rubrique : le riz, le maïs, le sorgho et le mil.

Riz et Paddy.

Le riz est un produit de la plus haute importance puisqu'il forme la base même de la nourriture des 16 millions d'habitants de l'Indo-Chine française, tout en constituant la dominante dans l'exportation de la colonie. C'est une plante annuelle (*Oryza sativa* L.), dont la tige a une longueur de $0^m 70$-$0^m 80$. L'inflorescence, de 20 à 40 centimètres, est une panicule rameuse où chaque épillet porte une seule fleur développée.

Le grain a pour tégument propre une enveloppe mince, mais les glumelles s'appliquent à sa surface et constituent une sorte de seconde enveloppe épaisse, qui est la *balle*.

Le grain, ainsi recouvert de son tégument et de ses glumelles, en d'autres termes le riz non décortiqué, est appelé *paddy*. C'est à l'étude du paddy que nous aurons à nous borner ici. Le riz décortiqué sera examiné au groupe III (classe 11). Toutefois, anticipant sur l'exposé que nous aurons à faire dans le volume suivant, nous définirons dès à présent quelques termes que nous aurons à employer, en particulier à propos des statistiques.

On donne le nom de *riz cargo* au mélange de balle (généralement 20 %) et de riz décortiqué mais non blanchi (ce mélange a l'avantage d'assurer la conservation du riz pendant de longs transports). Le *riz blanc* est le riz décortiqué, c'est-à-dire débarrassé de son enveloppe. La balle de paddy, qui sert de combustible, représente environ 20 % du poids de la graine. Il faut environ 1.300 kilog. de paddy pour fournir une tonne de riz cargo 20 %, forme sous laquelle a lieu la majeure partie de l'export, et 1.666 kilog. de paddy pour donner une tonne de riz blanc.

En Indo-Chine, en particulier, indépendamment de l'*Oryza sativa* on distingue l'*O. glutinosa* (riz glutineux), l'*O. montana* (riz de montagne qui ne pousse pas dans les terrains inondés), et enfin un type non encore déterminé, spécial aux terrains très inondés, qui jouit de la particularité d'allonger sa tige au fur et à mesure de la montée des eaux.

Quant aux variétés, elles sont innombrables. Les indigènes de Cochinchine n'en citent pas moins de 350. Mais toutes sont-elles bien distinctes? La direction de l'Agriculture et du Commerce de l'Indo-Chine se préoccupe de mettre un peu d'ordre dans cette confusion. Le nombre des facteurs dont il faut tenir compte pour une classification rationnelle est si grand et quelques-uns sont si importants que ce sera une œuvre délicate et de longue haleine. Mais, connaissant la haute valeur scientifique du directeur de l'Agriculture et du Commerce, M. Capus, ainsi que son activité et son dévouement, on ne peut douter que cet important problème ne reçoive une solution complète. Comme le fait remarquer l'auteur d'une intéressante brochure *Les richesses naturelles de l'Indo-Chine*, publiée à l'occasion de l'Exposition coloniale de Marseille, rien ne serait plus dangereux, pour l'établissement d'une classification, que de ne pas tenir compte des observations séculaires des indigènes sur la hâtivité plus ou moins grande de certaines variétés de riz (riz de 3 mois, de 6 mois, riz dits de saison en Indo-Chine, et riz tardifs), sur leur convenance pour certains sols ou certaines dispositions topographiques du terrain (paddys pour rizières inondées, mi-inondées, ou complètement sèches, riz flottants, etc.), sur leur valeur industrielle ou commerciale (couleur naturelle du grain, résistance à la meule, forme du grain, etc.). La composition chimique doit également entrer en ligne de compte.

En somme, au point de vue cultural, on peut distinguer deux groupes de riz bien distincts : les riz ordinaires et les riz de montagne.

Les premiers, encore appelés riz aquatiques, forment la catégorie à laquelle appartiennent les variétés les plus cultivées. Ils exigent une terre fortement imbibée d'eau, irriguée naturellement ou artificiellement.

Quant aux riz de montagne, ils poussent sur les hauteurs, dans des terres qui ne sont jamais inondées, mais dans les régions où les pluies sont abondantes.

Les rizières sont établies dans des terrains humides, soit à l'estuaire des grands fleuves, soit dans les dépressions des vallées où séjourne l'eau des pluies ou l'eau des inondations, soit dans le voisinage de rivières dont on peut détourner partiellement le cours pour l'irrigation.

Il faut au surplus un sol fertile et cette condition est indispensable, il faut aussi que le sol soit exempt de toute végétation marécageuse. Les racines nombreuses et puissantes des plantes des marais entrave en effet le développement du riz.

Enfin, au moment où commence la maturation, on doit pouvoir mettre le terrain à sec.

On fait les semis sur place (Italie, États-Unis, Égypte) ou en pépinière. Dans ce dernier cas, on procède au repiquage un mois ou un mois et demi après le semis, en sélectionnant les sujets les plus verts.

Après la moisson, les gerbes sont mises en meules ou rentrées jusqu'au moment de l'égrenage. L'égrenage se pratique par piétinage ou par battage. Le grain est ensuite nettoyé au van ou avec un tarare.

Les rendements d'un hectare de rizière sont naturellement excessivement variables suivant les contrées, et, dans chacune d'elles, suivant les terrains, les saisons, etc. C'est ainsi qu'en Cochinchine, par exemple, certaines rizières de l'est ne rendent pas plus de 800 à 1000 kilos de paddy à l'hectare, tandis que, dans certaines terres très riches de l'ouest, le rendement peut atteindre et même dépasser 3.500 à 4.000 kilos. Nous lisons dans *Les richesses naturelles de l'Indo-Chine* qu'une moyenne très raisonnable, dans une bonne terre ordinaire de Cochinchine, est de 2.000 à 2.200 kilos à l'hectare. Au Tonkin, il serait prudent de ne pas compter sur plus de 1500 à 1800 kilos. Il est vrai que beaucoup de rizières bien placées, au Tonkin (la moitié environ du bas delta), peuvent fournir deux récoltes de riz : une en mai et l'autre en novembre, mais, même dans ces terrains privilégiés, le sol, moins fertile, rend moins, en fin de compte, que dans les belles terres vierges de l'ouest de la Cochinchine.

Le poids moyen d'un hectolitre de paddy est de 60 kilos.

Production et commerce du riz. — Les principaux centres de production du riz sont : en première ligne les Indes anglaises et en particulier la Birmanie qui, à elle seule, exporte annuellement de 1.500.000 à 1.800.000 tonnes. Au second rang, vient l'Indo-Chine française. Le Siam suit de près notre colonie depuis trois ans, et les grands travaux d'aménagement des eaux dans la vallée du Ménam, dont l'effet se fera certainement sentir dans quelques années, imposent un effort sérieux à l'Indo-Chine si celle-ci veut conserver son rang. Après le Siam, viennent le Japon, Java, l'Italie, les États-Unis.

Voici d'ailleurs quelques chiffres d'exportation qui permettent de préciser la comparaison :

INDES ANGLAISES moyenne annuelle de 1900 à 1904		INDO-CHINE moyenne annuelle de 1900 à 1904	SIAM moyenne annuelle de 1899 à 1903	JAPON moyenne annuelle de 1900 à 1904	JAVA moyenne annuelle de 1899 à 1903
Inde : 534.235 t.	Birmanie 1.396.710 t.	917.000 t.	598.600 t.	58.167 t.	38.585 t.
1.930.943 tonnes					

La France consomme des quantités importantes de riz, mais pendant longtemps ce fut l'Inde qui nous approvisionna. Les riz d'Indo-Chine sont, en effet, moins appréciés pour la consommation que pour la fabrication de l'alcool. Actuellement la situation est changée, au surplus elle s'améliore constamment. Voici, d'ailleurs, la part exacte de l'Indo-Chine et celle des autres pays dans notre approvisionnement en riz :

Importations en France (en tonnes).

	1887	1893	Moyenne annuelle de 1899 à 1903	1903
Indo-Chine	2.530	73.804	114.667	89.700
Autres pays	78.083	32.208	34.188	30.246

En 1903, l'exportation de riz d'Indo-Chine vers la métropole fut extrêmement faible par rapport aux chiffres des années voisines (moyenne annuelle de 1901 à 1904 : 170.000 tonnes), mais ce fléchissement fut compensé par un maximum atteint en 1904 : 239.800 tonnes ; elle a été de 153.900 tonnes en 1905.

On voit donc, comme nous le disions plus haut, que la demande métropolitaine à l'Indo-Chine est toujours plus régulière et que si les riz de notre colonie ne peuvent, pour la consommation (à cause de leur moins belle apparence et de leur moindre résistance au polissage), lutter que très difficilement contre les belles sortes d'Italie, de Java, du Japon, de Birmanie, du moins trouvent-ils leur emploi dans l'amidonnerie, la féculerie, la nourriture des volailles, la fabrication de l'alcool.

Etudions maintenant la production en riz de chacune de nos colonies et en particulier de l'Indo-Chine.

Durant les années qui ont précédé immédiatement 1902 et suivi 1903, on ne trouve pas trace d'exportation de riz du *Sénégal* (Sénégal et Soudan); en 1902 et en 1903 les statistiques indiquent les nombres suivants :

	Poids	Valeurs en francs
1902	30 t. 753 kg.	6.454
1903	0 t. 809 kg.	171

C'est que le riz du pays est de plus en plus délaissé. En Casamance, sa culture, peu rémunératrice, incite l'autochtone à s'approvisionner chez les commerçants.

La *Guinée* a exporté quelquefois du riz, ainsi que l'indique le tableau ci-dessous :

Années	Valeurs en francs	Années	Poids en tonnes	Valeurs en francs
1900	—	1903	—	5.975
1901	6.933	1904	—	5.134
1902	4.234	1905	11	2.240

Environ 10 tonnes de riz (valeur 2.255 fr.) ont été exportées en 1905 de la *Côte d'Ivoire*.

A *Madagascar* la production est loin d'être négligeable à en juger par les chiffres d'exportation ci-dessous :

	1901	1902	1903	1904	1905	1906
POIDS EN TONNES :						
Riz en paille	11	108	308	574	919	»
Riz décortiqué	79	16	5	33	598	»
Total	90	124	313	607	1.517	2.317
VALEURS EN FRANCS :						
Riz en paille	2.248	13.262	32.260	57.127	100.987	»
Riz décortiqué	18.982	3.622	1.233	5.393	112.858	»
Total	21.230	16.884	33.493	62.520	213.845	332.841

Ainsi, les exportations de riz suivent une progression continue. Les provinces centrales produisent cette céréale en abondance et l'exportation augmentera encore dans de fortes proportions le jour où le chemin de fer fonctionnera entre Tananarive et la mer.

Les résultats obtenus jusqu'à ce jour dans cet ordre d'idées sont dus à l'influence exercée sur les indigènes par les services agricoles locaux. Ils témoignent de l'activité éclairée dépensée par M. Ém. Prudhomme, l'éminent directeur de l'Agriculture. Ils sont aussi la conséquence de l'amélioration des voies de communication. Il ne faut pas perdre de vue, en effet, que jadis tous les transports se faisaient à dos d'homme et qu'aujourd'hui, grâce aux routes, aux chemins de fer et au canal, les envois de riz jusqu'à la côte peuvent être effectués d'une façon relativement aisée.

Cliché Em. Prudhomme.
Grenier à riz betsimisaraka (Versant est de Madagascar).
Communiqué par *le Mois colonial et maritime*.

Les récentes statistiques mentionnent des exportations de riz de *Mayotte*.

	Poids en tonnes	Valeurs en francs
1903	52	8.679
1904	51	11.760

Les *établissements français de l'Inde* avaient exporté en 1900 pour 423.981 fr. de riz; depuis, cette céréale n'a plus été l'objet d'aucune mention dans les statistiques.

Nous avons signalé l'importance de la production du riz en *Indo-Chine*. Nous allons préciser les renseignements que nous avons limités dans ce qui précède à la comparaison de notre colonie avec les autres pays rizicoles.

Le riz se rencontre en tous les points de l'Indo-Chine, mais ses deux centres principaux de culture sont le delta de Mekong et du Donnai en Cochinchine, et celui du fleuve Rouge et du Thai-Binh au Tonkin. Au surplus, nous devons mentionner les deltas de Song-Ma (province de Tanh-Hoa) et du Song-Ca (provinces de Nhgê-An et de Ha-Tinh) dans le Nord-Annam, ainsi que les bords du Mekong (provinces de Takéo et de Prey-Veng notamment) au Cambodge. Les statistiques pour le Tonkin et la Cochinchine, indiquées dans *Les richesses naturelles de l'Indo-Chine*, donnent les nombres suivants en ce qui concerne les superficies cultivées en riz :

```
Cochinchine..............   1.200.000 hectares environ
Tonkin..................     900.000        —
```

Les statistiques de l'Annam et du Cambodge sont trop peu sûres pour être publiées.

Il n'y a plus grande extension à espérer pour la culture du riz dans le delta tonkinois, sauf par quelques assèchements et quelques gains sur les lais de mer. Presque toute la terre disponible est déjà utilisée et la population est si dense dans le bas Tonkin (quelquefois plus de 350 habitants au kilomètre carré) que les quantités disponibles pour l'exportation seront toujours relativement faibles.

Au contraire, en Cochinchine, la moitié à peine du delta est mise en valeur et il reste, dans l'ouest surtout, des surfaces considérables que l'on pourra exploiter aisément et avec profit. Toutefois une grande difficulté se présente en ce qui concerne la main-d'œuvre.

Au point de vue purement commercial on distingue actuellement sur le marché installé à Cholon, faubourg industriel de Saïgon, trois sortes de riz et paddys : le *go-cond* (grain rond) demandé surtout en Europe, le *vinh-long* (grain long) particulièrement abondant, et le *bai-xau* (demi-long) le plus nourrissant, ainsi que le démontre l'analyse chimique, et aussi le plus apprécié en Chine.

Malgré que durant ces dernières années les conditions aient été très défavorables, à cause de la sécheresse, les exportations de riz ont progressé ainsi que l'indique le tableau ci-dessous :

		1878	1888	1898	1901	1902	1903	1904	1905
POIDS EN TONNES									
RIZ	en paille	»	»	»	4.289	36.816	13.387	11.696	2.027
	entier	»	»	»	673.235	636.149	404.906	556.879	344.868
	brisures	»	»	»	34.254	48.133	31.168	56.906	48.042
	farine	»	»	»	100.659	126.218	80.373	104.459	62.979
	cargo	»	»	»	»	268.285	146.184	235.667	164.121
	Total	218.000	500.000	804.000	812.434	1.115.601	676.018	965.607	622.037
VALEURS EN FRANCS									
RIZ	en paille	»	»	»	343.147	2.945.264	937.101	818.723	141.817
	entier	»	»	»	101.768.013	95.422.360	52.637.838	72.394.224	44.832.850
	brisures	»	»	»	2.591.361	3.850.677	2.805.116	5.121.570	4.323.750
	farine	»	»	»	3.639.184	5.048.716	4.822.382	6.267.552	3.778.762
	cargo	»	»	»	»	26.826.548	14.618.354	23.566.705	16.412.102
	Total	»	»	»	108.341.705	134.093.565	75.820.791	108.168.774	69.489.281

La diminution sur l'exportation des riz en 1905 par rapport à 1904 a une cause accidentelle : elle est due à la récolte plus que désastreuse en Indo-Chine surtout ; le Tonkin a été également éprouvé, ce pays a eu à souffrir, dans le courant de l'année, de plusieurs typhons à la suite desquels diverses provinces ont été complètement inondées. D'ailleurs l'année 1904 avait été une année exceptionnelle à deux points de vue : récolte abondante en Indo-Chine et disette en Chine. Il en résulte que l'on peut conclure à un accroissement continu, dans les circonstances normales, des envois de riz.

En 1907, le résultat des exportations viendra certainement à l'appui de cette manière de voir, puisque pendant les trois premiers trimestres il a été atteint un chiffre, 1.052.944 tonnes, plus élevé que celui correspondant à l'année 1904 tout entière.

Indiquons, pour fixer les idées, la participation en 1904 des différents centres de production à l'exportation totale de l'Indo-Chine :

Cochinchine (et Cambodge, ainsi que le transit
venant de Battambang)............................ 870.800 tonnes
Tonkin... 92.700 —
Annam... 2.100 —
    Total................ 965.600 tonnes

Dans ce qui précède nous avons donné un tableau permettant de comparer aux importations d'autres provenances, les importations en France de riz d'Indo-Chine. Il sera intéressant aussi de connaître comment l'Indo-Chine répartit ses envois annuels de riz entre la France et l'Extrême-Orient. C'est ce qu'indique le tableau suivant :

	1878	1888	1898	1904	1905
	tonnes	tonnes	tonnes	tonnes	tonnes
Extrême-Orient	215.400	476.400	611.000	690.438	445.744
France	—	—	174.000	239.754	153.933
Export total	218.000	500.000	804.000	965.607	622.037

Soit, en centièmes par rapport à l'exportation totale de riz d'Indo-Chine :

	1878	1888	1898	1904	1905
Extrême-Orient	99 °/₀	95 °/₀	76 °/₀	72 °/₀	72 °/₀
France	moins de 1 °/₀	moins de 5 °/₀	22 °/₀	25 °/₀	25 °/₀

On voit que la France demande à l'Indo-Chine une proportion de plus en plus grande de son riz exporté.

En 1904 et en 1905 le mouvement de sortie des riz d'Indo-Chine a été le suivant :

DESTINATIONS	Poids en tonnes		Valeurs en francs	
	1904	1905	1904	1905
France et colonies............	239.754	153.933	27.782.227	17.133.251
Hong-Kong..................	342.794	212.192	33.724.000	20.468.552
Chine, Japon, Birmanie, Siam.	76.171	70.802	9.608.736	9.149.122
Singapour..................	10.373	878	1.270.680	88.316
Autres pays d'Europe.........	35.415	22.360	2.869.012	1.615.083
Autres pays d'Asie, d'Afrique, d'Amérique et d'Océanie.	261.100	161.872	32.914.119	21.035.027
Total de l'étranger......	725.853	488.104	80.386.547	52.356.100
Total général..........	965.607	622.037	108.168.774	69.489.351

En somme, malgré la progression de l'importation en France de riz d'Indo-Chine, le plus fort débouché demeure l'Extrême-Orient. La destination principale est Hong-Kong où vont exclusivement les *riz du Tonkin et de l'Annam*. Il y a quelques années ils étaient exportés à nouveau de ce port vers la Chine méridionale. Mais aujourd'hui ils vont principalement au Japon. Il est à craindre que les Philippines ne constituent qu'un marché temporaire. Au contraire les Indes néerlandaises offrent un débouché plus stable.

Les prix des riz d'Indo-Chine sont très variables suivant les années et les marchés. Sur le marché centralisateur et régulateur de Cholon, les 100 kilos de paddy valaient environ 8 francs en 1905. Cette céréale est donc une matière première alimentaire très bon marché, bien plus économique que le blé.

Bibliographie. — Lefeuvre, *Bull. économique de l'Indo-Chine*, ancienne série, n°s 17 et 18 (Valeur industrielle et alimentaire des riz de Cochinchine). — *Bull. économique de l'Indo-Chine*, décembre 1905. — Sainte-Marie, *Bull. du Jardin colonial*, n° 24. — Dumas, *Bull. du Jardin colonial*, n° 43.

Maïs.

Le maïs (*Zea Mays* L., famille des Graminées) est une céréale du plus haut intérêt au double point de vue alimentaire et industriel. Nous n'avons pas à décrire ici cette plante bien connue. Elle est reproduite par semis. Ceux-ci sont effectués au moment de la saison des pluies, dans des sols meubles et riches, mais modérément humides. Dans les pays chauds on peut faire jusqu'à trois récoltes par an.

La culture du maïs est très répandue. Elle est importante aux États-

Unis, dans l'Argentine (exportation annuelle 4.800.000 tonnes), etc., comme d'ailleurs dans beaucoup de nos colonies et en Tunisie.

Colonies françaises. — Le maïs est cultivé au *Sénégal*, et en 1905 on voit apparaître cette céréale dans les statistiques d'exportation. Voici le chiffre indiqué (Sénégal, Haut-Sénégal et Niger) : 563 kilog. (valeur 140 francs).

Les exportations de la *Côte d'Ivoire* ont cessé en 1904 et en 1905. Voici les chiffres correspondant aux quatre années précédentes.

Années	Poids	Valeurs en francs	Années	Poids	Valeurs en francs
1900	1 t. 202 kg.	120	1902	6 t. 237 kg.	4.366
1901	0 800	80	1903	2 773	1.941

Au *Dahomey* le maïs abonde, en particulier dans le Bas-Dahomey où plusieurs variétés sont cultivées. Ces diverses variétés peuvent être ramenées à deux types principaux : un maïs à grains blancs et un maïs à grains rouges. Ces deux sortes ont donné naissance à un grand nombre d'hybrides. La variété la plus répandue est la blanche, dont le grain est plus farineux, se moud plus aisément et dont les rendements sont plus élevés. Mais les épis du maïs rouge, consommés grillés avant leur complète maturité, ont un goût plus agréable que ceux du maïs blanc.

La durée de la végétation du maïs est, au Dahomey, de quatre mois, au bout desquels on peut récolter. Une première récolte a lieu en juillet. Elle est absorbée par les besoins locaux immédiats. Aussi bien ce maïs, qui mûrit en pleine saison de pluies, est d'une conservation difficile. La seconde récolte est faite en décembre et janvier et le produit est alors conservé dans des silos aériens.

Les indigènes récoltent une partie de maïs avant la maturité et en consomment les épis grillés. Une autre partie est récoltée à maturité complète ; ses grains sont réduits en farine et utilisés sous cette forme pour la préparation de l'*akassa* qui est le pain des Dahoméens.

Dans le Bas-Dahomey le maïs est l'objet d'un commerce important. Le prix d'achat sur place en septembre 1905 était compris entre 2 et 3 francs les 100 kilos, mais les frais de transport jusqu'à la côte viennent peser d'une façon relativement lourde sur le prix de ce produit qui, de 30 francs la tonne, se trouve porté à 102 francs 60 à l'arrivée à Bordeaux. Il laisse toutefois une certaine marge pour les bénéfices, puisque les maïs de la Plata, par exemple, valent en moyenne à Marseille de 180 à 200 francs la tonne [1]. Effectivement les exportations

---

1. Savariau, *L'Agriculture au Dahomey*.

du Dahomey ne sont pas insignifiantes, comme on peut en juger d'après les chiffres inscrits dans le tableau suivant :

Années	Poids	Valeurs en francs	Années	Poids en tonnes	Valeurs en francs
1900	57 t.	22.006	1903	24	4.868
1901	1 t. 695 kg.	339	1904	207	41.473
1902	2 273	475	1905	2.059	111.040

On peut constater les heureux résultats dus à la propagande faite par le Ministère des Colonies pour développer, au Dahomey, la production du maïs. Ces résultats sont encourageants et la détaxe de 3 francs dont bénéficient les maïs coloniaux pourra favoriser encore la culture de cette céréale pour l'exportation.

La considérable augmentation dans l'exportation en 1905 est due aussi à ce que, les huiles et les amandes ayant fait défaut, le maïs a profité de cette situation et a été très recherché par les maisons de commerce qui, se trouvant à la tête de fortes encaisses disponibles, ont exporté de grandes quantités de maïs, retournant sous cette forme leurs espèces en Europe.

Pour accroître encore l'exportation il faudrait habituer l'indigène à ne récolter le maïs qu'en pleine maturité, car dans les circonstances actuelles les grains sont généralement piqués avant d'arriver à destination. Au surplus, la diffusion des égreneuses à bras, diminuant l'effort et augmentant le rendement du travail, favoriserait encore l'extension de la culture du maïs au Dahomey.

Les exportations de maïs de *Madagascar*, sans être aussi importantes que celles du Dahomey, ne sont pas à négliger.

Années	Poids en tonnes	Valeurs en francs	Années	Poids en tonnes	Valeurs en francs
1901	5	6.150	1904	55	11.615
1902	31	2.162	1905	29	4.475
1903	0 t. 200 kg.	20			

La *Réunion* a exporté du maïs jusqu'en 1903.

Années	Poids en tonnes	Valeurs en francs	Années	Poids en tonnes	Valeurs en francs
1900	2	362	1902	5	646
1901	3	554			

En ce qui concerne *Mayotte* et ses dépendances nous trouvons en examinant les statistiques depuis 1900, mention d'exportations de maïs en 1903 et en 1904.

| 1903 | 2 t. 440 kg. | 1.708 fr. |
| 1904 | 30 t. | 2.528 |

Quant à l'année 1905, elle manque, ainsi que nous l'avons indiqué déjà.

En *Indo-Chine* le maïs se rencontre surtout au Tonkin et en Annam, pour le moment, mais sa culture pourrait prendre une grande extension dans l'est de la Cochinchine, au Cambodge et dans certaines parties du Laos même. Il ne constitue encore un élément d'exportation que dans le premier de ces pays.

Années	Poids en tonnes	Valeurs en francs	Années	Poids en tonnes	Valeurs en francs
1901	49	7.694	1904	114	11.369
1902	446	89.144	1905	16.605	1.660.540
1903	249	24.879			

L'exportation a acquis une grande importance en 1905 et a été dirigée entièrement sur la France.

Le maïs participe au surplus au mouvement commercial intérieur, ainsi que l'indiquent les nombres suivants :

Cabotage :

	1904		1905	
	Entrées	Sorties	Entrées	Sorties
Annam.......	158.052 fr.	134.963 fr.	93.065 fr.	68.351 fr.
Tonkin.......	»	21.624	17.556	60.421
Cochinchine..	»	»	»	»
Cambodge ...	»	»	»	»

Les variétés de maïs sont nombreuses en Indo-Chine. Celles du Tonkin fournissent un grain assez petit, mais très apprécié, en particulier sur le marché de Bordeaux qui a pris l'initiative de ce commerce.

La *Nouvelle-Calédonie* exportait il y a quelques années des quantités importantes de maïs (en 1900, 427 tonnes, valeur 46.334 fr. ; en 1901 déjà un peu moins, 105 tonnes, valeur 10.500 fr. ; en 1902 seulement 100 kil., valeur 18 fr.). Mais depuis 1902 cette céréale ne se trouve plus inscrite dans les statistiques d'exportation.

Ajoutons, pour terminer, que le maïs coupé vert avant la floraison est un fourrage très apprécié.

Bibliographie. — Dumas, *Bull. du Jardin colonial*, n° 36. — Dr Loir, *Bull. du Jardin colonial*, n°s 18 et 19.

Sorgho.

Le sorgho (*Andropogon Sorghum* Brot., *Holcus Sorghum* L., *Sorghum vulgare* Pers.) est encore appelé blé de Guinée ou gros mil. Nombreux sont les pays de culture du sorgho qui, dans bien des contrées, constitue un aliment important.

Les variétés de sorgho sont extrêmement nombreuses, mais toutes

Magasin à mil. Cliché Dumas.

celles qu'on cultive, même les variétés saccharifères, se rattachent à l'espèce typique désignée plus haut.

Dans la Haute-Égypte et en Abyssinie sa culture est très développée. Dans le nord de la Chine et en Cafrerie on rencontre des variétés sucrées qui ont une grande importance dans ces pays; on y trouve aussi d'autres variétés. Aux États-Unis la culture du sorgho est importante. On en produit aussi dans l'Inde et en bien d'autres points, en particulier dans les colonies françaises.

En *Algérie*, la plante n'est guère cultivée qu'en Kabylie où l'on distingue deux variétés : le sorgho blanc, employé pour préparer les couscous et des galettes; le sorgho noir, consommé dans les milieux les plus pauvres.

Au *Sénégal* et dans le *Haut-Sénégal et Niger*, le sorgho est le principal aliment des indigènes. Les variétés cultivées y sont assez nombreuses. Un sorgho rouge est employé pour la préparation du couscous.

Au *Dahomey*, au fur et à mesure que l'on s'élève vers le Nord, la culture du maïs diminue considérablement d'importance et à elle se substitue, au-delà de Djougou et de Parakou, la culture du gros mil. Cette céréale constitue, concurremment avec l'igname, la nourriture fondamentale des populations du Nord. Elle se présente sous un grand nombre de variétés, mais au point de vue commercial tous les sorghos sont ramenés à trois types : les sorghos blancs, les sorghos rouges et les sorghos jaunes.

Les semis s'effectuent au début de la saison des pluies, en mai, et la récolte a lieu en décembre. Après la récolte l'indigène n'égrène pas le mil. Il conserve les panicules entiers et les accumule généralement en silos surélevés et recouverts de paille. L'égrenage est effectué au fur et à mesure des besoins pour la préparation de l'akassa de mil, analogue à l'akassa de maïs.

La farine de sorgho sert aussi à préparer des galettes et des beignets. Les sorghos jaune, rouge et blanc sont utilisés pour la fabrication d'une boisson fermentée appelée *chapalo, dolo* ou *dama*. Le gros mil est aussi donné aux chevaux comme aliment. Il y a lieu, à ce sujet, de noter que les jeunes pousses renferment un glucoside cyanhydrique.

Il n'existe aucune exportation de sorgho, mais cette céréale donne lieu à un commerce intérieur important sur les marchés du nord de la colonie.

A *Madagascar* le sorgho se trouve en grande quantité notamment dans l'ouest, à Majunga, à Maintirano, à Morondava.

Des variétés sucrées se trouvent à la *Réunion*.

Dans l'*Inde française* on cultive un peu l'espèce-type.

Bibliographie. — M. Dumas, Le Sorgho dans les vallées du Niger et du Haut-Sénégal, Paris, 1906.

Petit mil.

C'est le *Pennisetum typhoïdeum* Rich. (*Panicum spicatum* Roxb., *Holcus spicatus* L.), encore appelé millet de Chine, millet d'Afrique ou mil à chandelle. Sa culture n'est importante que dans l'Inde et dans l'Afrique septentrionale.

Il fournit de petits grains oblongs, blancs, jaunes, noirs ou rouges selon les variétés. Le petit mil est très nourrissant et sert au Sénégal et dans le Haut-Sénégal à préparer du couscous et une bière appelée *dolo*. Voici les chiffres d'exportation du mil de ces colonies.

Années	Poids en tonnes	Valeurs en francs	Années	Poids en tonnes	Valeurs en francs
1900	3	325	1903	—	—
1901	13	1.524	1904	—	—
1902	—	—	1905	886	72.556

On peut remarquer que l'exportation du mil fut très importante en 1905. C'est que la récolte avait été très abondante et qu'une maison du chef-lieu fit sur Bordeaux un envoi de 716 tonnes destiné à renouveler des essais de fabrication d'alcool.

Au *Dahomey* la culture du petit mil est loin d'avoir la même importance que celle du sorgho. Elle est surtout développée dans les cercles d'Abomey et de Savalou. Cette céréale est très appréciée des indigènes au point de vue alimentaire.

Légumes et Plantes potagères

Il s'agit là encore de cultures de la plus haute importance, qui participent, pour la plupart, à la fois à l'alimentation des indigènes et des colons et au mouvement d'exportation de nos possessions coloniales.

Avant d'énumérer les principaux légumes des pays chauds, nous allons faire connaître les envois à l'extérieur des colonies ou pays de protectorat qui exportent les denrées en question. Les statistiques, en effet, ne spécifient pas toujours la nature des légumes secs exportés. Nous serons donc dans l'obligation de nous en tenir à une dénomination générale.

Tunisie. — La Tunisie exporte pour 606.506 francs (chiffre de 1903) de légumes secs.

Madagascar. — Le commerce des légumes secs est surtout localisé sur la Côte orientale d'Afrique d'où des réexpéditions se font sur Londres. La suppression de la ligne de navigation entre Tuléar et Durban a causé, en 1906, un léger recul dans le chiffre des exportations, mais il est probable que le commerce des légumes secs continuera de se développer dès que le service régulier aura été rétabli. En 1905 et 1906 les exportations de légumes secs ont été les suivantes :

1905		1906		Moins-value	
Poids en tonnes	Valeur en francs	Poids en tonnes	Valeur en francs	en tonnes	en francs
1.502	501.231	1.237	429.115	265	72.116

En ce qui concerne spécialement les pois du Cap récoltés dans la région de Tuléar, nous notons les exportations suivantes :

Années	Poids en tonnes	Valeurs en francs	Années	Poids en tonnes	Valeurs en francs
1901	710	197.955	1904	930	248.194
1902	1.684	374.770	1905	1.441	477.755
1903	1.144	281.778			

Les pois du Cap constituent donc la majeure partie des légumes secs exportés de Madagascar. Ces légumes sont expédiés, viâ Natal, de Tuléar en Angleterre où ils sont très appréciés.

Réunion. — Nous relevons : 1° des exportations de légumes secs (en 1903, 24 tonnes d'une valeur de 10.222 fr.); 2° des exportations de légumes frais (en 1903 pour 16.695 fr., en 1904 pour 14.367 fr., en 1905 37 tonnes d'une valeur de 15.821 fr.).

Indo-Chine. — Les statistiques fournies par la Direction générale des douanes de l'Indo-Chine accusent les exportations suivantes sous la rubrique légumes secs :

Années	Poids en tonnes	Valeurs en francs	Années	Poids en tonnes	Valeurs en francs
1901	4.259	1.837.076	1904	3.058	764.968
1902	3.871	1.339.490	1905	2.847	711.663
1903	1.904	480.398			

D'un autre côté, l'Indo-Chine importe des légumes secs. Nous trouvons pour les années 1904 et 1905 :

	Valeurs en francs.	
	1904	1905
Importations de France et des Colonies. { légumes secs	81.714	110.431
{ fèves décortiquées	630	»
Importations de l'étranger: légumes secs d'origine chinoise	64.084	34.179
Totaux	146.428 fr.	144.610 fr

Nouvelle-Calédonie. — Exportations de légumes secs :

Années	Poids en tonnes	Valeurs en francs	Années	Poids en tonnes	Valeurs en francs
1900	26	3.910	1903	»	»
1901	4	460	1904	»	»
1902	»	»	1905	1	377

En somme l'exportation des légumes secs de nos colonies n'a pas une très grande importance.

Dans ce qui va suivre nous allons passer en revue les principaux légumes, nous nous occuperons ensuite des plantes potagères et des fruits. Mais nous ne pourrons donner qu'un aperçu de la question qui est extrêmement vaste.

Haricots et pois.

Rappelons tout d'abord que la culture des haricots, variétés de l'espèce *Phaseolus vulgaris* (famille des Légumineuses) et principalement *P. nanus*, donne de bons résultats en *Algérie* où elle a pris un assez grand développement. Cette culture a pour but la production de primeurs. Il en est de même de celle du petit pois.

Le principal haricot des pays chauds est le *Phaseolus lunatus* L., autrement dit le haricot de Java qui, durant ces derniers temps, a particulièrement attiré l'attention à cause des accidents auxquels il a donné lieu. C'est que la graine renferme un glucoside, la phaseolunatine, soluble dans l'eau et accompagné par une diastase qui le dédouble en glucose, acétone et acide cyanhydrique dont on connaît la puissante toxicité. La proportion de glucoside cyanhydrique — et c'est là le fait important à connaître — est variable suivant que l'on considère, d'une part les haricots de Java et ceux de Birmanie, provenant des Indes néerlandaises et anglaises, d'autre part, les haricots du Cap, de *Madagascar*, de Lima et de Sieva, qui diffèrent beaucoup, à première vue, des premiers, par leurs caractères extérieurs et représentent des variétés très améliorées par la culture et très répandues pour l'alimentation de l'homme [1].

Parmi les légumes secs arrivés dans le commerce, les haricots de Java sont les plus riches en principe cyanogénétique. La teneur en acide cyanhydrique est surtout élevée chez les graines de couleur claire. Elle varie de 0,190 à 0,408 %. Si l'on songe que la cuisson ne peut, en aucun cas, enlever complètement aux haricots de Java la totalité de leur principe cyanhydrique, et que l'acide cyanhydrique est toxique à la dose d'environ 1 milligr. par kilogramme du poids du corps, au moins chez l'homme, on voit que ces haricots doivent être proscrits de l'alimentation.

Les haricots de Birmanie, rouges ou blancs, actuellement dans le commerce, ne paraissent pas avoir occasionné d'accidents. Dans ces deux sortes la teneur en principe cyanogénétique ne paraît pas dépasser la quantité correspondant à 0,020 p. 100 d'acide cyanhydrique.

Quant aux autres variétés, haricots du Cap, de Madagascar, de Lima

---

1. L. Guignard, *Bull. des Sciences pharm.*, XIII, 401.

et de Sieva, employées couramment dans l'alimentation de l'homme, la culture en a fait disparaître en très grande partie le principe vénéneux qui ne dépasse d'ordinaire pas 0,010 % (calculé en acide cyanhydrique). Puisse cette considération, d'un intérêt capital, favoriser les exportations de Madagascar.

D'autres espèces de *Phaseolus* sont encore cultivées. Nous mentionnerons le *Phaseolus radiatus* L. (syn. *Phaseolus Mungo* L.) que l'on récolte en *Indo-Chine*. Sa farine est employée pour la fabrication d'une sorte de vermicelle importé en quantités considérables en Chine. Le *P. radiatus* est de tous les haricots et pois indigènes, celui que les Annamites estiment le plus. C'est d'ailleurs un aliment azoté de tout premier ordre.

En *Nouvelle-Calédonie* les meilleures sortes cultivées appartiennent à l'espèce *P. vulgaris*.

Tous les haricots demandent, pour donner de bons rendements, un sol profond, gras et frais, mais pas trop humide.

Doliques.

Les doliques diffèrent des haricots par la carène de la fleur qui est recourbée et non spiralée. L'espèce la plus répandue et la plus importante est le *Dolichos Lablab* L. (*D. purpureus* L., famille des Légumineuses). On distingue plusieurs variétés différentes par la couleur des fleurs et des graines.

Les graines sont employées soit pour la nourriture de l'homme, soit pour la nourriture des chevaux.

Soja.

Le soja (*Soja hispida* Sieb. et Zucc. *Dolichos soja* L.) est une Légumineuse de Chine, du Japon et aussi de l'*Indo-Chine* dont la graine est, en particulier, employée pour fabriquer du fromage végétal, le *fromage de soja*. C'est la Mandchourie qui est la patrie par excellence du soja, mais il y joue le rôle d'un oléagineux alimentaire et d'éclairage plutôt que d'une plante simplement alimentaire, comme en Indo-Chine et dans le reste de la Chine. Nulle part les diverses variétés de soja n'atteignent les chiffres d'exportation de la Mandchourie, pour laquelle le seul port de Hiou-tchouang (le principal port exportateur) fournit le chiffre de 196.680 tonnes de soja en grains pour 1903. Toutefois l'Indo-Chine exporte tous les ans de 2.000 à 3.000 tonnes de soja vers l'Extrême-Orient.

Autres Légumineuses.

Nous pourrions citer encore les *Vigna* voisins des dolics, le *Canavalia ensiformis* L., le pois d'Angole (*Cajanus indicus* Spreng.), etc.

Arbre à pain.

L'arbre à pain (*Artocarpus incisa* Forst., famille des Artocarpées) est acclimaté dans tous les pays tropicaux, mais c'est surtout en Polynésie qu'il a de l'importance au point de vue alimentaire.

A *Tahiti* les fruits (*maioré*) sont consommés après avoir été dépouillés de leur écorce et cuits sur des pierres chauffées. On prépare aussi, par un

Tahitienne préparant la *popoi*.
Extrait de Seurat, Tahiti.

long séjour dans la terre, une pâte fermentée avec laquelle on fait un aliment appelé *popoi*.

La variété de l'arbre à pain dite à graines donne des fruits renfermant à leur intérieur des amandes semblables à des châtaignes que l'on mange cuites comme ces dernières.

Artichauts.

Nous avons dit déjà que l'artichaut était produit par l'*Algérie* et l'exportation de la région d'Alger est abondante. Ce produit forme, après la pomme de terre, de beaucoup la fraction la plus importante du tonnage des primeurs expédiées en France.

Tomates.

La culture de la tomate dans les environs d'*Alger* n'a, en ce qui concerne l'exportation, qu'une importance très secondaire, et l'alimentation locale est son principal objet. Dans le département d'*Oran*, au contraire, la production de la tomate de primeur, notamment à l'ouest d'Oran, a pris une très grande extension. Cette culture paraît susceptible de donner de bons résultats en *Tunisie*.

Gombo.

Cette plante (*Hibiscus esculentus* L., famille des Malvacées) fournit un fruit comestible, que l'on mange jeune et tendre, au moment où les graines apparaissent. Cru, il est consommé en salade, on le fait aussi cuire sous la cendre.

Les fruits du gombo, séchés au soleil, se conservent longtemps.

La culture du gombo est faite sur une grande échelle en Égypte. On en produit aussi en Algérie, au Sénégal, au Congo, dans l'Angola, à la Réunion, aux Antilles, au Brésil, aux États-Unis, etc.

Chou de Chine.

Le chou de Chine (*Brassica sinensis* L., famille des Crucifères) est cultivé en Indo-Chine où il est surtout employé pour la préparation du chou confit (*dwa-cai*).

Chouchou.

Le *Sechium edule* Sw. (famille des Cucurbitacées) est cultivé dans tous les pays chauds et jusqu'en Algérie et en Espagne. C'est le *chouchou* de la Réunion, la *chouchoute* de l'Inde, la *christophine* des Antilles. Son fruit est ovoïde et renferme une graine enveloppée d'une chair féculente qui est la principale partie comestible. Il pèse environ 500 gr.

Les jeunes pousses sont mangées en omelette.

La reproduction se fait en mettant le fruit en terre.

Nous aurons l'occasion de revenir sur cette plante à propos des textiles.

Courges.

On cultive un peu partout telle ou telle espèce ou plusieurs espèces simultanément : potiron (*Cucurbita maxima* Duch.), citrouille (*Cucurbita Pepo* L.), courge musquée (*Cucurbita moschata* Duch.), courge de Siam ou du Malabar (*Cucurbita melanosperma* Braun), etc.

Autres Cucurbitacées.

Citons encore : le petit cornichon ou petit concombre (*Cucumis Anguria* L.) des Antilles et de l'Amérique du Sud, le gros concombre qui est notre cornichon (*Cucumis sativus* L.), le pipengaille (*Luffa acutangula* Roxb.), le *Luffa cylindrica* Rœm. et la margose (*Momardica Charantia* L.). Ces quatre derniers cultivés en Indo-Chine. Nous ferons remarquer, incidemment, que les fruits des Luffa fournissent des fibres qu'on emploie sous le nom d'éponge végétale.

Bibliographie. — Bui-Quang-Chiêu, Les Cultures vivrières au Tonkin (*Bull. économique de l'Indo-Chine*, nouvelle série, n° 48, déc. 1905). — J. Lan, Les Légumes annamites au Tonkin (*Bull. écon. de l'Indo-Chine*, nouv. série, n° 48, déc. 1905). — J. Pouchat, Légumes indigènes (*Bull. écon. de l'Indo-Chine*, nouv. série, n° 48, déc. 1905). — Deslandes, Les légumes et les fruits à Madagascar, Paris, 1903. — Ammann, Plantes alimentaires de la Martinique (*Bull. du Jardin colonial*, n° 32). — C. Chalot et Ammann, Le dolic bulbeux (*Bull. du Jardin colonial*, n° 6).

Fruits

Les fruits sont nombreux aux colonies. Nous ne citerons ici que les plus importants ou les plus connus. A propos des bananes et des ananas nous indiquerons l'importance des envois faits par la *Guinée* et, à propos des mangues, nous mentionnerons les exportations des *Établissements français de l'Inde*. Mais, dès à présent, nous allons faire connaître les chiffres d'exportation se rapportant aux fruits en général.

Madagascar expédie des fruits, toutefois les statistiques que nous avons consultées ne les séparent pas des graines oléagineuses. Nous trouvons pour l'ensemble des fruits et des graines oléagineuses, les exportations suivantes :

Années	Poids en tonnes	Valeurs en francs	Années	Poids en tonnes	Valeurs en francs
1901	»	»	1904	10	2.575
1902	»	»	1905	33	7.335
1903	4	751			

On voit que la part des fruits ne peut pas être bien grande sur un total déjà faible.

La *Réunion* a exporté des fruits frais : pour 2.408 fr. en 1902, pour 4.503 fr. en 1903, pour 3.133 fr. en 1905.

Voici, d'autre part, quelle a été l'importance des exportations de fruits conservés et de fruits confits :

1º Conserves de fruits.

Années	Poids	Valeurs en francs	Années	Poids	Valeurs en francs
1900	1 t. 493 kg.	2.076	1903	»	»
1901	»	»	1904	»	»
1902	»	»	1905	4 t. 390 kg.	6.788

2º Fruits confits : en 1900, pour 830 fr. (410 kg.).

L'*Indo-Chine* exporte des fruits frais, ainsi que des fruits secs et conservés.

Fruits frais :

Années	Poids en tonnes	Valeurs en francs	Années	Poids en tonnes	Valeurs en francs
1901	259	129.260	1904	140	103.252
1902	89	65.650	1905	398	297.335
1903	344	256.300			

Nous nous trouvons là en présence de chiffres importants. L'Indo Chine produit en particulier des ananas (la Cochinchine surtout).

Fruits secs et conservés :

Années	Poids en tonnes	Valeurs en francs	Années	Poids en tonnes	Valeurs en francs
1901	375	154.983	1904	227	115.358
1902	160	42.840	1905	235	136.432
1903	160	66.000			

Exportations de fruits des *Établissements français de l'Océanie* :

Années		Années	
1900	19.200 fr.	1903	45.011 fr.
1901	22.182	1904	24.439
1902	18.813	1905	49.162

Exportations de la *Guadeloupe*. 1º Fruits frais :

Années	Poids en tonnes	Valeurs en francs	Années	Poids en tonnes	Valeurs en francs
1900	9	865	1903	14	2.894
1901	12	2.617	1904	59	12.214
1902	3	466	1905	10	1.518

2° Fruits conservés :

Années	Poids en tonnes	Valeurs en francs	Années	Poids en tonnes	Valeurs en francs
1900	104	77.631	1903	191	172.037
1901	225	202.864	1904	75	51.841
1902	233	209.590	1905	49	34.529

Exportations de la *Martinique*. 1° Fruits frais :

Années	Poids	Valeurs en francs	Années	Poids	Valeurs en francs
1900	2 t. 457 kg.	1.883	1903	1 t., 643 kg.	276
1901	1 067	1.158	1904	5 114	911
1902	»	»	1905	»	»

2° Fruits conservés :

Années	Poids	Valeurs en francs	Années	Poids	Valeurs en francs
1900	1 t. 268 kg.	2.261	1903	»	»
1901	8 782	7.249	1904	1 t. 699 kg.	1.602
1902	»	»	1905	»	»

La durée des transports est un obstacle à l'envoi des fruits frais en France. Mais il est à espérer que, avec les progrès accomplis actuellement par la navigation, la banane pourra être expédiée par quantités plus grandes et sa culture se développer aux Antilles françaises, ainsi que sur la côte occidentale d'Afrique et surtout en Guinée.

Dattier.

Il existe dans un certain nombre de nos colonies des dattiers (*Phœnix dactylifera* L., famille des Palmiers) provenant de graines qui ont été importées à des époques lointaines. Les dattes obtenues ne sont pas de qualité irréprochable, dans la plupart des cas. C'est que, pour obtenir de bonnes dattes, il faut constituer des plantations avec les rejetons (djebars) qui poussent à la base des dattiers d'un certain âge. Il faudra introduire dans nos colonies de bonnes variétés au moyen de djebars, puisque les semis ne peuvent donner que des produits de qualité incertaine.

La culture du dattier a de l'intérêt pour les pays, comme le Sénégal et peut-être la Nouvelle-Calédonie, dont le climat est chaud et sec.

PRODUCTIONS VÉGÉTALES DES COLONIES 177

La variété la plus recherchée pour l'exportation est celle qui fournit

Dattier.

le fruit connu sous le nom de datte d'Alger ou de Tunis et appelée, en arabe, *deglet-nour*.

Préparation de djebars destinés à l'exportation en Amérique
(Oasis d'Ourlanda).
Extrait du *Bulletin du Jardin colonial*.

Le Nord de l'Afrique : Algérie, Tunisie, Egypte sont les principaux pays de production.

Banane.

Les fruits des bananiers constituent la ressource alimentaire la plus

Cliché Pennot.
Floraison du Bananier au Jardin colonial.
Extrait de Y. Henry, Bananes et Ananas.

importante des habitants des pays tropicaux. Mais on trouve des cultures étendues, organisées en vue de l'exportation des bananes, principalement aux Antilles et dans certaines régions de l'Amérique centrale.

Le *Musa paradisiaca* L. (Musacées) fournit des fruits que l'on consomme surtout cuits comme des légumes. Ce n'est donc pas cette espèce que nous

Cliché EM. PRUDHOMME.
Régime de Bananes.
Extrait du *Bulletin du Jardin colonial*.

avons à décrire ici. Ce n'est pas davantage le *Musa textilis* dont les fruits ne sont pas comestibles, mais dont les gaînes des feuilles fournissent un textile estimé, l'abaca ou chanvre de Manille dont nous nous occuperons bientôt.

La banane consommée comme un véritable fruit est produite par le *Musa sapientum* L. dont on connaît de nombreuses variétés.

La culture du bananier est simple, elle ne demande que peu de soins et la première récolte ne se fait pas attendre plus d'un an et demi. Une fois le régime coupé, le pied est abattu et les rejetons, dont on ne conserve que les plus vigoureux, produisent un régime l'année suivante. Une bananerie peut durer une vingtaine d'années et même plus.

Bananiers Côte est de Madagascar.
Extrait de l'*Empire colonial de la France*, Madagascar.

Le fruit contient avant sa maturité une proportion élevée d'amidon qui se convertit ensuite en sucre.

Au *Congo* la banane est cultivée pour l'alimentation des indigènes. On y préfère la grande banane (banane cochon), tandis que c'est la figue banane qu'apprécient le plus les Européens.

Aux États-Unis le commerce des bananes a pris une importance et une extension considérables et il sera facilité encore par l'organisation de moyens de communication de plus en plus rapides entre les Antilles et les principaux ports de ce pays. Le chiffre des importations de l'Amérique du Nord s'accroît avec une rapidité surprenante ainsi que l'indiquent les nombres suivants :

1892	25.728.000	fr.
1893	31.500.000	»
1898	39.450.000	»
1899	45.000.000	»
1903	135.000.000	»
1904	150.000.000	»

Tandis que la banane n'est que peu cultivée aux *Antilles françaises* et que les exportations sont faibles (voir plus haut exportations des fruits), la Jamaïque en produit et en envoie des quantités importantes aux États-Unis. Mais ce pays ne s'approvisionne pas seulement à la Jamaïque, il reçoit aussi de Cuba une très grande quantité de bananes.

On expédie aussi du Nicaragua, de la Colombie, du Honduras, mais pour des valeurs moindres.

La Jamaïque, Costa-Rica, Panama, Cuba, Nicaragua, Porto-Rico ont exporté ensemble :

7.100.000	régimes en	1892	13.364.199	régimes en	1902
9.512.771	—	1899	15.130.063	—	1903
10.505.000	—	1900	17.370.000	—	1904
12.045.157	—	1901			

Les Canaries ont exporté :

1.243.562	régimes en	1900	1.817.533	régimes en	1903
1.630.946	—	1901	2.370.511	—	1904

L'Angleterre a monopolisé le trafic des Canaries, puis celui des Antilles. La France aurait tout intérêt à s'affranchir de ce monopole.

Malheureusement la banane ne peut être aisément transportée à grande distance à cause de sa conservation limitée. Mais l'organisation des services maritimes qui, des ports de la Métropole, desservent la *Guadeloupe* et la *Martinique* va subir une transformation des plus heureuses qui va provoquer dans ces deux colonies l'essor de la culture de la banane. La Compagnie transatlantique a en effet envisagé la question du transport des fruits tropicaux et en particulier de la banane. Ses aménagements qui ont été ou seront réservés pour ce genre de transport sur les services nouveaux permettront de développer ce trafic. Les paquebots « Guadeloupe » et « Pérou » possèdent déjà chacun une chambre réfrigérée et aérée, d'une capacité de 2.000 mètres cubes pour ces transports. Des emplacements seront réservés pour le même objet sur les futurs cargos, de telle façon qu'il y ait à la disposition des planteurs de bananes un tonnage suffisant à chaque départ.

D'autre part, des expériences fort intéressantes ont été entreprises, sur l'initiative du Jardin colonial, par les compagnies de navigation en vue de déterminer les modes d'emballage à adopter, les soins à prendre à

Le premier train de Bananes en Guinée.
Extrait de Y. HENRY, Bananes et Ananas.

bord. Ces expériences ont fait connaître la possibilité d'exporter les bananes. Il est à souhaiter que le commerce français, éclairé par ces résultats, tire un meilleur parti des richesses latentes de nos colonies.

Les bananes de *Guinée* sont en France exemptes de droits jusqu'à concurrence de la quantité fixée annuellement (décrets du 30 juin 1892 et 22 août 1896). Malgré cette mesure de faveur, les envois ne sont pas importants : en 1902 pour 443 francs ; en 1903 pour 3.822 fr. (1.870 kg.) ; en 1904 pour 8.400 fr. ; en 1905 pour 3.934 fr. (1.967 kg.) ; durant les dix premiers mois de 1906, les exportations ont donné 15.000 fr. environ (soit 3.072 régimes à 5 francs l'un).

De *Mayotte* et de ses dépendances ont été expédiées, en 1901, 35 tonnes de bananes (valeur 5.000 fr.).

Bibliographie. — Yves Henry, Bananes et Ananas ; production et commerce en Guinée française, Paris, 1905.

Champ d'Ananas.
Extrait de Y. Henry. Bananes et Ananas.

Ananas.

L'ananas est une plante vivace (*Ananassa sativa* Lindl., famille des Broméliacées) dont le fruit est l'ensemble des baies de toute l'inflorescence.

Il est cultivé aujourd'hui dans tous les pays tropicaux et principalement

Cliché Em. Prudhomme.
Le Cœur de Bœuf (Anona reticulata).
Extrait de Deslandes, Légumes et fruits à Madagascar.

aux îles Bahamas qui exportent tous les ans 7 à 8.000.000 de fruits. Les Antilles et en particulier Cuba produisent aussi des ananas. La Jamaïque en exporte également de faibles quantités. Les Açores fournissent les plus beaux ananas à la France et à l'Angleterre (environ 2.000.000 de fruits par an) se vendant au détail de 3 à 7 fr. pièce. En France on consomme surtout des ananas en conserve de Singapour et de la Guadeloupe.

La *Guinée* française en a exporté : en 1902 pour 252 fr., en 1903 pour 196 fr. (628 kg.), en 1904 pour 211 fr., en 1905 pour 404 fr., c'est-à-dire fort peu.

L'*Indo-Chine* en envoie au dehors par quantités.

Quant aux exportations des *Antilles françaises*, elles ont eu jadis quelque importance, mais elles ont subi un fléchissement.

Bibliographie. — Yves HENRY, Bananes et Ananas ; production et commerce en Guinée française, Paris, 1905.

Anones.

On cultive diverses espèces d'anones (famille des Anonacées) pour leurs fruits, notamment dans l'Amérique centrale et aux Antilles. La culture ne nécessite pas de grands soins. On sème et on laisse croître sur place. Citons l'*Anona Cherimolia* Mill., l'*A. squamosa* L. (pomme-cannelle) et le cœur de bœuf (*A. reticulata*).

Avocat.

L'avocatier (*Persea gratissima* Gærtr., famille des Lauracées) fournit des fruits ayant la forme et les dimensions d'une belle poire. Il est cultivé dans un grand nombre de pays tropicaux, et aussi en Algérie et sur la Côte d'Azur. On peut consommer le fruit, très apprécié des gourmets, comme hors d'œuvre, ou bien encore avec du sucre.

Mangue.

La mangue est produite par le *Mangifera indica* L. de la famille des Térébenthacées. C'est une drupe à gros noyau. On la mange le plus souvent comme les fruits ordinaires.

Le manguier est originaire des Indes. On le trouve en Asie méridionale et en Malaisie, en Indo-Chine, dans le nord de l'Afrique, à Madagascar, aux Antilles, en Guyane, au Brésil, etc.

Mangouste.

Le fruit du mangoustier (*Garcinia Mangostana* L., famille des Guttifères) est globuleux et a la grosseur d'une orange. Il ne se conserve pas suffisamment pour être exporté. La culture du mangoustier réussit bien en Indo-Chine.

Jacquier.

Le jacquier est l'*Artocapus integrifolia* L. La pulpe de ses fruits sert à

Cliché Em. Prudhomme.

Le Jacquier (Autocarpus integrifolia).
Extrait de Deslandes, Légumes et fruits à Madagascar.

préparer des confitures et les graines sont mangées comme des châtaignes.

Son bois est employé pour la construction, pour la charronnerie et même pour l'ébénisterie.

Goyave.

Le goyavier (*Psidium Guyava* Radd., famille des Myrtacées) donne des baies de la grosseur d'un œuf de poule, remplies d'une pulpe à saveur sucrée et aromatique. Il est indigène dans l'Amérique centrale et pousse en Algérie et même en Provence. On le rencontre sur la côte occidentale d'Afrique, en Indo-Chine, à la Guyane, aux Antilles, à la Nouvelle-Calédonie, à Tahiti, etc.

Papaye.

Le papayer (*Papaya Carica* Gaert., *Carica Papaya* L., famille des Bixacées) donne un fruit, la papaye, de 20 à 30 centimètres de diamètre, jaune orangé, ovoïde, à pulpe sucrée et légèrement parfumée. La papaye est éminemment digestive. Ausi la consomme-t-on principalement à la fin des repas. Elle est répandue dans nos colonies.

Kaki.

C'est le *Diospyros Kaki* (famille des Ébénacées), arbre originaire de la Chine et du Japon, et cultivé dans les régions chaudes ou tempérées.

Cliché Em. Prudhomme.
Rameau de Goyavier avec fruits.
Extrait de Deslandes, Légumes et fruits à Madagascar.

Ses fruits, Kakis, coings de Chine, abricots du Japon, sont doux ou astringents selon les variétés.

La culture est pratiquée dans les pays d'origine et aussi en Indo-Chine, en Malaisie, à la Réunion, etc., et même en Algérie et en Provence.

Cliché Em. Prudhomme.
Le Papayer.
Extrait de Deslandes, Légumes et fruits à Madagascar.

Carambolier.

Le carambolier *Averrhoa Carambola* donne de nombreux fruits gorgés d'un liquide acidulé très rafraîchissant, mais sans grand parfum.

Néflier du Japon.

C'est un arbre fruitier bien connu de ceux qui fréquentent le Midi de

Cliché Em. Prudhomme.
Le Carambolier.
Extrait de Deslandes, Légumes et fruits à Madagascar.

la France où son fruit mûrit parfaitement. On le rencontre d'ailleurs dans les environs de Paris.

L'*Eriobotrya japonica* Lindl. (famille des Rosacées) est cultivé au Japon, en Algérie, à Madagascar, à la Réunion, en Indo-Chine, aux Antilles, à la Nouvelle-Calédonie, etc.

Orange, citron, mandarine.

La production de ces fruits est importante pour certaines de nos colonies, malgré les ressources du Midi de la France. Nous en importons en effet de grandes quantités pour notre consommation. La Sicile et la Calabre produisent non seulement les fruits, mais encore les huiles essentielles extraites de leurs écorces. D'Algérie et de Tunisie nous viennent de grandes quantités de citrons et de mandarines.

Plantes saccharifères.

Il est un très grand nombre de végétaux saccharifères. En particulier, plusieurs palmiers, tel le *Raphia* de Madagascar, contiennent une sève sucrée qui, d'ailleurs, est le plus souvent employée non pas pour l'extraction du sucre, mais bien pour la préparation d'une boisson, le vin de palme. Par contre, la canne à sucre est l'objet d'une exploitation active comme plante saccharifère, aussi allons-nous donner quelques détails sur sa culture.

Canne à sucre.

La canne à sucre (*Saccharum officinarum* L.) appartient à la famille des Graminées. Sa tige est articulée, pleine intérieurement, très riche en sucre et succulente. Elle peut atteindre 3 mètres de hauteur. C'est une plante herbacée à souche vivace. Les fleurs sont disposées en une grande panicule terminale, étalée, pyramidale, longue de $0^m,30$ à $0^m,90$.

La culture de la canne à sucre a donné naissance à de nombreuses variétés dont les principales, d'après M. Delteil [1], se répartissent entre les groupes suivants :

1° Cannes blanches, jaunes ou verdâtres;

2° Cannes rayées ;

3° Cannes rouges ou plus ou moins foncées.

En somme, le nombre des variétés de canne à sucre est extrêmement grand et les essais de sélection qui ont été effectués en ont multiplié les formes.

On peut dire que la canne est susceptible d'être cultivée dans tous les pays dont la température moyenne n'est pas inférieure à 20°. Mais une variété déterminée est d'autant plus riche en sucre que le climat est plus

---

1. Delteil, La Canne à sucre, Paris 1884.

chaud. Ce sont surtout les terrains fertiles, riches en potasse ou en soude que l'on recherche aux Indes et aux États-Unis pour cette plante. La culture de la canne est épuisante et nécessite par conséquent l'emploi d'engrais. M. Thierry propose d'associer la culture de l'indigo à celle de

Cannes « Yellow caledonia », aux îles Havaï.
Extrait de Colson, Culture et industrie de la canne à sucre aux îles Havaï et à la Réunion.

la canne, la première plante intervenant, comme légumineuse, pour fixer l'azote atmosphérique.

La reproduction est effectuée par boutures de 25-30 centimètres, comprenant plusieurs nœuds et prises à la partie supérieure de tiges robustes et parfaitement saines. Lorsque les cannes sont sorties, on pratique de fréquents sarclages et binages.

La coupe a lieu lorsque la tige devient violacée ou dorée, après la chute des feuilles inférieures.

Après la récolte on procède à la fumure des souches et bientôt de nouveaux rejetons apparaissent qui fourniront une autre récolte. Après trois récoltes la plantation est à renouveler.

La canne à sucre a de nombreux ennemis : des insectes perforants ou *borers* qui se nourrissent de la moelle sucrée, des insectes qui rongent les extrémités des racines, enfin des cryptogames, sans compter les rats qui rongent le pied des cannes mûres.

Nous nous occuperons dans le prochain volume (groupe III, classe 11) du sucre de canne, au point de vue de la production, de l'extraction et du commerce. Et nous aurons alors l'occasion de montrer à quel point est embarrassante dans notre pays la situation née de ce fait que la France, comme la Hollande et à l'inverse de l'Autriche, de la Russie, de l'Allemagne, de l'Angleterre, produit à la fois du sucre de betterave dans la Métropole et du sucre de canne dans ses colonies.

Pour le moment, et en nous réservant de revenir sur cette question, nous nous bornerons à dire quelques mots de la production de la canne à sucre dans nos possessions d'outre-mer.

Madagascar. — La culture de la canne y est pratiquée depuis longtemps et la colonie participe aux exportations de sucre de canne, mais dans des proportions très modestes.

Réunion. — Le sucre est la principale ressource de cette colonie, toutefois par suite de la situation défavorable du produit, la culture de la canne a été abandonnée sur une certaine échelle. Pour conserver dans l'avenir une place honorable parmi les colonies sucrières et pouvoir lutter sur les marchés contre ses rivales, la Réunion devra s'attacher à l'étude des meilleures variétés de canne, perfectionner ses procédés de culture et de fabrication. A ce point de vue la colonie anglaise voisine, Maurice, a donné un exemple encourageant.

Mayotte et dépendances. — La canne à sucre constitue une des plus anciennes cultures de Mayotte. Il y a, depuis plusieurs années, un fléchissement dans les exportations de sucre et de rhum.

Établissements français de l'Inde. — Culture peu développée.

Indo-Chine. — Culture répandue un peu partout et assez importante. Au point de vue de l'exportation, l'attention de l'Indo-Chine est attirée surtout par l'Extrême-Orient, encore qu'elle ait à lutter contre la concurrence formidable de Java. Mais avant de prendre là une place d'une réelle importance, elle aura à augmenter les rendements, actuellement trop faibles, de la canne à sucre.

Nouvelle-Calédonie. — La canne à sucre est cultivée au pénitencier de Bourail. La colonie exporte du rhum.

Tahiti. — Les cultures sont répandues dans toutes les îles hautes de la Polynésie et la fabrication du sucre et du rhum font encore l'objet, à Tahiti, d'une industrie importante [1].

Guadeloupe. — La plus grande culture de la colonie est celle de la canne à sucre. La production du sucre, qui suivit un accroissement régulier jusqu'en 1902, subit le violent contre-coup de la crise sucrière. Mais actuellement la situation semble s'améliorer. Une organisation mieux comprise de la culture et des usines pourrait permettre un relèvement de cette industrie. La production des rhums tend à augmenter, c'est là une conséquence du bas prix du sucre.

Il n'est pas sans intérêt de faire remarquer que la colonie, qui produit du sucre en poudre, en reçoit de la métropole pour sa consommation : c'est que, au cours des six premiers mois de l'année pendant lesquels a lieu la récolte, les industriels expédient en France le total de leur fabrication, ne réservant au commerce local que de faibles quantités. Il arrive, par suite, fréquemment que cette denrée manque absolument sur le marché pendant les derniers mois de l'année.

Martinique. — La culture de la canne à sucre, très développée à la Martinique comme à la Guadeloupe, n'a fait dans aucune de ces colonies de grands progrès, tandis que des essais méthodiques et fructueux ont été poursuivis dans les colonies anglaises et hollandaises. C'est un exemple que devraient suivre nos colons, encore qu'il n'y ait plus à espérer pour la culture de la canne à sucre la situation prospère qu'elle a eue autrefois. Les exportations de rhum ont été favorisées par la lutte engagée entre le sucre de canne et le sucre de betterave. Elles étaient devenues considérables lors de la destruction de Saint-Pierre où se trouvaient localisées les rhumeries. Depuis il y a une tendance marquée à un nouvel accroissement.

Guyane. — La culture de la canne à sucre est sans grande importance.

Bibliographie. — Delteil, La Canne à sucre, Paris, 1884. — N. Basset, Guide du planteur de cannes, Paris, 1889. — Ph. Boname, Culture

---

[1]. Voir L.-G. Seurat, Tahiti et les établissements français de l'Océanie, Paris, 1906.

de la canne à sucre à la Guadeloupe, Paris, 1888. — L. Colson, La Canne à sucre aux îles Hawaï et à la Réunion, Paris, 1904. — E. Légier, La Martinique et la Guadeloupe. Considérations économiques sur l'avenir de la culture de la canne. Paris, 1905. — Saussine, Les maladies de la canne à sucre (*Bulletin agricole de la Martinique*, août et oct. 1898).

Les plantes alimentaires et leurs produits à l'Exposition coloniale.

Pour donner une idée de l'ensemble des richesses naturelles représentées dans les différents pavillons de l'exposition et dans les serres du Jardin colonial, il faudrait reprendre l'énumération de toutes les plantes et de tous les produits compris dans la section dont nous venons de faire l'étude. Dans le pavillon de l'Indo-Chine, de chaque côté de la porte d'entrée, se trouvait, soigneusement étiquetée la plus belle collection de riz que l'on puisse concevoir. Les variétés les plus diverses étaient représentées ainsi que les produits des différentes provinces sous toutes leurs formes : tiges, paddy, riz décortiqué, paddy pur, paddy gluant, paddy tardif, riz blanc dur, riz rouge dur, riz flottant. Cette collection avait été constituée par M. Haffner, directeur du service d'Agriculture en Cochinchine.

A côté figuraient patates, taros, ignames : patate blanche, patate rouge, patate douce, fécule de patate ; taros, fécule de taro ; ignames.

Puis une carte indiquant la distribution des principaux féculents.

Dans les vitrines latérales : le manioc et sa fécule, l'arrow-root et sa fécule, l'igname, le sagou, le manioc en rondelles desséché au soleil.

En outre, des fruits : oranges, citrons, ananas, bananes, mangoustans, fruits de l'arbre à pain, et des légumes. Enfin, une carte indiquant la répartition des principaux légumes et fruits.

Tout cela était bien groupé et présenté de la façon à la fois la plus intéressante et la plus instructive.

Encadrant la large voûte entre les deux salles, une superbe exposition de riz flottants.

De l'autre côté de la voûte se trouvait l'exposition des maïs : maïs blanc, maïs jaune, maïs rouge, maïs tricolore ; celle des millets : millet blanc, millet jaune, millet noir, épis de millets. Une carte indiquant la répartition des grains complétait cet ensemble attrayant.

On pouvait passer en revue les très nombreuses espèces de haricots et de doliques, les sojas, ainsi que leurs farines.

Dans une autre vitrine c'est encore le riz que l'on rencontre ; mais, cette fois, la classification des variétés est faite au point de vue commercial.

Pénétrant dans la salle des collections générales on pouvait voir encore de nombreux produits alimentaires (haricots, pois, mils, doliques, patates, ignames, splendides collections de riz et de maïs, etc.); des fruits succulents et variés : bananes, mangues, avocats, papayes, goyaves, grenades, nèfles, figues, etc.; une remarquable collection de tiges de cannes à sucre.

A signaler quelques fécules et quelques fruits de la Guadeloupe, de la Martinique et de la Réunion.

Le Congo avait groupé dans son pavillon des concombres, des haricots, une assez belle collection de bananes, du tapioca, etc.

De la Guyane étaient venus des grains intéressants.

Dans le pavillon de Madagascar, à droite se trouvait le rayon des fruits : l'ananas, la barbadine qui sert à confectionner une délicieuse confiture, l'avocat, la papaye, la goyave, le fruit de l'arbre à pain, la mandarine, l'orange, le citron, la mangue, etc., des légumes de France cultivés à Madagascar, des légumes secs, des féculents et leurs farines…

A signaler enfin diverses variétés de maïs et de sorgho, les nombreuses sortes commerciales de riz (le riz est très important à Madagascar où il constitue la nourriture quotidienne de l'indigène) et des dessins très nets montrant à ses différents stades la culture du riz.

Signalons aussi l'exposition des fruits provenant des plantations de M. Dubot, à Conakry.

4° Section. Plantes oléagineuses.

Nous avons signalé déjà (classe 1, 3ᵉ section, p. 59) des plantes oléagineuses spontanées, nous allons nous occuper ici des produits de la culture : arachide, cocotier, coton, ricin, *Garcinia*, Camélia à huile, sésame, abrasin et bancoulier.

L'étude de l'*olivier*, de sa culture et de ses produits nous entraînerait hors de notre sujet. C'est une question pour laquelle nous renverrons le lecteur à un travail très consciencieux et dû à la plume d'un homme compétent : D\ Trabut, L'état actuel de la culture de l'olivier en Algérie (*Revue générale des Sciences*, 1901, p. 16). Signalons aussi l'intéressant rapport de M. Paul Bourde sur les cultures fruitières et en particulier sur la culture de l'olivier dans le centre de la Tunisie.

Arachide

L'arachide ou pistache de terre (*Arachis hypogræa* L.) est une plante herbacée de la famille des Légumineuses. De Candolle la considère comme originaire du Brésil d'où elle aurait été propagée dans la plupart des pays chauds.

C'est une plante annuelle herbacée, velue et très touffue, de 30 à 40 centimètres de hauteur.

Le fruit est une petite gousse cylindrique, de couleur brun-rougeâtre, étranglée par le milieu, qui contient en général deux graines ou amandes. Grillées, les graines (pistaches) ont une saveur qui rappelle quelque peu celle de la noisette.

Ce sont les graines qui fournissent l'huile. Si on opère par pression,

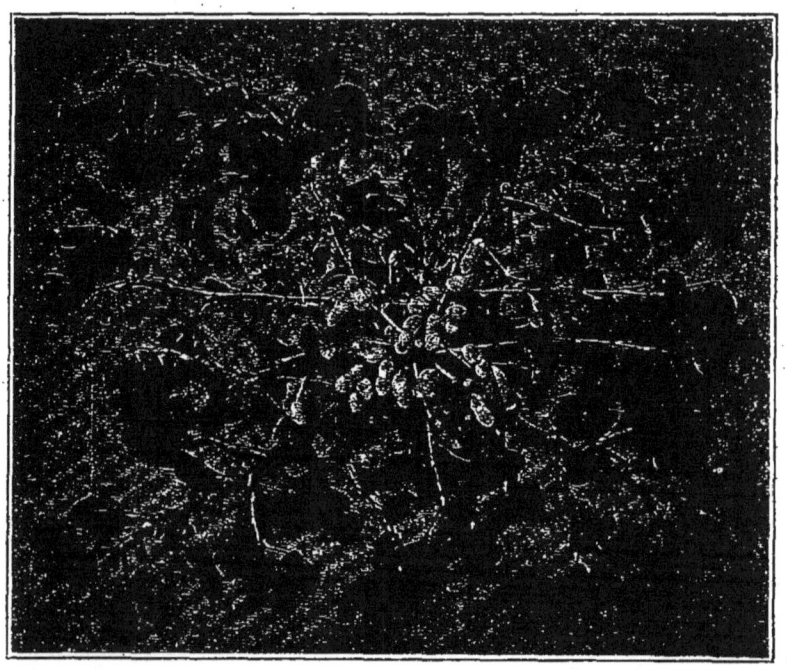

Arachide d'Égypte.

Cliché J. Adam

sans l'intervention de la chaleur, on obtient une huile presque incolore, parfaitement comestible, mais d'une altération assez rapide. En chauffant les graines avant de les soumettre à la presse on obtient une huile inférieure qui est employée dans la savonnerie.

Production et commerce de l'arachide.

Les principaux centres de production des graines d'arachide sont : le Sénégal, Java, l'Égypte, l'Inde française et quelques autres colonies que nous allons passer en revue. En outre, la colonie anglaise de Sierra-Leone et les autres établissements de la côte font des envois importants, les Indes anglaises et l'Argentine exportent de certaines quantités de graines.

Marseille est le principal centre du commerce des arachides. Hambourg et Londres viennent au second rang.

Arachide de Java.

Cliché J. Adam.

Les importations en France ont suivi la marche ascensionnelle suivante :

	Graines en cosses		Graines décortiquées		
	Poids en tonnes	Valeurs en francs	Poids en tonnes	Valeurs en francs	Valeurs totales en francs
1900....	134.329	32.238.000	26.941	8.621.000	40.859.000
1901....	120.761	31.398.000	60.449	20.552.000	51.950.000
1902....	105.048	25.211.000	119.738	39.513.000	64.724.000
1903....	146.954	32.329.000	101.720	31.533.000	63.862.000

Voici, en outre, pour l'année 1903, la part prise à ces importations par les principaux pays :

1° Graines en cosses : Sénégal, 101.896 tonnes (valeur 22.417.000 fr.).

2° Graines décortiquées.
{ Inde française, 54.107 tonnes (valeur 16.773.000 fr.).
{ Inde anglaise, 44.572 tonnes (valeur 13.817.000 fr.).
{ Indo-Chine, 963 tonnes (valeur 298.000 fr.).

Ces nombres étant connus, étudions la production des colonies françaises.

Afrique occidentale française. — L'arachide est le principal produit du *Sénégal*. Celle de Gambie est particulièrement estimée; mais la plante

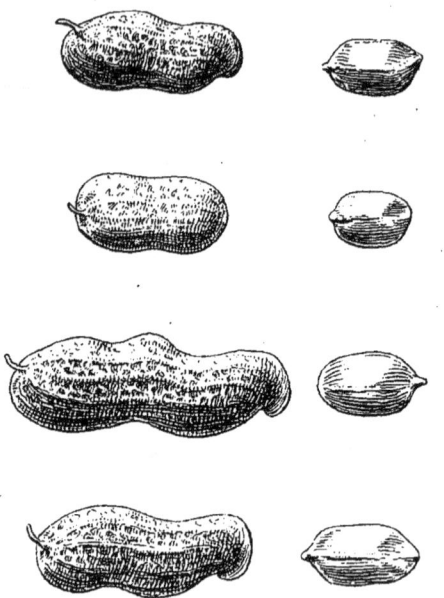

Fruits et graines d'arachide.

est cultivée dans tout le Sénégal et au Soudan. Faisons connaître les chiffres des exportations de graines d'arachides du Sénégal.

Années	Poids en tonnes	Valeurs en francs	Années	Poids en tonnes	Valeurs en francs
1896	—	9.146.012	1902	110.225	20.488.756
1898	—	14.436.559	1903	148.843	34.574.782
1900	140.922	21.304.889	1904	137.783	21.320.189
1901	123.083	21.117.219	1905	96.165	14.851.224

En 1905 nous remarquons un fléchissement dans les exportations d'arachides. C'est que la recrudescence des pluies à la fin de 1904, alors que l'hiver paraissait fini et que les arachides venaient d'être récoltées, a occasionné une perte considérable en mouillant les graines. La récolte avait été abondante et la perte a été telle que l'administration a dû fournir aux indigènes une partie des semences. Il est à supposer que le mouvement d'exportation de l'arachide va s'accélérer en raison du fait que la ligne Kayes-Niger commence de favoriser ce mouvement et permet aux indigènes d'étendre leurs cultures.

Pour fixer les idées, nous allons, pour les années 1904 et 1905, indiquer les pays auxquels ont été destinées les arachides du Sénégal, Haut-Sénégal et Niger.

	1904		1905	
	Poids en tonnes	Valeurs en francs	Poids en tonnes	Valeurs en francs
France..................	93.338	14.356.339	69.530	10.682.031
Angleterre et colonies..	1.052	160.070	431	56.095
Allemagne.............	8.161	1.289.188	4.619	738.311
Belgique..............	4.517	722.659	2.677	408.587
Hollande	24.327	3.814.707	18.067	2.834.040
Autres pays...........	6.389	927.226	851	132.160
Totaux de l'étranger..	44.446	6.963.850	26.645	4.169.193
Totaux généraux......	137.784	21.320.189	96.175	14.851.224

La *Guinée française* exporte des graines d'arachides :

Années	Valeurs en francs	Années	Poids en tonnes	Valeurs en francs
1900	118.520	1903	—	264.601
1901	106.257	1904	344	42.965
1902	184.567	1905	119	14.935

Les exportations d'arachides ont donc diminué sensiblement durant ces dernières années. Cela paraît dû en partie à ce que la récolte du caoutchouc occupe la majorité des bras disponibles, mais le climat est trop humide en Guinée pour l'arachide, et celle que les indigènes récoltent lutte difficilement contre la graine du Sénégal.

La *Côte d'Ivoire* a exporté 350 kilos d'arachides (valeur 70 fr.) en 1901.

La production du *Dahomey* permet des exportations un peu plus importantes, mais encore bien modestes :

Années	Poids en tonnes	Valeurs en francs	Années	Poids en tonnes	Valeurs en francs
1900	50	12.500	1903	16	4.107
1901	7	1.728	1904	35	8.707
1902	8	1.973	1905	21	5.276

La culture de l'arachide n'a jamais pris au Dahomey une extension considérable.

Madagascar. — L'arachide est cultivée à Madagascar et cette colonie en expédie de certaines quantités. En 1898 l'exportation de graines décortiquées fut de 238 tonnes, mais elle est aujourd'hui plus faible.

Établissements français de l'Inde. — La production est importante. On exporte des arachides en coques et des arachides décortiquées :

	Arachides en coques Valeurs en francs	Arachides décortiquées Valeurs en francs	Valeurs totales
1904....	56.007	14.487.660	14.543.667
1905....	194.548	9.652.720	9.847.268

L'augmentation de 1905 sur le premier article est due à une plus forte demande des détroits et des ports de l'Europe. En ce qui concerne les arachides décortiquées, les hauts prix pratiqués dans l'Inde et le peu de demandes pour l'Europe ont causé la diminution que l'on peut constater dans le tableau précédent. Mais une augmentation s'est produite sur les envois d'huile d'arachide, augmentation due à une demande plus forte pour la Birmanie et autres marchés indiens : 770.177 fr. en 1905 contre 67.318 fr. en 1904. Il en est résulté aussi une augmentation de l'exportation des tourteaux.

Indo-Chine. — Tous les pays de l'Indo-Chine cultivent l'arachide, mais l'Annam se remarque particulièrement par sa grande production.

Bibliographie. — J. Adam, L'Arachide (*Bull. du Jardin colonial*, 1907 et 1908.) — Brenier, Martin de Flacourt, Crevost et Levêque, Les principaux oléagineux de l'Indo-Chine [*Bull. économique de l'Indo-Chine*, n°s 45, 51 et 52 (nouv. série), sept. 1905, avril et mai 1906].

Cocotier

Le cocotier est un arbre de la famille des Palmiers (*Cocos nucifera* L.) dont la tige, non ramifiée et annelée, a une hauteur de 12 à 30 mètres. Son fruit est une drupe ovoïde, à noyau fortement ligneux, marqué de trois trous à la base; la partie charnue est parcourue de fibres abondantes.

Cliché Em. Prudhomme.
Le Cocotier.

Les variétés en sont extrêmement nombreuses.

Le cocotier se trouve surtout dans le voisinage de la mer ; on a cependant pu l'acclimater à 200 kilomètres du rivage. Il demande, pour produire, un climat chaud et humide tel qu'on le rencontre dans la zone intertropicale ; un climat trop sec ne lui convient pas. A Ceylan, où on le cultive sur une très grande échelle et où les exploitations s'étendent tous les ans, on admet qu'il exige une température moyenne de 26° et une chute d'eau au moins de 1^m,70. La principale qualité du terrain doit être la perméabilité.

Au point de vue de la distribution géographique de l'arbre, on peut dire, employant une phrase souvent citée, que le globe porte à son équateur une ceinture de cocotiers.

La reproduction s'effectue en mettant en terre le fruit tout entier et repiquant plus tard le jeune plant. C'est au bout de huit ans que commence la récolte. Le cocotier a de nombreux ennemis : les insectes, (notamment l'*Oryctes Rhinoceros* et le *Rhynchophorus ferrugineus*), les rats, le bétail, les sangliers, etc.

Pour tous les détails concernant la culture, et d'ailleurs pour le développement de toutes les questions relatives au cocotier, nous renverrons le lecteur à l'excellent ouvrage dû à la plume autorisée de M. Ém. Prud-homme.

Le cocotier, en raison de la variété des produits utilisables qu'il fournit, est un des représentants les plus précieux du règne végétal.

Le *bourgeon terminal*, quand l'arbre jeune est renversé par le vent, peut fournir une excellente salade (chou palmiste).

Dans l'Inde et à Ceylan, sur certains arbres — au détriment des noix — le *spadice* ou axe charnu est, au moment de la floraison, sectionné à 5 ou 6 centimètres de son extrémité. Il fournit un jus sucré que les Anglais appellent *toddy*. Ce jus peut être transformé en sucre (*jaggery*) ou, par fermentation, en un produit alcoolique (*arrack*). Il donne aussi un excellent vinaigre.

Les *feuilles* servent de couverture pour les cases, elles sont employées pour fabriquer des nattes, des paniers, des vêtements.

Avec les *pétioles* on fait des haies, des cannes à pêche, etc.

Le *tronc* fournit un bois très résistant. Il sert aussi, après avoir été creusé, à faire des conduites.

Le *fruit* est la partie la plus intéressante. Encore vert il contient, dans la cavité intérieure de la noix, un liquide très rafraîchissant appelé eau ou lait de coco. L'albumen frais, quand il est formé, constitue une véritable friandise que l'on apprête de diverses façons.

PRODUCTIONS VÉGÉTALES DES COLONIES 203

Cliché Em. Prudhomme.
Grappe de noix de coco.

L'albumen, amande de la noix mûre, fournit, à l'état sec, le *coprah*, d'où l'on extrait l'huile sur laquelle nous allons revenir. A Ceylan, l'albumen sec est râpé et expédié en Angleterre, aux États-Unis et en Allemagne comme succédané de l'amande pour la pâtisserie (exportation en 1903 : 8.000 tonnes environ sous cette forme de « *dessicated coconut* »).

La coque de la noix (endocarpe osseux) sert à confectionner une multitude d'objets.

L'enveloppe fibreuse (mésocarpe) fournit des fibres (*coïr*) employées pour la fabrication de brosses, de tapis et de cordages.

Enfin une sorte de poussière répandue dans les interstices des fibres fournit une excellente matière pour calfeutrer les coques de navires et pour transporter les graines dont on veut conserver les facultés germinatives.

Les fruits, une fois cueillis, sont soumis à la défibration. On procède ensuite au concassage des noix, au séchage et à l'extraction de l'amande. On a ainsi ce qu'on appelle le coprah, employé pour l'extraction de l'huile. Pour fixer les idées, donnons, d'après M. Rideau, le rendement en coprah de noix du Centre-Annam : 1.000 noix ont pesé 1.740 kilos et fourni 10 % de coprah sec.

Les coprahs sont en partie traités sur les lieux même de production, mais le plus généralement expédiés en Europe où l'on en extrait 62-66 % d'huile concrète. Jusqu'en ces dernières années cette huile était exclusivement employée en savonnerie. Elle rancit rapidement. En éliminant complètement les acides gras elle devient d'une conservation parfaite. MM. de Rocca, Tassy et de Roux, ainsi qu'on a pu le voir à l'Exposition coloniale, ont basé sur cette purification la

Cliché Em. Prudhomme
L'Oryctes Rhinoceros ou Black Beetle.

fabrication d'un excellent succédané du beurre, la *végétaline*. Nous reviendrons d'ailleurs sur cette question (groupe III, classe 14).

Production et commerce du coprah.

Les principaux pays producteurs de coprah sont : les Philippines, Ceylan, Singapour, Java, l'Inde, l'Indo-Chine. Voici, pour les années

Cliché Em. Prudhomme.
Le Rynchophorus ferrugineus.

1902 et 1903, les chiffres des exportations de coprah de ces différents pays :

	1902	1903
Philippines....	59.000 tonnes	82.080 tonnes
Ceylan........	19.000 —	36.087 —
Singapour.....	41.030 —	34.747 —
Java..........	43.781 —	15.000 —
Inde..........	7.267 —	16.969 —
Indo-Chine....	5.730 —	4.524 —

Les îles polynésiennes, les Antilles (Trinidad notamment), la côte occidentale et la côte orientale d'Afrique participent aussi à l'exportation du coprah.

Ceylan, qui ne figure qu'au second rang (à considérer les chiffres de 1903) parmi les pays exportateurs de coprah, passe au premier rang si l'on envisage l'ensemble des produits du cocotier. Voici, concernant l'île de Ceylan, les exportations de 1903 [1]

---

1. *Bulletin économique de l'Indo-Chine*, nouv. série, n° 27, p. 352.

Noix de coco brutes	18.750 tonnes.
Albumen sec rapé (dessicated coconut)	7.938 —
Coprah	36.087 —
Tourteaux (Poonac)	15.238 —
Huile	33.800 —
Coïr (fibres, fil et cordages)	11.755 —
Arrack	5.400 hectolitres

La France importe des quantités très importantes de coprah, notamment des Philippines, des Indes Anglaises et de l'Indo-Chine. Les chiffres ci-dessous indiquent les importations françaises (commerce général) pendant les années 1900, 1901, 1902 et 1903 sont très éloquents :

	1900	1901	1902	1903
Poids en tonnes	116.047	88.144	105.979	117.407
Valeurs en francs	38.295.000	30.850.000	31.793.000	39.918.000

Le principal marché consommateur métropolitain est Marseille, où les prix ont subi, durant ces dernières années, les fluctuations suivantes [1] :

Prix des 100 kilos

1903		34 fr. 50	35 fr. 50	37 fr. 50	36 fr. 50
1904		36 fr. 50	40 fr. 50	37 fr. 50	40 fr. 75
1905	Straits	38 fr. 50 en janvier		37 fr. en août	
	Ceylan	43 fr.	—	39 fr.	—
	Saïgon	38 fr.	—	36 fr.	—
	Manille	38 fr.	—	36 fr.	—

Colonies françaises. — Revenons sur la question de la production du coprah pour passer en revue les colonies françaises qui exportent cette matière première.

La *Côte d'Ivoire* en a expédié pour 230 francs seulement en 1904. Il n'y a donc pas lieu d'insister.

Au *Dahomey*, le cocotier est répandu dans toute la zone côtière. Le coprah vaut sur place 25 francs environ les 100 kilos. Il est consommé en grande partie dans le pays même. Néanmoins, la colonie en exporte une certaine quantité :

Années	Poids en tonnes	Valeurs en francs	Années	Poids en tonnes	Valeurs en francs
1900	221	44.416	1903	257	64.237
1901	185	37.082	1904	227	56.705
1902	352	87.981	1905	261	65.197

1. *Bulletin économique de l'Indo-Chine*, 1905 et 1906.

A *Madagascar* le cocotier est assez répandu notamment dans le Nord-Ouest qui paraît être, dans l'île, sa zone de prédilection. Sur l'initiative

Cliché Em. Prudhomme.

Malgache grimpant au sommet d'un cocotier.
(Nossy-Bé, Nord-Ouest de Madagascar.)

du général Gallieni, l'administration locale a fait planter pendant quelques années de nombreux cocotiers (100.000 par an). Il est bien évident qu'il n'a pas encore pu y avoir d'exportation.

Exportations de *Mayotte et de ses dépendances.*

1º Noix de coco.

Années	Nombre	Valeurs en francs	Années	Nombre	Valeurs en francs
1902	452.000	27.680	1904	550.133	30.892
1903	220.380	13.831	1905	manque	

2º Coprah.

Années	Poids en tonnes	Valeurs en francs	Années	Poids en tonnes	Valeurs en francs
1991	—	—	1903	6	5.200
1902	—	—	1904	15	3.190

Exportations des *Établissements français de l'Inde.*

1º Noix de coco.

Années	Valeurs en francs	Années	Valeurs en francs	Années	Valeurs en francs
1900	114.621	1902	7.150	1904	100.053
1901	4.592	1903	168.341	1905	205.544

L'augmentation est importante.

2º Coprah. Pour 109.980 francs en 1904 et seulement pour 11.900 francs en 1905. La diminution est due à la hausse des prix.

3º Huile de coco. Pour 14.424 francs en 1904 et pour 10.818 francs en 1905. La consommation locale et la hausse des prix ont occasionné cette diminution en 1905.

Nous avons vu que l'*Indo-Chine* exportait des quantités importantes de coprah. Voici les chiffres relatifs à ce produit :

	1895	1900	1901	1902	1903	1904	1905
Exportations au long cours	2.359 t.	3.573 t.	4.878 t.	5.661 t.	4.476 t.	1.833 t.	1.956 t.
au cabotage	—	—	90	69	48	—	—
Total	2.359 t.	3.573 t.	4.968 t.	5.730 t.	4.524 t.	1.833 t.	1.956 t.

En 1904 les exportations au long cours correspondaient à une valeur de 458.343 francs, et en 1905, de 489.044 francs.

Il y a lieu d'ajouter les exportations d'huile de coco :

	1900	1901	1902	1903	1904
Exportations au long cours	7 t.	126 t.	296 t.	124 t.	208 t.
au cabotage	—	260	239	163	1.139
Total	7 t.	386 t.	535 t.	287 t.	1.347 t.

Le cocotier présente de remarquables facultés de développement dans certaines régions de la colonie, aussi ne saurait-on trop encourager sa culture en Cochinchine et en Annam notamment, et peut-être encore davantage sur les bords du golfe de Siam, au Cambodge, où les arbres seraient à l'abri des typhons. Il y aurait à faire ainsi un excellent placement de capitaux.

La *Nouvelle-Calédonie* exporte du coprah et de l'huile de coco.

1° Exportations de coprah :

Années	Poids en tonnes	Valeurs en francs	Années	Poids en tonnes	Valeurs en francs
1900	1.998	420.619	1903	1.748	485.880
1901	1.665	377.896	1904	2.215	678.576
1902	1.503	439.003	1905	1.710	544.737

Ces exportations sont sensiblement stationnaires. Des efforts s'exercent pour accroître le nombre des plantations, mais les produits qui en résulteront ne pourront faire leur apparition que dans quelques années. La diminution observée en 1905 par rapport à 1904 est due à la sécheresse qui a réduit le rendement de toutes les récoltes.

2° Exportations d'huile de coco :

Années	Poids en tonnes	Valeurs en francs	Années	Poids en tonnes	Valeurs en francs
1900	17	10.019	1903	2	800
1901	46	25.400	1904	15	10.288
1902	—	—	1905	2	1.250

La culture du cocotier est actuellement la source de revenus la plus stable et la plus importante des *Établissements français de l'Océanie*. Toutes les îles de la Polynésie française, sauf Rapa où le cocotier n'arrive pas à maturité, se prêtent admirablement à cette culture. D'après M. L.-G. SEURAT [1] environ 3.500 cocos secs fournissent 1 tonne de coprah qui vaut sur place 225 fr.

Les exportations de coprah sont fortes, ainsi que l'indique le tableau ci-dessous :

Années	Poids en tonnes	Valeurs en francs	Années	Poids en tonnes	Valeurs en francs
1900	5.263	1.185.685	1903	8.377	2.185.071
1901	4.268	960.415	1904	5.476	1.642.669
1902	7.005	1.825.157	1905	6.493	1.818.133

1. L.-G. SEURAT, Tahiti, p. 52.

Les cocos en coques sont de plus en plus recherchés en Amérique pour la fabrication du *dessicated coconut*. Les expéditions ont été les suivantes :

Années	Valeurs en francs	Années	Valeurs en francs
1900	—	1903	48.650
1901	35.641	1904	37.431
1902	32.653	1905	73.473

Ajoutons, pour terminer que la *Guadeloupe* a exporté récemment de faibles quantités de coprah : 3 tonnes (valeur 1.545 fr.) en 1904 et 2 tonnes (valeur 1.012 fr.) en 1905.

Bibliographie. — Em. Prudhomme, Le Cocotier. Culture, industrie, commerce dans les principaux pays de production, coprah, huile, fibre de coco et dérivés divers, Paris, 1906. — Brenier, Martin de Flacourt, Crevost et Lévêque, Les principaux oléagineux de l'Indo-Chine, Hanoï, 1906 (Extraits du *Bull. écon. de l'Indo-Chine*, n°s 45, 51 et 52, nouv. série.)

Coton

Le cotonnier sera étudié comme plante textile. Nous indiquerons seulement ici que ses graines fournissent une huile comestible sur laquelle nous aurons, d'ailleurs, l'occasion de revenir dans un autre volume (Groupe III, classe 14).

Ricin

Le ricin (*Ricinus communis* L.) est, dans les pays chauds, un arbuste vivace, de 4 à 6 mètres de hauteur. Il appartient à la famille des Euphorbiacées. Son fruit est une capsule de couleur verte, rouge vif ou carminé ; la graine se présente avec des dimensions extrêmement variables suivant les espèces ou les variétés.

On paraît aujourd'hui d'accord, après Baillon, pour ne reconnaître qu'une seule espèce, le *R. communis*, mais comportant une grande variété de formes ou de races. MM. Dubard et Eberhardt[1] en signalent cinq : 1° *R. communis* L., type de l'Inde avec ses deux formes principales major et minor ; 2° *R. sanguineus* Hort. ; 3° *R. viridis* Willd. ; 4° *R. inermis* Mill. ; 5° *R. zanzibarinus*.

Le ricin est cultivé surtout dans l'Inde, en Égypte, en Turquie d'Asie, en Chine, aux États-Unis, en Indo-Chine.

Les graines fournissent par pression une huile (35 °/₀) dont l'usage médicinal bien connu remonte à une époque lointaine. Mais cet usage

---

1. Durand et Eberhardt, Le Ricin, Paris, 1902.

tend à se restreindre. Elle est employée en teinture comme mordant, en savonnerie pour la fabrication des savons durs. On en fait aussi usage comme lubréfiant.

Ricin.
Extrait du *Bulletin du Jardin colonial*.

Le ricin aime les terrains un peu argileux, argilo-siliceux, ou argilo-calcaires, frais, profonds et bien drainés. Il ne prospère que dans les sols fertiles et sa culture est épuisante. Il se reproduit par semis en place.

La récolte s'effectue en faisant sécher les capsules au soleil et séparant les graines par battage au fléau, puis vannage.

C'est sur les feuilles de ricin, à l'état frais, que s'élève le ver à soie de l'Assam.

Production et commerce du ricin.

Nous avons énuméré les principaux pays producteurs. Parmi ceux-ci l'Inde occupe le premier rang. Son export moyen (1901-1903) est de 79.000 tonnes de graines.

En *Indo-Chine* les transactions sur les graines et sur l'huile sont surtout locales. Le ricin s'étend un peu partout, mais n'existe guère en quantité considérable qu'au Tonkin (région de Bac-Giang surtout), où il trouve un emploi grandissant comme huile de graissage, avec le développement des chemins de fer et de l'industrie en général dans le delta.

Les exportations, non pas de graines, mais d'huile de ricin dans l'Indo-Chine ont l'importance indiquée par les chiffres suivants :

Années	Poids en tonnes	Valeurs en francs	Années	Poids en tonnes	Valeurs en francs
1895	117	—	1903	212	95.352
1900	261	—	1904	104	46.991
1901	183	75.672	1905	127	56.988
1902	57	25.752			

Sur la place de Marseille les prix des graines de provenance de l'Inde ont oscillé, ces dernières années, entre 17 fr. et 26 fr. 50 les 100 kg. (prix moyen, 21 fr.). Le prix de l'huile de première pression vaut 50 fr. environ les 100 kg., celle de seconde pression, 42-46 fr., l'huile extra (pharmaceutique), 55-60 fr.

La France en 1903 a importé plus de 14.000 tonnes de graines de ricin de l'Inde.

Bibliographie. — DUBARD et EBERHARDT, Le Ricin. Botanique, culture, industrie, commerce, Paris, 1902. — Ch. RIVIÈRE, Notes sur le ricin en Algérie (*Bull. du Jardin colonial*, n° 6).

SÉSAME.

Plante annuelle de la famille des Pédaliacées, le sésame (*Sesamum indicum* D. C., *S. orientale* L.) est cultivé pour ses graines oléagineuses, notamment aux Indes, en Chine et dans le Mozambique.

Les fruits sont des capsules dressées de 25^{mm} de long sur 6^{mm} de large, s'ouvrant d'abord en deux, puis finalement en quatre valves.

PRODUCTIONS VÉGÉTALES DES COLONIES 213

La récolte a lieu quelques mois après le semis. On coupe les tiges et on les fait sécher, les capsules éclatent et les graines tombent. En secouant ou battant les tiges on facilite et complète la séparation. Les graines, par ventage, sont séparées des détritus de tiges et de coques. Les tiges sont utilisées pour la teinture.

Par trois pressions, dont deux à froid et une à chaud, la graine fournit 42-55 % d'huile. L'huile de sésame sert pour la consommation, l'éclairage ou la fabrication des savons.

Production et commerce des graines de sésame.

Indépendamment des principaux pays de production déjà mentionnés, les Indes anglaises et la Chine notamment, la côte occidentale d'Afrique et l'Indo-Chine fournissent encore du sésame.

La *Guinée française* exporte une quantité de graines de sésame qui a décuplé dans l'espace de cinq ans.

Années	Valeurs en francs	Années	Poids en tonnes	Valeurs en francs
1900	40.336	1903	—	123.000
1901	67.228	1904	—	74.934
1902	75.402	1905	2.335	466.977

Le sésame a une aire de culture très étendue en *Indo-Chine*. Les terres rouges de l'est de la Cochinchine que traverse aujourd'hui l'amorce du grand chemin de fer transindo-chinois offriraient un excellent milieu pour la culture de cette plante, qui, actuellement, est surtout répandue en Annam. Indiquons les exportations de graines de sésame d'Indo-Chine depuis 1901 :

Années	Poids en tonnes	Valeurs en francs	Années	Poids en tonnes	Valeurs en francs
1901	437	—	1904	394	70.855
1902	465	139.630	1905	88	15.928
1903	284	85.289			

L'importation moyenne (1899-1903) des graines de sésame en France a été de 89.000 tonnes (maximum 139.209 tonnes, minimum 69.699 tonnes) d'une valeur moyenne de 29.000.000 de francs. En voici l'importance par année :

1900		1901	
Poids en tonnes	Valeurs en francs	Poids en tonnes	Valeurs en francs
69.699	24.394.000	75.078	26.277.000

	1902		1903	
	Poids en tonnes	Valeurs en francs	Poids en tonnes	Valeurs en francs
	84.819	27.142.000	139.209	40.370.000

En 1903, les Indes anglaises et la Chine ont participé à ces importations dans les proportions respectives suivantes :

    Indes anglaises..... 124.478 tonnes (valeur 36.098.000 fr.).
    Chine............ 8.782 » (valeur 2.546.000 fr.).

Sur le marché de Marseille, on peut compter, comme prix moyen des graines, 24-27 fr. les 100 kg.

Bibliographie. — Brenier, Martin de Flacourt, Crevost et Levêque, Les principaux oléagineux de l'Indo-Chine (*Bull. écon. de l'Indo-Chine*, n°ˢ 45, 51 et 52, nouv. série, sept. 1905, avril et mai 1906).

Garcinia

Le *Garcinia tonkinensis* (H. Bn.) Vesque (famille des Clusiacées) donne des fruits dont les noyaux sont employés pour l'extraction d'une huile. Celle-ci est utilisée au Tonkin pour l'éclairage et pour le graissage. Étant donnée sa richesse en huile, le *Garcinia* mérite attention, mais sa culture perd de l'intérêt du fait qu'il s'agit d'un arbre. Il est très répandu au Tonkin.

Bibliographie. — L.-J. Levêque, *Bull. économique de l'Indo-Chine*, mai 1902. — Brenier, Martin de Flacourt, Crevost et Levêque, *Bull. écon. de l'Indo-Chine*, sept. 1905, avril et mai 1906. (Les principaux oléagineux de l'Indo-Chine).

Camélia a huile

Le camélia à huile (*Thea sasanqua* Nois., *Camellia drupifera* Lour., famille des Ternstrœmiacées) habite le Japon, la Chine, l'Inde orientale, l'Indo-Chine. L'amande de ses fruits donne une huile alimentaire. Il est assez abondant dans certaines régions du Tonkin et du Nord-Annam, mais pas assez cependant pour donner lieu à une exportation appréciable. Pour plus de détails, voir Brenier, Martin de Flacourt, Crevost et Levêque, *Les principaux oléagineux de l'Indo-Chine*.

Abrasin et Bancoulier

Fournissent des huiles siccatives.

L'abrasin (*Aleurites cordata* M. Arg., famille des Euphorbiacées) est un arbre dont la graine fournit en Indo-Chine, en Chine et au Japon une huile extrêmement siccative, plus siccative encore que celle du lin et

Cliché Em. Prudhomme.
Rameau d'Abrasin (Aleurites cordata).

donnant lieu à une grosse exportation de Chine sur Hambourg, sur Londres et sur New-York. Les régions de Hung-Hua et de Ninh-Binh pourraient fournir des éléments à l'exportation.

Le bancoulier ou noyer des Moluques (*Aleurites moluccana*) est moins intéressant mais plus répandu que le précédent. Il fournit une huile siccative.

Bibliographie. — BRENIER, MARTIN DE FLACOURT, CREVOST et LEVÊQUE, Les principaux oléagineux de l'Indo-Chine. — GROSJEAN, Rapport sur l'huile de l'arbre à vernis (*Compte rendu de la Mission lyonnaise en Chine*, Rapports commerciaux).

Les oléagineux à l'Exposition coloniale.

Faire la description des oléagineux de nos colonies, c'était dresser un tableau des produits qui figuraient à l'exposition et qui composent maintenant les collections du Musée du Jardin colonial. Aussi quelques mots suffiront-ils pour dire ce qu'était l'exposition de la section qui nous occupe.

Dans le pavillon de l'Afrique occidentale française étaient présentées, des graines de coton du Sénégal, de Guinée, de la Côte-d'Ivoire, du Dahomey, ainsi que les autres oléagineux que l'on rencontre dans ces colonies : sésame, cocotier (noix de coco, coprah, huile et tourteaux de coco) et surtout arachides (remarquable collection d'huiles).

Dans le pavillon du Congo on trouvait le sésame et l'arachide.

Parmi les oléagineux exposés dans le pavillon de Madagascar, nous mentionnerons les graines de pignon d'Inde et l'huile qu'elles fournissent, les graines d'argania, de bancoulier, de sésame, d'arachide, de ricin.

L'exposition des Indes comprenait des noix de coco, du coprah, de l'huile de coprah.

A signaler aussi, l'exposition de l'Indo-Chine : siccatifs (abrasin, graines de bancoulier), cocotier (noix de coco, coprah, huile de coco), sésame, ricin, arachides et différents corps gras.

La Nouvelle-Calédonie a envoyé du ricin et quelques huiles diverses ; Tahiti, du coprah et de l'huile de coco.

Un petit pavillon démontable avait été spécialement affecté aux matières grasses. L'exposition de ces matières et des documents les concernant, tels que de très instructifs tableaux, avait été organisée avec le précieux concours du savant spécialiste M. MILLIAU. On y remarquait en particulier un tableau très complet du mouvement des oléagineux : olives, palmes, coco, ricin, lin, coton, sésame, arachide, colza, œillette, pavot, etc. A l'intérieur du pavillon, deux pièces sont aménagées : la première plus spécialement consacrée au sésame, à l'arachide et au pavot (graines et huiles) contient en même temps un dispositif réduit pour l'extraction de l'huile d'olive exposé par MM. de CONSTANS, BARTHELEMY et ARNAUD, de Marseille ; dans la seconde figure une collection d'huiles de coco et de ricin.

Encore que nous nous occupions ici plutôt des végétaux producteurs que des huiles mêmes, nous ne pouvons passer sous silence les beaux spécimens d'huile d'olive et les cartes et documents concernant ce produit réunis dans le pavillon de la Tunisie.

Enfin, pour les oléagineux, comme pour tous les autres produits de la culture, les admirables serres du Jardin colonial donnaient de la vie et de la réalité à l'exposition. Nous signalons d'une façon toute particulière une belle collection de cocotiers.

5ᵉ Section. Matières textiles, fibres et bourres diverses.

En ce qui concerne les textiles végétaux la France, exception faite pour le lin et le chanvre qu'elle produit d'ailleurs en quantité insuffisante, est presque complètement tributaire de l'étranger.

Mais, grâce aux heureuses tentatives qui ont été faites et dont on commence de voir les résultats, on est en droit d'espérer que cette situation se modifiera dans un délai assez rapproché, tout au moins en ce qui concerne le coton. On peut dire que tout était à créer à ce point de vue dans nos colonies.

Nous n'avons à étudier ici que les produits de la culture. Les textiles spontanés ont été passés en revue dans ce qui précède (voir p. 48).

Coton

Les cotonniers appartiennent à la famille des Malvacées et au genre *Gossypium*. D'après M. Engler on distingue : 1° une catégorie de cotonniers dont les graines sont recouvertes de poils de longueur uniforme, le *G. peruvianum* Cav. et le *G. barbadense* L.; 2° une catégorie d'espèces, dont les graines ont à la fois de longs poils constituant le coton et un duvet, ce sont le *G. hirsutum* L., le *G. herbaceum* L. et le *G. arboreum* L.

Le *G. peruvianum* Cav. est le principal cotonnier de l'Amérique du Sud. On le cultive aussi aux Antilles, en Égypte et dans le sud de la Chine.

Le *G. barbadense* L. donne, aux États-Unis, la belle sorte *Sea Island* et en Égypte le *coton Jumel*. On le trouve aussi à la Réunion.

Comme la précédente espèce, le *G. hirsutum* L. se rencontre dans l'Amérique du Nord (coton de la Nouvelle-Orléans, le Louisiane, le Upland, le Texas, etc.) et au Cambodge. Il a été introduit dans d'autres contrées.

Le principal centre de culture du *G. herbaceum* L. est l'Inde. On cultive aussi cette espèce en Chine, au Japon, au Tonkin, en Annam, au Cambodge, à Java, etc.

Enfin le *G. arboreum* L. existe un peu partout, mais nulle part sa culture n'est bien développée.

Le cotonnier est une plante qui épuise rapidement le sol. Aussi doit-on

Rameau de cotonnier en fleurs.
Extrait de Y. Henry, Le Coton aux États-Unis.

avoir recours aux assolements ou aux engrais. Les semis sont généralement faits sur place et la récolte est effectuée au moment où les capsules ont pris une teinte jaunâtre et éclatent. On sépare soigneusement les graines des capsules. L'égrenage, c'est-à-dire la séparation du duvet d'avec la graine a été longtemps fait à la main. On opère aujourd'hui mécaniquement.

Après l'engrenage, le coton est nettoyé, mis en balles et fortement comprimé.

Les graines fournissent, par pression, l'huile de coton.

Plusieurs insectes attaquent le cotonnier et causent de grands ravages auxquels viennent s'ajouter ceux qu'occasionnent les maladies cryptogamiques. Cette question des maladies du cotonnier a été étudiée par le savant et regretté spécialiste, le Dr Delacroix aux publications duquel nous renvoyons le lecteur [1].

Production et commerce du coton.

Les trois principaux pays producteurs sont : les États-Unis, l'Inde et l'Égypte.

D'après M. H. Lecomte, la moyenne de la production pour ces trois contrées est la suivante :

États-Unis...............	2.250.000 tonnes
Inde....................	486.000 —
Égypte..................	275.000 —

La production mondiale est ainsi répartie :

États-Unis.................	70 %
Inde.......................	15
Égypte.....................	8
Autres pays................	7

Cette situation peut, un jour ou l'autre, constituer un danger très grand pour l'industrie européenne. Celle-ci en effet, se trouve à la merci des trusts qui, monopolisant la matière première, en élèvent le prix. D'autre part la consommation du coton s'accroît aux États-Unis : cette nation exportait jadis la totalité de sa production ; mais, peu à peu, des filatures et des manufactures de tissage s'y sont installées et leurs besoins ont atteint, pour 1902, la quantité imposante de 800.000 tonnes, tandis qu'ils correspondaient seulement à 500.000 tonnes dix ans auparavant.

Raréfaction de la marchandise, élévation du prix d'achat et incertitude de la production, telles sont les conditions avec lesquelles doivent compter les industries européennes qui emploient le coton.

Émues de cette situation, l'Angleterre et l'Allemagne ont formé des

---

1. Dr Delacroix, *Bulletin du Jardin colonial*, n° 8.

associations pour rechercher dans leurs colonies respectives des terres propres à la culture du cotonnier. Et cependant, moins que la France, la première de ces nations se trouve dépendre des États-Unis. En effet, en 1902, sur les 255.000.000 de francs de coton que nous importions, nos colonies en fournissaient seulement pour 10.000.000 de francs. Nous avons cependant une colonie, le Cambodge, qui, ainsi que nous l'indiquerons plus loin, produit du coton en quantité assez importante, mais ce coton est exporté au Japon.

Des efforts sérieux ont été faits en vue de développer la culture du cotonnier dans nos colonies.

Le coton étant cultivé par des indigènes de l'Afrique occidentale française pour leur usage personnel, c'est de ce côté qu'ont été tentés les essais, et non sans succès, grâce à l'initiative éclairée de M. ROUME, Gouverneur général de l'Afrique occidentale française, et aux remarquables travaux de M. Yves HENRY, directeur de l'Agriculture de cette colonie.

Dès 1901, M. Yves HENRY publiait dans le *Bulletin du Jardin colonial* une notice, *Le coton en Égypte*, puis une importante étude sur la détermination et la valeur commerciale des fibres de coton.

Chargé de mission aux États-Unis, M. Yves HENRY, à son retour, faisait paraître un intéressant rapport, *Le Coton aux États-Unis*, indiquant les procédés de culture, de récolte et de préparation, ainsi que les essais de 25 variétés, avec un choix des espèces à propager dans nos colonies. Plus récemment, le même auteur publiait dans le *Bulletin du Jardin colonial* une étude complète du plus haut intérêt, *Le Coton dans l'Afrique occidentale française*.

De son côté, le Gouverneur du Sénégal, M. Camille GUY, chargeait M. Henri LECOMTE d'aller étudier en Égypte la culture du cotonnier. Le rapport de M. LECOMTE, *Le coton en Égypte*, rédigé avec la méthode et la clarté habituelles du savant professeur du Museum, fait connaître tout ce qui est relatif à cette importante question. Il contribuera certainement, dans une large mesure, au succès de nos entreprises en Afrique occidentale.

Dans le même but d'intérêt général que la *British Cotton Growing Association* en Angleterre, il s'est fondé en France une *Association cotonnière coloniale*, sous la présidence de M. ESNAULT-PELTERIE, président du Syndicat général de l'Industrie cotonnière française. Cette société, à laquelle ont adhéré les principales maisons de filature et de tissage des Vosges, de Normandie, de Roubaix et de Roanne, entend exercer une action effective sur le développement de la culture du cotonnier dans nos colonies. La campagne a été engagée en faveur de la reprise de cette culture au Sénégal et de son introduction dans l'Afrique occidentale française et même à Madagascar, en Indo-Chine et en Algérie dans le département d'Oran.

Les efforts tentés sont, on le voit, considérables, bien orientés et bien parallèles. Il n'y a pas à douter de leur efficacité. D'ailleurs, les premiers résultats obtenus sont encourageants, ainsi qu'on va pouvoir en juger en passant en revue les colonies dans lesquelles la culture du coton est pratiquée ou expérimentée.

Afrique occidentale française. — C'est le principe de la production par l'indigène de coton type américain qui a servi de base aux récents essais entrepris en Afrique occidentale française.

Magasin à coton à Abomey.
Extrait de Y. Henry, Le Coton dans l'Afrique occidentale française.

En *Sénégambie*, des essais effectués en 1905, par M. V. Rabaud, négociant à Saint-Louis, ont donné des résultats intéressants, malgré l'insuffisance de moyens. En 1904-1905, d'expériences culturales, tentées à Richard Toll, on a pu tirer des conclusions générales très précieuses. Il ne faudra pas demander au noir de la vallée du Sénégal de produire du coton *Jumel* qui exige des soins spéciaux, la Direction de l'Agriculture lui donnera un type de cotonnier américain à moyennes soies, rustique, fournissant un bon produit marchand et susceptible de prospérer avec les procédés indigènes de culture. Il sera ainsi possible, d'après M. Yves Henry, d'arriver à établir dans les parties peuplées du fleuve Sénégal une production indigène de coton type américain qui compléterait heureusement, le cas échéant, une production de coton *Jumel* résultant d'exploitations européennes.

Au *Soudan*, de nombreux et intéressants essais ont été effectués notamment par l'Association cotonnière et par l'Administration. D'une première campagne faite en 1903-1904 il est résulté que les types américains étaient susceptibles de bien végéter au Soudan et que le *Mississipi* était plus particulièrement à retenir. La campagne suivante, tout en confirmant les résultats relatifs à la qualité des fibres obtenues, a vivement appelé l'attention sur le fait des ravages occasionnés par la sécheresse.

Les exportations du Sénégal, Haut-Sénégal et Niger sont indiquées dans le tableau qui suit :

Années	Poids en tonnes	Valeurs en francs	Années	Poids en tonnes	Valeurs en francs
1900	64	12.861	1903	1	359
1901	—	—	1904	5	1.003
1902	—	—	1905	3	586

Les chiffres exceptionnellement élevés de l'année 1900 correspondent à une tentative d'exportation de coton indigène, due à l'initiative de M. le général de Trentinian et dont le but fut de faire connaître, coter et apprécier en France le coton du Soudan. En 1906 la production du Soudan en coton américain a été de 35 tonnes environ dont le tiers seulement a été exporté (J. Adam, Communication particulière).

Le cotonnier existait au *Dahomey* bien avant l'occupation française. Mais l'amélioration naturelle du coton doit y être réalisée et tendre à augmenter la longueur, la finesse et surtout l'homogénéité des soies. Le service de l'Agriculture de la colonie poursuit ce but et aussi celui, plus immédiat, qui consiste à introduire des variétés étrangères déjà améliorées. C'est M. Savariau qui a été chargé de poursuivre ces essais. Le développement de la culture du cotonnier peut se faire : 1° par la culture directe par des colons européens, culture entreprise avec de gros capitaux ; 2° par l'extension des cultures de l'indigène. Celui-ci ne vise généralement à obtenir que le stock qui lui est nécessaire. Toutefois, depuis trois ou quatre ans, sa production a augmenté et, en 1905, le représentant de l'Association cotonnière coloniale, ainsi que les commerçants de Porto-Novo, ont pu acheter environ 100 tonnes de coton non égrené. L'Association a d'ailleurs installé à Abomey une petite usine d'égrenage et de pressage.

En somme, on peut espérer voir la production de coton dans la colonie augmenter rapidement : les régions de Zagnanado, voisines de l'Ouémé, d'Abomey, Savalou, Savé, voisines de la voie ferrée, sont certainement celles qui présentent à ce point de vue le plus grand intérêt, tant en raison de la fertilité du sol que des facilités de communication.

En 1904 le Dahomey a exporté 63 tonnes de coton (valeur 14.504 fr.) et en 1905 une quantité correspondant à une valeur de 9.744 fr. En 1906

Usine d'égrenage d'Abomey (moteurs).
Extrait de Y. Henry, Le Coton dans l'Afrique occidentale française.

l'exportation a été de 40 à 45 tonnes (J. Adam, Communication particulière). Elle ira certainement en augmentant, grâce aux efforts éclairés de l'Administration et des services de l'Agriculture.

Madagascar. — Avant l'introduction des cotonnades européennes, le coton était cultivé à Madagascar sur une assez grande échelle. Cette culture, un moment abandonnée, a été reprise et l'on a vu en 1903 les statistiques signaler pour la première fois l'exportation de coton. Ce résultat est dû aux efforts intelligemment combinés du service administratif compétent et de la direction de l'Agriculture. Une station spéciale pour l'étude de cette culture a été créée sur la côte ouest, où le climat est le plus particulièrement favorable. Les statistiques des exportations donnent les chiffres suivants :

 1903.................. 125 kg. (valeur 100 fr.).
 1904.................. 1.760 kg. (valeur 1.315 fr.).
 1905.................. 2.376 kg. (valeur 2.850 fr.).

Ces chiffres sont modestes, mais indiquent une progression encourageante.

Usine d'égrenage d'Abomey (égreneuse).
Extrait de Y. Henry, Le Coton dans l'Afrique occidentale française.

De la *Côte des Somalis* ont été exportées les quantités suivantes de coton en laine.

Années	Poids	Valeurs	Années	Poids	Valeurs
1900	0 t. 727 kg.	291 fr.	1903	—	—
1901	—	—	1904	—	—
1902	0 t. 108 kg.	43	1905	22 t. 920 kg.	9.168 fr.

Indo-Chine. — En Indo-Chine, le centre actuellement le plus important de la culture du coton est le Cambodge sur les berges du Mékong, fertilisées par l'inondation annuelle. Sur les bords du Grand Fleuve, de Kratié aux environs de Pnôm-Penh et même plus bas, de grandes étendues de terre seraient propices à cette culture. Il en serait de même dans une grande partie du Laos, toujours sur les rives du Mékong.

La production du Cambodge, les bonnes années, peut atteindre 7.200 tonnes, mais elle est en somme très variable suivant que les inondations apportent sur des étendues plus ou moins considérables les limons fertilisants. La question se ramène donc à un problème d'hydraulique agricole.

Le coton du Cambodge, fourni principalement par la variété *Gossypium hirsutum* L. appartient à la classe des courtes soies, mais sa belle couleur blanche et la facilité avec laquelle il frise naturellement le font rechercher sur le marché de Hong-Kong.

C'est surtout vers le Japon que le coton est exporté de Saïgon.

Un autre centre important de culture est la province de Thanh-Hoa (Nord-Annam). La variété cultivée paraît être le *G. herbaceum* L. qu'on retrouve dans les autres provinces de l'Annam et aussi au Tonkin et dans l'est de la Cochinchine.

Voici, correspondant à un certain nombre d'années, le tableau des exportations de coton de l'Indo-Chine.

Années	Coton égrené		Coton non égrené [1]		Valeurs totales
	Poids en tonnes	Valeurs en francs	Poids en tonnes	Valeurs en francs	
1901	1.546	1.633.668	445	217.160	1.850.828 fr.
1902	1.845	1.844.982	1.710	769.701	2.614.683
1903	2.278	1.822.523	2.072	414.438	2.236.961
1904	1.887	1.509.710	4.256	851.262	2.360.972
1905	2.800	2.239.608	1.350	270.000	2.509.608

Il est intéressant de rapprocher de ces chiffres ceux qui correspondent aux importations en Indo-Chine de cotonnades de France et de l'étranger :

	Importations		
	de France	de l'étranger	totales
1894	1.090 t.	2.890 t.	3.980 t.
Moyenne annuelle de 1899 à 1903	4.060	1.025	5.085
1904	4.385	204	4.589

[1]. Rendement du coton en fibres, 1/3 environ.

On voit que la part de la France est devenue de plus en plus importante.

Établissements français de l'Océanie. — Ils exportent des quantités de coton qui vont constamment en diminuant :

Années	Poids en tonnes	Valeurs en francs	Années	Poids en tonnes	Valeurs en francs
1900	52	35.436	1903	15	10.845
1901	23	16.621	1904	10	7.219
1902	17	11.392	1905	8	8.349

On ne peut que regretter la diminution de la culture cotonnière, d'autant que le coton de Tahiti est d'excellente qualité. L'administration s'est émue de cet état de choses, des instructions techniques ont été données pour y remédier et des graines de bonne qualité expédiées.

Guadeloupe. — Faibles envois de coton en laine : en 1902, 40 kilos (valeur 40 francs); en 1903, 194 kilos (valeur 97 francs); en 1904, 203 kilos (valeur 153 francs); en 1905, 990 kilos (valeur 457 francs.)

Bibliographie. — H. Lecomte, Le Coton en Égypte, Paris 1904. — C. Farmer (Yves Henry), La culture du Cotonnier, Paris 1901. — Yves Henry, Le Coton dans l'Afrique occidentale française, Paris 1906 ; Le Coton aux États-Unis, Paris 1903 ; Détermination de la valeur commerciale des fibres de coton, Paris 1902. — F. Bernard, Culture et industrie du Coton aux États-Unis, Paris 1906. — A. Lalière, Le Coton, Paris 1906. — H. Poulain, Production du Coton dans nos colonies, Paris 1863. — Duchêne, Culture du Cotonnier à la station expérimentale de Marovoay (*Bull. du Jardin colonial*, n° 36). — Dr G. Delacroix, Sur la maladie du cotonnier en Égypte (*Bull. du Jardin colonial*, n° 8).

Jute

L'industrie du jute qui, il y a un demi-siècle n'existait pas en France, a pris dans notre pays une importance à ce point considérable que nous importons tous les ans plus de 80.000 tonnes de ce produit pour nos besoins. Le jute est employé pour faire des sacs, des toiles pour la fabrication du linoleum, des peluches pour ameublements, des lacets, des tentures à bon marché, etc. Il est fourni par des plantes appartenant à la famille des Tiliacées et au genre *Corchorus*. Les deux principales espèces sont : le *C. olitorius* L. et le *C. capsularis* L.

Les semailles se font en mars, avril ou même en mai, et la récolte a lieu environ 3 mois après, au moment de la floraison. Cette récolte consiste à couper les tiges, à les laisser se faner et, quand les feuilles sont tombées, à faire des paquets de tiges de même grandeur. On procède ensuite à la préparation de la fibre qui est grossière.

Le jute est produit principalement par les Indes anglaises. L'Angleterre reçoit environ les deux tiers de la production de ses colonies, mais en réexpédie une partie sur le continent.

L'Inde ne nous fournit pas seulement du jute, mais encore des sacs de jute, en nombre considérable.

Quant à la production de nos colonies, elle est, au point de vue de la fibre en question, bien insignifiante. Il n'y a guère en effet, que l'*Indo-Chine* qui soit mentionnée dans les statistiques d'exportation, et cette mention est accompagnée des chiffres suivants correspondant au jute en étoupes :

Années	Poids en tonnes	Valeurs en francs	Années	Poids en tonnes	Valeurs en francs
1901	84	21.111	1904	29	11.792
1902	27	10.811	1905	35	13.860
1903	19	7.660			

Le jute occupe au Tonkin dans les cultures indigènes une place honorable, mais qui pourrait être plus importante. Des essais faits par M. Haffner en Cochinchine avaient donné des résultats encourageants, malheureusement les conditions qui se présentent pour le commerce d'exportation sont difficiles. Les Annamites des régions où le jute est cultivé vendent leur produit en lanières, c'est-à-dire non roui, pour la fabrication des nattes. Ils obtiennent des prix plus rémunérateurs qu'en vendant la filasse de jute roui. C'est pour cela que, malgré l'emploi d'un nombre considérable de sacs de jute pour les envois de produits indo-chinois (riz, poivres, coprahs, etc.), on continue de faire usage des sacs de jute du Bengale, importés par Singapour (importation annuelle en Indo-Chine, 6-7.000.000 de francs). On voit qu'il y aurait là une tentative culturale et industrielle dont la réussite serait peu douteuse.

D'après M. H. Lecomte [1], la plupart de nos colonies possèdent des représentants de la même famille que le jute et qui, dans une certaine mesure, pourraient rivaliser avec ce textile. Les diverses espèces des genres *Triumfetta* et *Grewia* se trouvent répandues un peu partout. Le genre *Corchorus* lui-même est représenté abondamment au Sénégal. Mais les noirs en utilisent rarement les fibres.

---

1. H. Lecomte. La production agricole et forestière dans nos colonies, p. 506.

Ramie

La ramie (*Bœhmeria nivea* Hook. et Arn., famille des Urticacées) est un arbrisseau de 2 à 4 mètres. On distingue une autre espèce, la *Bœhmeria utilis* Dec. sous le nom de ramie verte, la première étant la ramie blanche.

Cliché Bœken.

Ramie.

C'est l'écorce des tiges qui fournit la fibre. Le rouissage ne donnant pas de bons résultats, on isole la zone fibreuse sous forme de lanières. La *décortication* et le *dégommage* sont assez délicats et constituent une difficulté pour la culture et l'exploitation de la ramie dans nos colonies. Toutefois certains constructeurs affirment qu'il existe une bonne machine à défibrer et dépelliculer. S'il en est réellement ainsi la principale difficulté disparaît et la question de la culture de la ramie mérite d'être mise à l'ordre du jour, car ses fibres sont belles et nombreuses.

La ramie est cultivée notamment en Chine, au Japon et dans les îles de la Sonde.

Cliché Em. Prudhomme.
Rouissage du coïr.
Extrait de Em. Prudhomme, Le Cocotier.

On la rencontre également en *Indo-Chine*, aussi bien au Tonkin que dans le Nord-Annam, dans l'est de la Cochinchine, en certains points du Cambodge et au Laos. Partout son emploi local consiste dans la confection des filets de pêche, à cause de ses qualités de résistance et d'imputrescibilité. En raison de l'importance de la pêche dans la vie en Indo-Chine la production ne suffit pas pour la consommation et l'on doit importer de la filasse de ramie de Chine pour la confection des filets.

Bibliographie. — N. Bothier, La Ramie, Paris, 1902.

Fibre de Coco ou Coïr

Nous avons décrit précédemment le cocotier et énuméré ses principaux produits, parmi lesquels les fibres de coco. Ces fibres forment l'enveloppe de la noix. Les plus longues servent pour les cordages, les plus courtes pour la brosserie.

La fibre, une fois séparée de la noix proprement dite, est soumise au battage puis au rouissage et à un nouveau battage. Elle est ensuite fortement tordue pour en chasser l'eau, puis séchée. La fibre sèche est soumise à un peignage sommaire qui la rend propre au filage et à la confection des cordes.

L'extraction et le traitement de la fibre peuvent, d'ailleurs, être effectués mécaniquement.

L'Indo-Chine qui, ainsi qu'il a été dit plus haut, exporte des quantités importantes de coprah, n'expédie pas de coïr à l'étranger. Encore que cette fibre soit employée sur place pour la fabrication des cordages, il est certain que la totalité n'est pas utilisée et qu'il s'en perd une partie assez considérable. Il y a donc là un point sur lequel il est important d'attirer l'attention.

De *Mayotte* ont été exportés en 1902, 5 tonnes (valeur 2.790 fr.) de fibres de coco et en 1903, 156 tonnes (valeur 24.637 fr.).

Abaca ou Chanvre de Manille

Quelques espèces du genre *Musa*, auquel avons-nous vu appartiennent les bananiers, sont cultivées pour les fibres qu'elles fournissent. L'abaca (*Musa textilis* Nees) atteint une taille plus haute que les autres espèces. Sa culture est presque complètement localisée aux Philippines. L'exploitation consiste à couper le tronc un peu avant la fructification. Ce tronc est formé par les gaines de feuilles emboîtées les unes dans les autres. On les tend dans le sens de sa longueur, on sèche les lanières obtenues et les passe sous un couteau tranchant pour en enlever le parenchyme. On bat et peigne la filasse. Celle-ci a été tout d'abord employée en Angleterre et aux États-Unis sous le nom de chanvre de Manille. En France on s'en sert aujourd'hui pour la fabrication des tissus d'ameublement, des nattes, des pâtes à papier, etc. Le chanvre de Manille est certainement un textile dont l'utilisation ne fera que s'accroître.

On cultive l'abaca aux Indes et aux Antilles, mais nulle part la production ne possède une importance aussi grande qu'aux Philippines dont les exportations dépassent 125.000 tonnes.

Le bananier textile se trouve encore dans l'Inde, à Madagascar, à la Réunion en Indo-Chine, à la Guadeloupe, à la Martinique. Actuellement des cultures ont été entreprises au Tonkin par un planteur français M. Réméry. Si les résultats sont satisfaisants, il est à présumer que les commandes se dirigeront du côté de l'Indo-Chine car la préparation de la filasse laisse fortement à désirer aux Philippines.

Agaves et Fourcroya, Aloès, Sisal

La fibre d'agave, sous les noms de *henequen*, de *chanvre de sisal*, de *sisal hemp*, de *ixtle*, de *tampico*, donne lieu à un commerce important. Les principales espèces cultivées sont l'*Agave americana* L. et l'*Agave sisalana* Perrine (famille des Amaryllidées). On rencontre l'agave au Yucatan, en Floride, au Mexique, aux Bahama, à Cuba.

C'est la feuille qui est exploitée. Elle est coupée, divisée en lanières que l'on râcle. Il reste la filasse qu'un léger lavage purifie. Les procédés mécaniques sont des plus employés.

La culture de l'agave a bien réussi en Algérie et en Tunisie. Elle conviendrait fort bien à certains terrains sablonneux de l'Annam et il y a lieu à ce sujet de mentionner les intéressantes tentatives faites par MM. Gilbert et Barbotin dans la province de Hung-Hoa.

Il convient d'ajouter que l'agave est très répandu dans les jardins du Midi de la France.

Une autre plante des Amaryllidées, voisine des agaves, le *Fourcroya gigantea* Vent. (*Agave fœtida* L.), ou aloès vert de la Réunion, fournit aussi une fibre résistante.

La *Réunion* a exporté

Agaves.

pour 35.594 fr. de fibres d'aloès en 1903, 41 tonnes (valeur 15.246 fr.) en 1904, 157 tonnes (valeur 96.182 fr.) en 1905.

Dans les statistiques d'exportation relatives à *Mayotte* et à ses dépendances les fibres d'aloès sont mentionnées en 1903 (3.605 kg. pour une valeur de 2.950 fr.).

Bibliographie. — L.-Ch. WATELIN, Culture du Maguey (Agave). Notes sur le Mexique, Paris, 1900. — L. HAUTEFEUILLE, L'Agave textile (extrait du *Bull. économique de l'Indo-Chine*, nouv. série, n° 54, juillet 1906). — Dr TRABUT, L'Agave en Algérie, *Revue générale des Sciences*, 1901, p. 233.

KAPOK

Le *Kapok de Java* est fourni par les fruits de l'*Eriodendron anfractuosum* D. C. Dans ces fruits la bourre entoure la graine qui fournit une huile analogue à celle de l'arachide. Cette ouate végétale sert à la fabrication des matelas cambodgiens. Elle pourrait d'ailleurs servir à d'autres usages, notamment à la fabrication des ouates médicinales et des appareils de sauvetage à cause de sa faible densité.

Dans un même ordre d'idées nous mentionnerons les *Bombax* qui fournissent le *Kapok de l'Inde*. Les Bombax (deux variétés) se rencontrent au Tonkin.

Bibliographie. — *Bull. économique de l'Indo-Chine*, nouv. série, n°s 14, 17 et 20.

ANANAS

Nous avons déjà étudié l'ananas pour ses fruits. Nous devons ajouter ici que ses feuilles fournissent la belle filasse argentée et résistante (pina) à l'aide de laquelle on fabrique à Manille et dans l'Inde de fines batistes.

Il est intéressant de signaler qu'au Tonkin l'ananas pousse mieux en feuilles qu'en fruits.

CHOUCHOU

Le *Sechium edule* Sw., plante potagère de la famille des Cucurbitacées (chouchou ou chouchoute) est aussi une plante textile. Les faisceaux libéro-ligneux de sa tige, séparés et lavés, donnent une paille d'un blanc argenté, très employée à la *Réunion* pour la confection des chapeaux de femme et d'un grand nombre d'autres objets d'utilité.

Exportations de la Réunion :

Années	Poids en tonnes	Valeurs en francs	Années	Poids en tonnes	Valeurs en francs
1900	12	159.000	1903	54	732.170
1901	19	308.540	1904	66	903.893
1902	35	502.335	1905	66	523.114

On voit que les exportations suivent un mouvement de progression assez rapide. Elles ne correspondent qu'à une fraction de la production de la paille chouchou qui donne lieu à un important commerce local.

Fibres diverses

En dehors des fibres étudiées dans les pages qui précèdent, nous mentionnerons encore : l'*Abroma*, les crotalaires (très intéressantes aussi comme engrais verts), un certain nombre de Malvacées (divers *Hibiscus*, *Thespesia*, *Abutilon* et *Sida*), le madar de l'Inde (*Calotropsis gigantea*), l'écorce d'un *Sterculia*, les sansevières, le *Phormium tenax* Forst. (Nouvelle-Zélande).

Les textiles végétaux à l'Exposition coloniale.

En parcourant les divers pavillons de l'exposition coloniale on rencontrait en tous points des échantillons de fibres variées, ce qui donnait l'impression d'une certaine puissance de production dans cet ordre d'idées. Mais cette puissance n'est pas encore mise à profit. Malgré certaines conditions favorables, malgré que dans la Métropole une industrie florissante emploie des quantités considérables de textiles végétaux, nos colonies demeurent non seulement impuissantes à alimenter cette industrie, mais encore n'y contribuent que dans une faible mesure. De sorte que par nos importations de fibres textiles nous versons tous les ans à l'étranger une somme supérieure à 200.000.000 de francs.

L'*Association cotonnière coloniale*, dont nous avons indiqué le but et dont nous ne saurions trop louer les efforts, a pris une part effective à l'exposition. Tout un vaste hangar lui appartenait.

Dans la salles des collections générales les textiles sont en nombre. Une vitrine est consacrée à la ramie (ramie brute, ramie peignée, fibres, filasses, étoupes), une autre aux fibres diverses (crin végétal, jute, chanvre, coïr et quelques spécimens des produits obtenus par l'industrie indigène à l'aide de ces fibres). Citons aussi une superbe collection cotonnière provenant de l'Afrique occidentale française (coton indigène, coton filé, filé et teint, tissus de coton) ainsi que des matériaux fort intéressants relatifs aux maladies du cotonnier.

Madagascar, dans son pavillon, nous présente plusieurs échantillons de coton brut, tel qu'il est recueilli avant d'être manufacturé ; ensuite de l'ouate de kapok qui sert à faire des coussins très moelleux imperméables à l'eau. On peut remarquer aussi des fibres de coco.

L'exposition des Établissements français de l'Inde renferme des étoffes de coton, diverses fibres tressées et des travaux très curieux effectués avec ces fibres.

D'Indo-Chine sont venus des cotons et cotonnades : coton en capsules, coton brut, coton égrené, une jolie collection de cotons cultivés au champ d'essai de Ong Yen (Cochinchine), coton du Cambodge, fibres et pièces de coton teint à l'aide de matières tinctoriales indigènes. Au surplus, une exposition fort intéressante consacrée à la ramie et à ses produits de transformation : cordes, filets, hamacs ; aux fibres d'abaca, de chanvre, d'aloès, de bananier, à la filasse d'ananas.

La Nouvelle-Calédonie a présenté du chanvre ; Tahiti, du coton ; la Guyane, des échantillons de cordes de fibres de coco, ainsi que diverses autres fibres à l'état brut et artistement transformées en tapis et franges.

6ᵉ Section. Matières tinctoriales et substances tannantes.

Depuis que la chimie organique, par ses merveilleuses méthodes de synthèse, a pu, ainsi que nous l'établirons à propos du Groupe XI, construire les mêmes édifices moléculaires que la cellule vivante, l'Industrie a reçu de nombreux apports de matières colorantes artificielles. Et celles-ci, tantôt identiques aux produits naturels, tantôt différentes mais douées des mêmes propriétés tinctoriales et obtenues plus économiquement, se sont substituées totalement ou en partie aux substances dont la Nature avait jadis le monopole. La gamme des colorants s'est enrichie, prolongée à l'infini. Et à mesure que s'étendait le domaine des matières tinctoriales de synthèse, celui des colorants naturels devenait de plus en plus restreint. Néanmoins un certain nombre de ces derniers ont encore leur emploi. Nous allons décrire les principaux d'entre eux, en même temps qu'une série de substances tannantes.

Indigo

L'indigo est fourni principalement par quatre espèces de la famille des Légumineuses : *Indigofera tinctoria* L. (répandu dans l'Inde), *I. Anil* L. (cultivé à Java et dans les îles du sud de l'Asie), *I. oligosperma* D. C. (indigo du Guatemala, introduit à Java), *I. leptostachya* D.C. (indigo de Natal).

Mais il existe d'autres plantes indigofères fort nombreuses, appartenant à des familles différentes et dont l'importance est moindre.

L'*Indigofera tinctoria* L. est un arbrisseau bisannuel qui nécessite des soins de culture assez méticuleux. La reproduction se fait par semis. La trop grande abondance de pluies et leur rareté sont également nuisibles à la plante qui a aussi à redouter de nombreux ennemis.

C'est surtout dans les feuilles que se trouve le principe utilisable, mais on emploie aussi les jeunes plantes et les branches. Le principe en question n'est d'ailleurs pas la matière colorante elle-même, mais bien un glucoside appelé *indican*. Celui-ci, par fermentation, fixe les éléments de l'eau et se dédouble en donnant un sucre réducteur (glucose) et une substance, l'*indoxyle*, qui en s'oxydant fournit de l'eau et de l'*ingotine* :

$$C^{14}H^{17}NO^6 + H^2O = C^6H^{12}O^6 + C^6H^4\underset{NH}{\overset{C(OH)}{\diagup\diagdown}}CH$$
Indican — Glucose — Indoxyle

$$2\left[C^6H^4\underset{NH}{\overset{C(OH)}{\diagup\diagdown}}CH\right] + 2O = 2H^2O +$$
Indoxyle

$$C^6H^4\underset{NH}{\overset{CO}{\diagup\diagdown}}C = C\underset{NH}{\overset{CO}{\diagup\diagdown}}C^6H^4.$$
Indigotine

L'indigotine constitue une poudre d'un bleu foncé. Les agents réducteurs convertissent l'indigo bleu (indigotine) en indigo blanc ou indigo réduit :

$$C^6H^4\underset{NH}{\overset{COH}{\diagup\diagdown}}C-C\underset{NH}{\overset{COH}{\diagup\diagdown}}C^6H^4.$$

Celui-ci, au contact de l'air, s'oxyde à nouveau pour régénérer l'indigo bleu. C'est sous la forme d'indigo blanc, soluble dans les liqueurs alcalines, que l'indigo est employé en teinture. Une fois fixé sur la fibre il s'oxyde et se convertit en indigotine insoluble et adhérente. Tel est le principe de l'emploi de l'indigo en teinture.

La fabrication de l'indigo, sur laquelle nous n'avons pas à insister ici, comprend les opérations suivantes : 1° Coupe de la plante, 2° chargement des cuves et extraction, 3° battage, 4° ébullition et filtrage, 5° compression et coupage, 6° séchage [1].

La production de l'indigo se trouve surtout concentrée dans les Indes anglaises, aux Philippines, au Siam, en Chine, au Japon (ces deux pays importent néanmoins de l'indigo), à Natal, à la Nouvelle-Grenade, au Vénézuela, au Costa-Rica et au Nicaragua, au Guatémala, à San-Salvador, au Mexique, etc. La production totale de l'indigo atteint une valeur qui est d'environ 60 ou 75.000.000 de francs.

Nos colonies, encore que notre consommation se chiffre, d'après M. Haller, par 6-7 millions de francs, ne produisent pour ainsi dire pas d'indigo.

---

[1]. Pour les détails, voir A. Haller, L'indigo naturel et l'indigo artificiel, *Revue générale des Sciences*, 1901, p. 257.

Dans l'*Afrique occidentale* on trouve bien des indigotiers, mais ceux-ci sont rarement cultivés en grand.

L'*Indo-Chine* produit de l'indigo (au Cambodge) mais en quantité tout à fait insuffisante. Elle importe cependant de l'indigo pour une somme assez considérable : en 1904, pour 17.510 francs d'indigo venant de France et pour 1.185.620 francs d'indigo venant de l'étranger.

Les *Indes françaises* et la *Martinique* en ont, certaines années, exporté de faibles quantités.

Le problème de la préparation artificielle de l'indigotine est résolu depuis 1878, grâce aux beaux travaux de M. von Bæyer, mais ce n'est que plus récemment que cette question a été solutionnée d'une façon économique. Deux méthodes sont exploitées, ayant pour point de départ l'une, la naphtaline que l'on trouve dans le goudron de houille, l'autre, le toluène ayant la même origine.

Ainsi une lutte est engagée entre l'indigotine artificielle et l'indigotine naturelle. Le résultat en serait inévitablement la disparition de la culture de l'indigo si celle-ci n'était elle-même perfectible.

Bibliographie. — A. Haller, L'indigo naturel et l'indigo artificiel, *Revue générale des Sciences*, 1901, p. 255 et p. 323.

Rocou

Le rocouyer (*Bixa Orellana* L., famille des Bixacées) est un arbuste dont les graines sont recouvertes d'une substance rouge qui constitue le rocou.

Les plantations produisent au bout de 18 mois ou de 2 ans. On fait deux récoltes par an. Après la récolte des fruits, on extrait les graines des capsules et, par différents moyens, on recueille la matière colorante qui les recouvre. Cette matière colorante est, d'après Chevreul, formée de deux produits, l'un rouge orangé appelé *bixine*, l'autre jaune appelé *orelline*.

Le rocou est encore utilisé aujourd'hui dans la teinture unie et dans l'impression.

On cultive le rocouyer dans nos colonies des Antilles et à la Guyane.

La *Guadeloupe* a exporté ces dernières années les quantités suivantes :

Années	Poids en tonnes	Valeurs en francs	Années	Poids en tonnes	Valeurs en francs
1900	64	26.548	1903	114	51.372
1901	66	26.526	1904	105	43.247
1902	50	20.496	1905	86	41.983

Pendant les 11 premiers mois de 1906, les exportations ont été de 94 tonnes.

Cachou

Le cachou est produit par l'*Acacia Catechu* Willd. et par l'*A. Suma* Kurz. Du bois on extrait la matière tinctoriale et l'écorce est employée pour le tannage.

La première espèce se trouve dans l'Inde (en particulier dans le Burma), à Ceylan et sur la côte occidentale d'Afrique ; la seconde, dans le Mysore, le Bengale, le Guzerat.

On envoie en Europe l'extrait sec sous le nom de cachou. Les Indes en exportent environ 10.000 tonnes par an, principalement en Angleterre. Nos colonies n'en produisent pas.

Gambier

On l'appelle encore cachou jaune. Il est fourni par deux arbres l'*Uncaria Gambier* Roxbg. et l'*Uncaria acida* Roxbg. (famille des Rubiacées), qui croissent à Malacca et dans les îles malaises. Ce produit sert à la teinture en nuances brunes et surtout au tannage. La presque totalité du gambier importé en Europe et aux États-Unis vient de Singapour.

Dividivi

C'est le fruit du *Cæsalpinia coriaria* Willd., arbre de la Colombie, des Antilles et du Mexique, qui renferme une pulpe jaunâtre.

Canaigre

Le *Rumex hymenosepalus* ou canaigre possède des tubercules très riches en tanin. C'est une plante qui pousse abondamment dans le Texas, l'Arizona, la Californie et le Mexique.

Henné

Le henné (*Lawsonia alba* Lam.) est cultivé comme plante tinctoriale en Egypte, en Arabie, en Tunisie, en Algérie, au Sénégal et dans l'Inde.

On emploie les feuilles séchées au soleil et pulvérisées. En France le henné est utilisé pour la teinture des cheveux, mais très peu pour teindre les étoffes.

Cunao

Le Cunao (*Dioscorea* ou *Smilax* sp. [1]) est un tubercule tinctorial d'un énorme usage en *Indo-Chine* (au Tonkin surtout) et donnant lieu à une

---

1. La question n'est pas encore tranchée.

très grosse exportation sur la Chine. La demande est même telle qu'il devient indispensable de prendre des mesures pour empêcher une exploitation irraisonnée qui entraînerait la destruction de l'espèce. Voici d'ailleurs des chiffres d'exportation de l'Indo-Chine :

Années	Poids en tonnes	Valeurs en francs	Années	Poids en tonnes	Valeurs en francs
1901	6.695	669.526	1904	6.148	922.245
1902	7.354	735.382	1905	4.774	716.150
1903	6.023	903.408			

Arbre a suif

Nous avons indiqué précédemment (p. 69) que l'arbre à suif (*Stillingia sebifera* Michx.) est exploité au Tonkin pour ses feuilles dont la décoction fournit une belle teinture noire pour la soie.

Curcuma

Les tubercules de curcuma, déjà mentionnés comme condiments, sont d'un jaune brillant à l'intérieur, et cette matière colorante, la *curcumine*, très sensible à l'action des alcalis, est employée en teinture.

Bois de Campêche

Le bois de Campêche ou bois d'Inde, ou simplement campêche, doit son nom à la baie de Campêche, au Mexique, d'où il est originaire. On le trouve également dans toute l'Amérique méridionale, à la Jamaïque, à Saint-Domingue. Nos colonies des Antilles en produisent une quantité assez importante.

L'arbre qui le fournit est l'*Hæmatoxylon campechianum* L., de la famille des Légumineuses. Le cœur du bois est seul exporté, dépouillé de l'écorce et de l'aubier qui ne renferment point de matière colorante. Sa couleur est jaune rougeâtre quand la coupure est fraîche. Sous l'influence de l'air et de l'humidité, il acquiert, du moins extérieurement, une coloration rouge noirâtre.

La matière colorante du bois de campêche a été étudiée d'abord par Chevreul, ensuite par Erdmann. Ces savants en ont extrait un principe à composition définie, l'*hématine* ou *hématoxyline*, $C^{16}H^{14}O^6$, incolore mais s'oxydant à l'air avec formation de matière colorante, l'*hématéine*, $C^{16}H^{12}O^6$. L'hématine se trouve dans le bois, partie à l'état libre, partie à l'état de glucoside, c'est-à-dire de produit se dédoublant par fixation d'eau en glucose et en une autre substance particulière qui, dans ce cas, est l'hématine. Donc pour tirer du bois le maximum de profit, il faut provoquer le dédoublement du glucoside. Ce dédoublement s'effectue par une fermentation qui se produit spontanément au sein du bois abandonné à lui-même dans un état de division convenable.

Le campêche est un des produits naturels qui ont réussi à résister sans trop de désavantage à l'assaut des colorants artificiels, et la préparation de ses extraits occupe en France un certain nombre d'usines.

Les principaux pays exportateurs sont Haïti, les possessions anglaises d'Amérique, le Mexique, la République Argentine et le Guatemala.

Nos colonies de la *Côte occidentale d'Afrique* fournissent des bois rouges de teinture. Les statistiques de la *Côte d'Ivoire* mentionnent des sorties dont nous avons indiqué l'importance à propos de la production forestière dans les colonies françaises.

Nous avons également indiqué les exportations de la *Martinique* et de la *Guadeloupe*, exportations qui sont loin d'être négligeables.

Bois de Sappan et écorce de Palétuvier

Le bois de sapan joue un rôle dans la teinture en Indo-Chine, mais ne donne lieu à aucun commerce d'exportation.

Nous avons déjà parlé du palétuvier, à propos de la production forestière coloniale, et indiqué les exportations de nos possessions. Nous ajouterons seulement que plusieurs palétuviers d'Indo-Chine (*Rhyzophora* et *Bruguiera*) ont des écorces contenant de 18 à 24 °/₀ de tanin. Leur abondance dans les deltas est telle qu'il serait possible de créer sur place une industrie pour l'extraction des matières tannantes et leur envoi sous forme d'extrait sec sur le marché métropolitain.

Les matières tinctoriales et les substances tannantes
à l'Exposition coloniale.

La plupart des produits énumérés dans les pages qui précèdent sont disséminés dans les divers pavillons des colonies. Mais, dans cet ordre d'idées, la salle des collections générales mérite une mention spéciale. Dans une vitrine bien garnie on remarque de nombreux spécimens de matières tannantes et en particulier une riche collection de gousses de diverses espèces d'Acacia, ainsi que de nombreuses écorces. Une vitrine est également consacrée à des produits tinctoriaux très variés.

7ᵉ Section. Produits pharmaceutiques.

Dans cet ordre d'idées nous étudierons : la casse, le quinquina, la cola, la coca, le bentamaré.

Casse

C'est un arbre de la famille des Légumineuses, le *Cassia fistula* L. qui produit la casse employée en pharmacie. Les gousses contiennent chacune de 25 à 100 graines séparées par des cloisons qu'entoure une pulpe formant précisément la substance utile.

La culture du caneficier s'est propagée dans tous les pays tropicaux et particulièrement aux Indes occidentales.

La *Martinique* exporte des quantités assez importantes de casse, ainsi qu'on peut le voir dans le tableau suivant :

Années	Poids en tonnes	Valeurs en francs	Années	Poids en tonnes	Valeurs en francs
1900	109	26.041	1903	80	20.920
1901	142	10.763	1904	36	9.501
1902	21	3.010	1905	112	39.425

Quinquina

Les écorces de quinquina sont fournies par des arbres de la famille des Rubiacées, toujours verts et appartenant au genre *Cinchona*. Les *Cinchona* sont originaires de l'Amérique du Sud et c'est un Français, Weddell qui en rapporta les premières graines en Europe. Celles-ci, semées au Museum d'Histoire naturelle, s'y développèrent si bien que les plants remis au gouvernement hollandais et envoyés à Java, y ont parfaitement prospéré ; mais c'est un *C. Calisaya* fourni par MM. Thibault et Keteller qui fut le premier arbre à quinquina de cette riche contrée. On trouvera dans un excellent ouvrage de M. Em. Prudhomme, directeur de l'Agriculture à Madagascar, tous les détails ne pouvant prendre place ici, relatifs à la culture, à la préparation et au commerce du quinquina.

Il nous suffira de rappeler que c'est de l'écorce de quinquina que l'on extrait cette précieuse substance qu'est la *quinine*.

Pendant longtemps les écorces nous furent fournies exclusivement par l'Amérique du Sud, mais l'exploitation fut si imprévoyante qu'il fallut bientôt songer à organiser des cultures pour remplacer les arbres détruits. L'Angleterre en constitua à Ceylan et aux Indes. La Hollande, à Java.

La production mondiale des écorces sèches de quinquina peut être évaluée à 8.000 tonnes. Les États de l'Amérique du Sud en produisent 1.000 tonnes, l'île de Java environ 5.000 et les Indes anglaises le reste.

La culture du quinquina, depuis l'avilissement des cours dû à la découverte de produits synthétiques nombreux, est insuffisamment rémunératrice et a été partiellement abandonnée à Java. Toutefois,

Extrait de Em. Prudhomme, Le Quinquina.
Branche de Quinquina en fleur, photographiée à la station de Nanisana en mai 1901.

d'après MM. Em. Perrot et A. Goris [1], il n'est guère probable qu'aucune drogue chimique puisse se substituer complètement à la quinine. Il

[1]. E. Perrot et A. Goris, La Quinzaine coloniale, 1907, p. 783.

y a donc lieu de faire la culture du quinquina partout où elle est possible, mais en ayant soin d'apporter au choix du terrain et des conditions climatériques, à la sélection des espèces une attention rigoureuse.

Les usines européennes produisent environ 350 tonnes de quinine (dont la moitié en Allemagne). Mais bientôt fonctionneront les établissements industriels de la Malaisie, des Philippines et du Japon qui fermeront aux produits européens les marchés de l'Extrême-Orient.

Il nous reste à examiner la situation de nos colonies au point de vue de la production du quinquina.

Algérie. — Le climat de l'Algérie ne convient pas à la culture du quinquina qui ne supporte ni les grandes variations de température, ni la sécheresse du sirocco.

Afrique occidentale. — Par les soins de M. Perrot des graines ont été envoyées cette année en Guinée, à M. Caille, agent de M. A. Chevalier.

Madagascar. — M. Ém. Prudhomme, directeur de l'Agriculture, chargé de mission aux Indes néerlandaises, envoya des *Cinchona* sélectionnés hybrides, avec l'espoir que les espèces de la Réunion, rustiques mais pauvres en quinine, pourraient servir de porte-greffes. Il s'agit là d'un essai entrepris avec une grande méthode, un réel esprit scientifique et combiné à la suite d'observations précises. De sa continuation on peut attendre d'heureux résultats.

Réunion. — Actuellement les quinquinas sont répandus dans l'île tout entière et se reproduisent spontanément. Les plantations se font et réussissent surtout entre 500 et 1.000 mètres d'altitude et sur le versant maritime des montagnes. Jusqu'ici la production se limite à la quantité nécessaire à la consommation des hôpitaux. Pour arriver à des résultats réellement pratiques, il faudrait créer des races ou hybrides riches en quinine.

Martinique et Guadeloupe. — Les tentatives y ont échoué.

Bibliographie. — Ém. Prudhomme, Le Quinquina. Culture, préparation, commerce. Appendice : Le Quinquina à Madagascar, Paris, 1902.
— Perrot et Goris, La question des Quinquinas et les Colonies françaises (*La Quinzaine coloniale*, 1907, p. 780).

Cola

Le colatier (*Cola acuminata* R. Br.), arbre de la famille des Sterculiacées, fournit une graine (noix de cola) dont les vertus sont bien connues depuis les travaux de MM. Heckel et Schlagdenhauffen.

PRODUCTIONS VÉGÉTALES DES COLONIES 243

Il se rencontre sur la *Côte occidentale d'Afrique* et les principaux marchés du littoral sont Gorée et les établissements de la Gambie.

De la *Côte d'Ivoire* ont été exportées les quantités suivantes :

Cliché Em. Prudhomme.
Rameau de Colatier (fleurs et fruits).

Années	Poids	Valeurs en francs	Années	Poids	Valeurs en francs
1900	0 t. 248 kg.	248	1903	0 t. 064 kg.	64
1901	0 905	1.810	1904	—	—
1902	0 007	14	1905	—	—

Exportations du *Dahomey* :

Années	Poids en tonnes	Valeurs en francs	Années	Poids en tonnes	Valeurs en francs
1900	40	80.544	1903	13	65.865
1901	26	129.725	1904	23	116.610
1902	10	49.230	1905	—	—

Exportations du *Congo français* :

Années	Poids	Valeurs en francs	Années	Poids	Valeurs en francs
1900	2 t. 235 kg.	1.836	1903	—	—
1901	4 890	2.510	1904	—	—
1902	0 700	350	1905	—	—

Bibliographie. — Jean VUILLET, Les kolatiers et les kolas (*Bulletin du Jardin colonial*, 1906).

COCA

Nul n'ignore les services rendus par la *cocaïne* à la chirurgie. Ce si précieux alcaloïde est extrait de la feuille de l'*Erythroxylon Coca* Lam., arbuste de la famille des Linacées, répandu dans l'Amérique du Sud et en particulier dans les Andes du Pérou, de la Bolivie et de la Colombie, dans la République Argentine et au sud du Brésil.

Après la cueillette les feuilles sont détachées une à une, étendues au soleil.

Encore qu'un fort intéressant anesthésique local, la *stovaïne*, ait été découvert en France à la suite de recherches méthodiques par M. E. FOURNEAU, l'alcaloïde de la coca est toujours employé sur une grande échelle.

Nous lisons dans *la Quinzaine coloniale* du 25 septembre 1907 (p. 784), qu'une plante dénommée *Rampusa* paraît jouir des mêmes propriétés que la Coca. Elle appartient, d'après les recherches de M. SPRAGUE, de Kew, au genre *Werneria* (*W. dactylophylla*), et existe en Bolivie et au Pérou entre 16.000 et 18.000 pieds d'altitude.

Bentamaré

Le bentamaré (*Cassia occidentalis*) est une Légumineuse de la côte occidentale d'Afrique, dont les feuilles et les tiges, séchées au soleil, sont utilisées en infusion comme diurétiques et fébrifuges. Les graines (café nègre) jouissent aussi de propriétés fébrifuges.

Le *Sénégal* exporte du bentamaré.

Années	Poids	Valeurs en francs	Années	Poids	Valeurs en francs
1900	3 t. 365 kg.	494	1903	—	—
1901	1 390	390	1904	0 t. 090 kg.	20
1902	4 642	2.708	1905 [1]	135 917	11.292

Les Produits pharmaceutiques à l'Exposition coloniale.

L'exposition des produits des plantes médicinales présentait un réel intérêt. Sans faire de son contenu une énumération qui, après tant d'autres, pourrait sembler fastidieuse, nous appellerons l'attention du lecteur sur un point qui nous paraît présenter un intérêt tout particulier.

L'exposition coloniale d'hier, le musée permanent d'aujourd'hui, présentent toute une série de produits parfaitement classés et étiquetés et portant, entre autres indications, celle de leurs vertus thérapeutiques constatées par les indigènes et consacrées par les usages locaux. N'y a-t-il pas là une abondante source d'indications pour des recherches dont les précieux résultats pourraient intéresser aussi bien la science pure que les applications ? Aussi ne saurions-nous trop engager tous ceux qui cherchent dans le domaine des sciences d'observation une voie pour exercer leur curiosité ou utiliser avec profit leur sagacité, à jeter un coup d'œil sur ces belles collections et à venir puiser là leur inspiration. En orientant ainsi leurs efforts, ils travailleront non pas seulement pour la science, aux réalisations lointaines, mais aussi pour le bénéfice immédiat de l'industrie et du commerce de notre pays et pour le leur.

Parmi les expositions particulières nous signalerons le pavillon spécial occupé par la Maison Fillot, le grand importateur de la noix de cola de la Côte d'Ivoire. Nous mentionnerons aussi l'exposition de M. A. Jouisse d'Orléans, qui présentait, entre autres produits, sous le nom d'intégral quinquina, une solution alcaloïdique de tous les principes actifs du quinquina.

---

1. Sénégal, Haut-Sénégal, Niger.

8ᵉ Section. Tabac en feuilles et masticatoires.

Tabac

Le tabac appartient à la famille des Solanées et au genre *Nicotiana*. L'espèce qui, de beaucoup, est la plus grande productrice de tabac est le *N. Tabacum* L. Elle est à fleurs rouges. C'est l'espèce des États-Unis, de

Cliché Ém. Prudhomme.
Pépinières de tabac à Sumatra.
Cliché communiqué par la *Revue des cultures coloniales*.

Cuba, des Philippines, de France, etc. Une autre espèce, le *N. rustica* L., produit des fleurs jaunes. On la cultive dans l'Allemagne méridionale, en Hongrie et dans l'Inde. Les tabacs d'Orient appartiendraient, en partie, au *N. persica* Lindl.

Nous n'insisterons pas ici sur la culture du tabac, puisqu'il s'agit en somme d'une plante métropolitaine; nous dirons seulement quelques mots de sa préparation.

Au moment précis de leur maturité, on détache les feuilles avec grand soin, sans les déchirer, on les laisse quelques heures sur le sol, la face supérieure contre terre pour les assouplir, puis on les traverse par une ficelle à la partie terminale de la nervure médiane, on en fait ainsi des guirlandes que l'on abandonne pendant un ou deux jours entassées dans de la paille. Il se produit a'ors une première fermentation modérée qu'on peut également provoquer en suspendant les guirlandes verticalement. C'est la phase dite de maturation. Il lui succède celle de la dessiccation, puis celle de la mise à la pente qui consiste à suspendre les guirlandes horizontalement en espaçant les feuilles.

Finalement on effectue le triage des feuilles : feuilles du sommet de la tige (1re qualité), feuilles du milieu (2e qualité), feuilles du bas (3e qualité), et on les réunit en paquets de 20 à 50 (manoques).

En France, c'est l'administration qui se réserve le droit de faire fermenter les tabacs. L'*Algérie* exporte en France ses tabacs sous cette forme de feuilles simplement desséchées et empaquetées.

Mais partout ailleurs la fermentation suit immédiatement la dessiccation. Cette fermentation est produite en mettant les feuilles en tas méthodiques. Dans certains pays, à Cuba par exemple, on arrose le tas avec une forte infusion de tabac, ou simplement avec de l'eau (embétunement). Les feuilles sont ensuite comprimées pour les emballer.

Nous avons dit que l'Algérie, pays de culture du tabac, envoyait ce produit en France. Dans nos colonies de l'Afrique occidentale le tabac pousse, mais sa culture n'est qu'insignifiante. Peut-être, en l'organisant, serait-il possible de compenser la dépense occasionnée par les importations de tabacs anglais et allemands, en envoyant une quantité équivalente de feuilles aux manufactures françaises. Ce problème, encore que présentant des difficultés, ne semble pas insoluble.

En *Indo-Chine*, le tabac indigène ne suffit pas à la consommation locale, surtout européenne. Il offre néanmoins un intérêt d'avenir, notamment dans l'est de la Cochinchine, dans le Sud-Annam et les environs de Phan-Rang, dans la région de Vien-Tiane au Laos, dans les environs de Kon-Toum (moyen Laos), dans quelques vallées du haut Tonkin, etc.

Des essais faits dans le nord de la Cochinchine, en 1897, pas M. Haffner, avec des graines provenant de Deli Sumatra) ont conduit à l'obtention d'un bon tabac marchand. La fermentation laissait un peu à désirer, mais il eût été possible d'y remédier si cette tentative n'avait été abandonnée prématurément.

Actuellement, l'Inspection générale de l'Agriculture coloniale procède à une enquête sur les tabacs d'Indo-Chine. Nous ne doutons pas, connaissant l'activité persévérante et la compétence de M. Dybowski, que cette enquête ne doive aboutir à un résultat pratique.

Une manufacture a été montée à Hanoï en juillet 1902 par MM. Lecacheux et Cie. On y fabrique des cigares, ainsi que des tabacs annamites et chinois d'un grand débouché local.

Des envois de tabac indigène préparé sont faits à l'extérieur et ces exportations ont atteint les valeurs ci-dessous :

Années	Poids en tonnes	Valeurs en francs	Années	Poids en tonnes	Valeurs en francs
1901	229	477.932	1904	181	325.091
1902	282	563.508	1905	457	823.003
1903	284	341.234			

Les tabacs qu'importe l'Indo-Chine pour la pipe à eau (tabacs chinois de toutes espèces) sont inscrits en 1901 pour 359 tonnes (valeur 1.076.655 fr.). L'importation avait été de 528 tonnes en 1899; elle fut de 1.158 tonnes en 1893. La baisse est due aux droits d'entrée qui ont été élevés.

Pour la consommation européenne l'importation la plus forte, en Indo-Chine, est fournie par les tabacs d'Algérie : en 1901, 236 tonnes sur 282 tonnes d'une valeur de 2.140.042 fr. La différence est représentée par des tabacs importés de France et des entrepôts de Hong-Kong et de Singapour. Une importation de tabacs sous une forme particulière est celle des côtes de tabac provenant de l'île d'Hainan et destinées à la fumure des terres poivrières de Hatien et du Cambodge (997 tonnes en 1901, valeur 186.642 francs).

Ajoutons, pour terminer, que la Métropole importe tous les ans pour 25 à 30 millions de francs de tabac provenant en majeure partie des États-Unis.

Bibliographie. — L. LAURENT, Le Tabac, sa culture, sa préparation ; production et consommation dans les divers pays, Paris, 1901. — O. J. A. COLLET, Le tabac à Sumatra. — AMAND, Le Tabac en Indo-Chine (*Bull. économique de l'Indo-Chine*, sept. et oct. 1902).

OPIUM

L'opium est employé en médecine, consommé en pastilles ou fumé. On le fume en Chine, en Indo-Chine, en Malaisie, dans le nord de l'Inde. Pour ce dernier usage, l'opium est produit en quantité importante.

C'est de diverses variétés de pavots (*Papaver somniferum* L., famille des Papavéracées) que l'on peut extraire l'opium. Les deux principales variétés sont : le *Papaver somniferum* var. *album* et le *P. somniferum* var. *nigrum*.

Dans le nord de la France, en Belgique et en Allemagne, où le pavot est cultivé en vue de l'extraction de l'huile, c'est surtout la seconde variété (pavot noir) que l'on rencontre. Au contraire en Chine, dans l'Empire ottoman, en Égypte, en Perse on cultive principalement le pavot blanc.

On procède à la récolte quand les capsules commencent de jaunir. On pratique alors des incisions d'où s'écoule un lait. Celui-ci se concrète et devient l'opium.

L'opium renferme plusieurs alcaloïdes dont les principaux sont : la morphine, la narcotine, la papavérine, la codéine, la narcéine, la thébaïne.

Une fois récoltés, les opiums à fumer subissent une série d'opérations en Chine et à Saïgon, en vue d'atténuer leur goût, leur viscosité et l'odeur de leur fumée. On transforme l'opium en extrait qu'on torréfie ensuite modérément (crêpage), on reprend par l'eau bouillante, on filtre et l'on évapore, on a ainsi ce qu'on appelle le *chandoo*. Celui-ci acquiert le bouquet recherché par le fumeur, à la suite d'une fermentation que M. CALMETTE a étudiée et dont il a réduit considérablement la durée. Lorsque le chandoo a été fumé dans la classe riche de la société il est fumé à nouveau par des consommateurs moins fortunés.

L'opium joue un rôle important dans les finances de l'*Indo-Chine* (le revenu de l'opium s'élève à 12.000.000 de francs). La culture existe à l'état sporadique dans le bassin de la haute Rivière Claire au Tonkin, au Trân-Ninh et sur quelques autres points du haut Laos. Malgré cela, l'importation d'opium brut de la Chine atteint des chiffres élevés : 1.184.080 fr. en 1904 et 5.109.560 fr. en 1905.

A l'intérieur de l'Indo-Chine, l'opium est l'objet d'un commerce actif, ainsi que l'indiquent les chiffres inscrits dans le tableau qui suit et correspondant au *calotage* :

		1904		1905	
		Entrées	Sorties	Entrées	Sorties
		francs	francs	francs	francs
ANNAM	Opium de la Chine	126.400	»	629.050	»
	Opium de l'Inde	54.015	»	27.105	»
	Total	180.415	»	656.155	»
TONKIN	Opium préparé de la Chine	66.750	224.600	193.000	315.900
COCHINCHINE	Opium brut de la Chine-Yunnam	»	»	»	28.240
	Opium préparé de la Chine-Yunnam	»	3.372.773	»	3.743.229
	Opium préparé de l'Inde	»	2.802.135	»	2.316.557
	Total	»	6.174.908	»	6.088.026
CAMBODGE	Opium préparé de l'Inde	»	»	58.500	»

La suppression absolue de l'opium en Indo-Chine se trouve actuellement portée officiellement à l'ordre du jour.

Bétel

La feuille de bétel (*Piper Bettle* L., famille des Pipéracées) sert à composer un masticatoire. On enveloppe avec cette feuille des fragments de noix d'arec, de chaux et quelquefois de gambir[1]. On obtient ainsi un masticatoire doué de propriétés stimulantes et digestives, mais dont l'abus, qui est fréquent, devient très nuisible (effet stupéfiant, irritation de l'intestin, déchaussement des dents).

Le bétel est cultivé en Malaisie, en Asie tropicale et aussi en Amérique, en Afrique, aux Antilles et à la *Réunion*.

L'*Indo-Chine* exporte du bétel. Voici les chiffres des exportations de 1901 à 1905 :

Années	Poids en tonnes	Valeurs en francs	Années	Poids en tonnes	Valeurs en francs
1901	23	10.888	1904	5	2.435
1902	—	—	1905	8	4.016
1903	58	29.172			

Au surplus, le produit en question donne lieu à un commerce intérieur. Les chiffres correspondant au *cabotage* sont les suivants :

	1904		1905	
	Entrées	Sorties	Entrées	Sorties
ANNAM............	»	»	»	»
TONKIN............	77.358 fr.	83.915 fr.	43.633 fr.	44.893 fr.
COCHINCHINE......	1.420	»	56.666	»
CAMBODGE.........	»	»	»	»

Malgré que l'Indo-Chine expédie au dehors du bétel, cette colonie en importe de certaines quantités (pour 381 fr. en 1904 et pour 31.900 fr. en 1905).

Noix d'Arec

Nous avons indiqué, à propos du bétel, l'emploi de la noix d'arec comme masticatoire. Ce produit est fourni par l'aréquier (*Areca catechu* L., famille des Palmiers), que l'on rencontre dans l'Asie et dans l'Océanie tropicale, ainsi qu'en Afrique et en Amérique.

1. *Uncaria Gambir.*

C'est la graine qui, débarrassée du péricarpe, constitue la noix d'arec.

L'*Indo-Chine* produit de la noix d'arec, mais la consommation est telle que la Cochinchine, notamment, importe tous les ans des noix d'arec de Singapour. En 1904 les importations ont atteint le chiffre de 1.215.910 fr. qui s'est élevé en 1905 à 2.302.246 fr.

La noix d'arec sèche est toutefois exportée d'Indo-Chine. Les envois ont acquis les valeurs suivantes :

Années	Poids en tonnes	Valeurs en francs	Années	Poids en tonnes	Valeurs en francs
1901	44	31.751	1904	2	694
1902	24	11.800	1905	10	3.810
1903	25	10.055			

De la comparaison des exportations aux importations on déduit que la consommation est notablement supérieure à la production.

L'Annam envoie des cargaisons entières, par la voie de cabotage, sur le Tonkin. Voici d'ailleurs les chiffres correspondant au cabotage.

		1904		1905	
		Entrées	Sorties	Entrées	Sorties
		francs	francs	francs	francs
ANNAM	Noix d'arec sèches..	252.340	1.461.379	235.943	1.377.935
	Noix d'arec fraîches.	»	281.367	»	195.499
	Total........	252.340	1.742.746	235.943	1.573.434
TONKIN	Noix d'arec sèches..	669.078	1.609	843.482	110.304
	Noix d'arec fraîches.	19.559	12.900	199.298	107.340
	Total........	688.637	14.509	1.042.780	217.644
COCHINCHINE	Noix d'arec sèches..	179.460	35.065	302.872	63.298
CAMBODGE	Noix d'arec sèches..	8.880	500	8.415	1.536

Le contenu de ce tableau justifie bien le fait des envois de l'Annam dans les autres régions et en particulier au Tonkin.

CLASSE 4

COLLECTIONS AGRONOMIQUES ET FORESTIÈRES

Pour décrire les nombreuses collections de cette nature qui figuraient à l'exposition coloniale, il faudrait reprendre l'énumération de tous les produits que nous avons étudiés et procéder à l'inventaire du contenu des différents pavillons du Jardin colonial. Il nous suffira de rappeler que ces collections, variées au possible, extrêmement riches, méthodiquement constituées, présentent un intérêt considérable. Elles ont attiré, elles attireront l'attention, non pas seulement des industriels et des commerçants, mais aussi des hommes de science et de tous ceux qui s'intéressent aux colonies, même sans participer d'une façon directe à leur exploitation.

Sur l'initiative de M. Dybowski, M. Em. Prudhomme, secondé par M. Sauvanet, a constitué des boîtes scolaires dans lesquelles sont réunies et présentées de la façon la plus instructive les principales matières premières coloniales avec leurs transformations les plus importantes. Des simili-gravures, d'une exécution parfaite montrent le port de la plante et les principaux organes utilisés. Et l'on peut dire que l'élève qui examinera avec attention le contenu de ces boîtes scolaires recevra cet excellent enseignement par la vue, dont les résultats sont toujours si heureux.

Spécimen de Boîte scolaire.
Cliché communiqué par le *Petit Journal agricole*.

JURY DU GROUPE I

Président : M. du Vivier de Streel, président du Conseil d'Administration de la Cie du Congo occidental.
Vice-Présidents : MM. E. Jouisse, conseiller du Commerce extérieur, président du Tribunal de Commerce d'Orléans.
— Lefebvre, conservateur du Bois de Vincennes.
Secrétaire : M. Michel Lévy, secrétaire de la Cie du Congo occidental.
Rapporteur : M. Fillot, négociant-importateur.

MEMBRES

MM.

Buchet, Directeur de la Pharmacie centrale de France, ancien Secrétaire de la Chambre syndicale des Produits chimiques.
Carimantrand, ingénieur.
Chalot, chef de Service au Jardin colonial, professeur à l'École supérieure d'Agriculture coloniale.
Chapmann, négociant-importateur.
Digonnet, négociant-importateur.
Douvault, ancien chef adjoint du Cabinet du Ministre des Colonies.
Fettu, négociant.
Gillot, administrateur délégué de la Cie agricole et commerciale de la Nouvelle-Calédonie.
Heim (D^r), secrétaire général de la Société française de Colonisation.
Hollande, négociant-importateur, secrétaire-archiviste du Comité français des Expositions à l'étranger.
Landrin, fabricant de Produits pharmaceutiques.
Lutz, professeur à l'École supérieure d'Agriculture coloniale.
Gaston Menier, député.
Pierrain, importateur de bois exotiques.
Rachet, importateur de bois exotiques.
Rocca, négociant-importateur.
De Roux, négociant-importateur.
Tassy, négociant-importateur.
Watel, président des Sultanats du Haut-Oubangui.

LISTE DES EXPOSANTS HORS CONCOURS

MM. Fettu ; Hollande ; Pierrain ; Rachet ; Watel ; Jouisse ; Landrin ; Digonnet ; Chapmann ; Menier ; Rocca, Tassy et de Roux ; Gillot et Fillot (membres du jury).
Union Commerciale pour les Colonies et l'Étranger.
Compagnie Coloniale du Gabon.

RÉCOMPENSES ACCORDÉES AUX EXPOSANTS DU GROUPE I

CLASSE 1

1º Diplômes de Grands Prix.

Gouvernement Général de l'Indo-Chine (Direction de l'Agriculture).
Gouvernement Général de Madagascar (Direction de l'Agriculture).
Gouvernement Général de l'Afrique occidentale française (Direction de l'Agriculture).
Colonie de la Côte d'Ivoire.
Col. du Congo (Serv. de l'Agriculture).
Colonie de la Guyane (Service de l'Agriculture).
Comité de la Guyane (Mission permanente de la Guyane).
M. E. Dubot, planteur à Conakry (Guinée française).
Maison Colombin, 4, rue Cambon, Paris.

2º Diplôme d'honneur.

M. Levacher, 130, route de Fontainebleau à Kremlin-Bicêtre.

3º Diplômes de médailles d'or.

Comp. Occidentale de Madagascar.
MM. de Béchade (Nouvelle-Calédonie).
Albert Sturn, 237, rue St-Maur, Paris.
Maison Quesnel, à Sikasso (Haut-Sénégal-Niger).

4º Diplômes de médailles de vermeil.

MM. Oswald et Cie, Tamatave (Madagascar).
Herscher, à Nosy-Bé (Madagascar).
Jean Augé, à Bourail (Nouvelle-Calédonie).

5º Diplômes de médailles d'argent.

MM.
F. Teule, à Gabès (Tunisie).
J. Uzan, à Tunis.
A. Ponsin, 41, rue Tiquetonne.
Sandoz, à Vohémar (Madagascar).
Guinet, à Vohémar (Madagascar).

MM.
Bouquet et Bellegarde, à Farafangana (Madagascar).
Inhaus frères, à Diégo-Suarez (Madagascar).

6º Diplôme de médaille de bronze.

MM. Malachowski et Lucchini, à Tunis (Tunisie).

CLASSE 3

1º Diplômes de Grands Prix.

Gouvernement Général de l'Afrique Occidentale française (Direction de l'Agriculture).
Gouvernement Général de Madagascar (Direction de l'Agriculture).
Société des Plantations d'Anjouan, 15, rue du Louvre.
MM. Berr frères (Oran).
M. Faucon (Tunisie).

2° Diplômes d'honneur.

M. F. Calonne, 152, boulevard Saint-Germain, Paris.
Colonie de la Guadeloupe.
Établissements français de l'Océanie.
Établissements français de l'Inde.
Colonie de la Guyane française.
Colonie de la Martinique.
Colonie du Cambodge.
Colonie de l'Annam.

Colonie de la Cochinchine.
Colonie du Laos.
Colonie du Tonkin.
Gouvernement Général de l'Indo-Chine (Direction de l'Agriculture et du Commerce).
M. Paul Chaffanjon et C°, planteurs au Tonkin.
C¹ᵉ des thés de l'Annam.

3° Diplômes de médailles d'or.

MM.
Guieu frères.
Jacques Verdier, planteur au Tonkin.
Lafeuille, planteur au Tonkin.
J. Augé à Bourail (Nouvelle-Calédonie).
Barreau et C° (Nouvelle-Calédonie).
Union Commerciale Indo-Chinoise, 49, rue de Valois, Paris.
Société d'Exploitation des propriétés Roux et Schaller, Tonk.

MM.
Perrin frères, planteurs à Tuyen, Tonkin.
Société d'Importation coloniale
MM.
de Béchade (Nouvelle-Calédonie).
Devambez (Nouvelle-Calédonie).
Maron (Tonkin).

4° Diplôme de médaille de vermeil.

MM. Le Goupil et Ronny (Nouvelle-Calédonie).

5° Diplômes de médailles d'argent.

MM.
Herscher, Nosy-Bé (Madagascar).
Dumont, à Tamatave (Madagascar).
Couesnon, à Tananarive (Madagascar).
Laroque, Tamatave (Madagascar).
Maignot, Andevoranto (Madagascar).
Guinet, à Vohémar (Madagascar).
Locamus, à Nosy-Bé (Madagascar).
Dupuy, à Tamatave (Madagascar).
Venot, à Mananjary (Madagascar).
Todivato, Sainte-Marie.
Vergoz, Sainte-Marie (Madagascar).
Todivelo, Sainte-Marie (Madagascar).
Hodoul, à Mahanoro (Madagascar).
Guy de Lamothe, à Nosy-Bé (Madagascar).

MM.
Chantepie, à Tamatave (Madagascar).
Mathieu, à Analalava (Madagascar).
Movaux, à Nosy-Bé (Madagascar).
Mᵐᵉ Veuve Kempf, à Sainte-Marie (Madagascar).
Florent (Madagascar).
Hoarau, à la Réunion.
Mathieu, à Andevoranto (Madagascar).
Ballande fils aîné (Nouvelle-Calédonie).
Barrau (Nouvelle-Calédonie).
Maestracci et Huet (Nouvelle-Calédonie).
Janniard (Nouvelle-Calédonie).

MM.
A. Rolland, à La Foa (Nouvelle-Calédonie).
Lacourt (Nouvelle-Calédonie).
Bloc frères (Nouvelle-Calédonie).
G. Rolland, à Saraméa (Nouvelle-Calédonie).
Gubbay (Nouvelle-Calédonie).
Bussy-Durand (Nouvelle-Calédonie).
Reboul, Enchyr-Bahia (Tunisie).
Timsit, Tunis.
Pretel, Tunis.

MM.
Domaine de Saint-Joseph de Thibar (Tunisie).
Champ d'Essais de Yong-Yem (Cochinchine).
MM. Romery, planteurs à Tuyen-Quang (Tonkin).
Moutenot, domaine de Kim-Yeu (Tonkin).
Dechaume (Annam).
Tartarin et C°, planteurs au Tonkin

6° Diplômes de médailles de bronze.

M. Dussouillez, à Tunis.
Cie Occidentale de Madagascar.
MM.
Sabatier, à Sainte-Marie (Madagascar).
Gardies, planteur au Tonkin.

Jardin botanique de Hanoï (Tonkin
MM.
Bourgain, à Hanoï (Tonkin).
Fuvet, à Paris.
Reynaud, Blanc et C°.

CLASSES 2 et 4

1° Diplômes de grands prix.

Gouvernement Général de l'Indo-Chine (Service Forestier).
Gouvernement Général de Madagascar (Direction de l'Agriculture).
Gouvernement Général de l'Afrique Occidentale Française.
Colonie de la Guinée française.
Colonie de la Guyane.
Colonie de la Nouvelle-Calédonie.
Tunisie (Direction des Forêts).

2° Diplôme d'honneur.

Établissements français de l'Inde.

3° Diplômes de médailles d'or.

Société commerciale du Laos (M. Simon, administrateur délégué).
Chambre d'Agriculture de Pondichéry.
Chambre d'Agriculture de la Réunion.

4° Diplôme de médaille d'argent.

M. d'Alleizette.

5° Diplôme de médaille de bronze.

M. Wizennemann, 42 bis, rue Sedaine, Paris.

RÉCOMPENSES ATTRIBUÉES AUX COLLABORATEURS

PAR

LE JURY DU GROUPE I

1° Diplômes d'honneur.

MM. BRENIER, sous-directeur de l'Agriculture en Indo-Chine. — JAEGLÉ, agent de culture à Madagascar. — MAX ROBERT, administrateur colonial. — PRUDHOMME, Directeur de l'Agriculture aux Colonies. — YVES HENRY, directeur de l'Agriculture en A.O.F.

2° Diplômes de médailles d'or.

MM. D'ALLEIZETTE (pavillon de l'A.O.F.). — BOUDE, Inspecteur-adjoint des forêts. — CREVOST, Directeur du Musée économique de l'Indo-Chine. FAUCHÈRE, sous-inspecteur d'Agriculture à MADAGASCAR. — GRONNIER. — HAFFNER, chef du Service de l'Agriculture en Cochinchine. — MALPUECH, commis des Services civils en Indo-Chine. — PIRET, sous-inspecteur d'Agriculture à Madagascar. — RANCHOUX. — RAPH. MAYER. — RASCOL (LÉON-ACHILLE), Union commerciale pour les Colonies et l'Étranger. — RICHARD (JACQUES) père (Maison Hollande). — SAGOT (LÉON), maison Fettu. — SARTON, Administrateur colonial.

3° Diplômes de médailles de vermeil.

MM. CHARROIN (ANDRÉ). — HENRY (maison Jouisse). — Madame R. LACHAUSSÉE (préparateur de la maison Fillot). — LENAIN (préparateur de la maison Fillot). — SPRY (HENRY) (maison Hollande).

4° Diplômes de médailles d'argent.

MM. D'ALLEIZETTE (pavillon de Madagascar). — AGNIEL, agent de culture à Madagascar. — BOUSQUET, contre-maître d'Agriculture à Madagascar. — CAMPOMINOSI. — DELGOVE, agent de culture à Madagascar. — DOUINE (Pavillon du Congo). — DUBOT (LOUIS). — DUCHÊNE, agent de culture à Madagascar. — GIRARD. — KEATING, agent de culture à Madagascar. — LANG. — NICOLAS, agent de culture à Madagascar. — RAYMOND (JOSEPH). RICHARD (JACQUES) FILS (maison Hollande). — ROLLOT, agent de culture à Madagascar. — TISSERAND (ALEXANDRE), mandataire de la Société commerciale du Laos.

5° Diplômes de médailles de bronze.

MM. DUBOT (CHARLES). — FÉRON (L.). — GERVAIS (pavillon de Madagascar). — GUYON DE CHÉMILLY. — LY FRAN, Thien (Annam).
SOURBÉS (ABEL), (maison Fettu).

INDEX ALPHABÉTIQUE

Abaca, 179, *230*.
Abizzia, 91.
Abrasin, 214.
Abricot du Japon, 187.
Abroma, 233.
Abutilon, 233.
Acacia albida, 41.
Acacia arabica, 40.
Acacia Catechu, 237.
Acacia nilotica, 40.
Acacia Senegal, 41.
Acacia Seyal, 41.
Acacia Suma, 237.
Acacia vera, 40.
Acho, 59.
Agave americana, 231.
Agave fœtida, 231.
Agave sisalina, 231.
Ahibano, 55.
Akassa, 163, 167.
Aleurites cordata, 214.
Aleurites moluccana, 216.
Alfa, 53.
Alocasia macrorhiza, 152.
Aloès, 231.
Amomum angustifolium, 137.
Amomum aromaticum, 137.
Amomum Cardamomum, 137.
Amomum Curcuma, 138.
Amomum Meleguela, 137.
Amomum Zingiber, 137.
Ananas, *182*, 232.
Ananassa sativa, 182.
Andropogon Sorghum, 166.
Anona Cherimolia, 185.
Anona reticulata, 184, 185.
Anona squamosa, 185.
Arachide, 195.
Arachis hypogræa, 195.

Arbre à chandelles, 68.
Arbre à pain, 172.
Arbre à suif, *69*, 238.
Arbre à vernis, 70.
Arec (noix d'), 250.
Areca catechu, 250.
Arrack, 202.
Arrow-root, 150.
Artichaut, 140, *172*.
Artocarpus incisa, 172.
Artocarpus integrifolia, 186.
Arum Colocasia, 142.
Arum esculentum, 142.
Asplenium nidus, 59.
Astragalus, 42.
Averrhoa Carambola, 188.
Avocat, 185.

Babul, 41.
Balata, 38.
Bambou, 56.
Banane, 178.
Bancoulier, 216.
Banoka, 56.
Barringtonia, 57.
Batatas edulis, 148.
Baume du Pérou, 46.
Baume de Tolu, 46.
Bay rum, 139.
Benjoin, 46.
Bentamaré, 245.
Bétel, 250.
Bixia Orellana, 236.
Bixine, 236.
Bleekrodea tonkinensis, 33.
Bœhmeria nivea, 228.
Bœhmeria utilis, 228.
Bois, 73.
Bombax, 232.
Borassus, 57.

INDEX ALPHABÉTIQUE

Borer, 192.
Brassica sinensis, 173.
Bruguiera, 239.
Butyrospermum Parkii, 67.

Cacao, 107.
Cachou, 237.
Cæsalpinia, 91.
Cæsalpinia coriaria, 237.
Café, 89.
Caféier d'Arabie, 89.
Caféier de Libéria, 94.
Caféier de Rio-Nunez, 94.
Cajanus indicus, 171.
Calathea Allouya, 151.
Callitris quadrivalvis, 45.
Callitris verrucosa, 46.
Calotropsis gigantea, 233.
Camanioc, 144.
Camélia à huile, 214.
Camellia drupifera, 214.
Campêche, 238.
Canaigre, 237.
Canavalia ensiformis, 171.
Caneficier, 240.
Canna edulis, 152.
Canne à sucre, 190.
Cannella alba, 133.
Cannelle de Ceylan, 132.
Cannelle de Chine, 134.
Caoutchouc, 12.
Carambolier, 188.
Cardamome, 137.
Carica Papaya, 187.
Carpodius, 20.
Caryophyllus aromaticus, 134.
Caryota urens, 152.
Cassave amère, 144.
Cassave douce, 144.
Casse, 240.
Cassia, 91.
Cassia fistula, 249.
Cassia occidentalis, 245.
Castilloa, 16.
Céara (caoutchouc de), 14.
Chamœrops, 57.
Chandoo, 249.

Chanvre de Manille, 179, **230**.
Chanvre de sisal, 231.
Chapalo, 167.
Chouchou, 56, 57, 153, **232**.
Chouchoute, 56, 57, 153, **232**.
Chou de Chine, 173.
Chou palmiste, 202.
Christophine, 173.
Cinchona, 240.
Cinnamique (aldéhyde), 132, 134.
Cinnamomum Cassia, 132.
Cinnamomum Loureiri, 134.
Cinnamomum Zeylanicum, 132.
Citron, 190.
Citrouille, 173.
Coca, 244.
Cocaïne, 244.
Coconut (dessicated), 204.
Cocos nucifera, 200.
Cocotier, 59, **200**.
Cocotier d'eau, 57.
Codéine, 248.
Cœur-de-bœuf, 184, 185.
Coffea arabica, 89.
Coffea canephora, 102.
Coffea liberica, 94.
Coffea stenophylla, 94.
Coing de Chine, 187.
Coïr, 204, **229**.
Cola acuminata, 242.
Colocasia antiquorum, 142.
Colocasia esculenta, 142.
Colocasia nymphæifolia, 142.
Concombre, 174.
Convolvulus indica, 148.
Copaifera capallina, 44.
Copal d'Afrique, 43.
Copal d'Amérique, 45.
Copal d'Angola, 44.
Coprah, 204.
Corchorus capsularis, 226.
Corchorus olitorius, 226.
Cornichon, 174.
Corypha, 57.
Coton, 210, **217**.
Courge, 173.
Crin végétal, 48.

INDEX ALPHABÉTIQUE

Crotalaire, 233.
Cucumis Anguria, 174.
Cucumis sativus, 174.
Cucurbita maxima, 173.
Cucurbita melanosperma, 173.
Cucurbita moschata, 173.
Cucurbita Pepo, 173.
Cunao, 237.
Cucurma longa, 138.
Cyathea medullaris, 59.
Cycas, 152.
Cyperus alternifolius, 55.
Cyperus latifolius, 55.
Cyperus œqualis, 55.

Dama, 167.
Damar, 45.
Dammara, 45.
Dara, 55.
Datte, 176.
Deglet-nour, 176.
Dichopsis Krantziana, 39.
Dioscorea, 237.
Dioscorea alata, 150.
Diospyros Kaki, 187.
Dividivi, 237.
Djebar, 176.
Dolichos Lablab, 171.
Dolichos purpureus, 171.
Dolichos Soja, 171.
Doliques, 171.
Dolo, 167.
Dracæna, 55.
Dypsis nodifera, 55.

Ecdysanthera micrantha, 20.
Eharia melaniclera, 121.
Elæis guineensis, 59.
Eleocharis, 55.
Elettaria Cardamomum, 137.
Éponge végétale, 174.
Erianthus floridulus, 59.
Eriobotrya japonica, 190.
Eriodendron anfractuosum, 232.
Erythrina, 91.
Erythroxylon Coca, 244.
Essences forestières, 73.
Eugenia Pimenta, 138.

Eugénol, 132, 135.
Euphorbia Intisy, 16.

Fibre de coco, 229.
Ficus, 13, *16*, 29, 30.
Fourcroya gigantea, 231.
Frenela verrucosa, 46.
Funtumia, 18, 32.

Gambier, 237.
Garcinia, 47.
Garcinia Mangostana, 185.
Garcinia tonkinensis, 214.
Gingembre, 137.
Girofle, 134.
Gohine (liane), 18.
Gombo, 173.
Gomme adragante, 42.
Gomme arabique, 40.
Gomme-gutte, 47.
Gomme-laque, 46.
Gomme du Sénégal, 41.
Gossypium arboreum, 217.
Gossypium barbadense, 217.
Gossypium herbaceum, 217.
Gossypium hirsutum, 217.
Gossypium peruvianum, 217.
Gouhio, 40.
Goyave, 187.
Grewia, 227.
Gutta-percha, 36.

Hæmatoxylum campechianum, 238.
Hancornia speciosa, 18.
Harefo, 55.
Haricots, 170.
Haricot vert, 140.
Hasina, 55.
Helopeltis Antonii, 105, 111.
Hématéine, 238.
Hématine, 238.
Hématoxyline, 238.
Hemileia, 94.
Henequen, 231.
Henné, 237.
Herana, 55.
Hevea, 13, *32*.

Hibiscus, 173, 233.
Holcus Sorghum, 166.
Holcus spicatus, 167.
Hopea, 72.
Hydnocarpus anthelminticus, 73.
Hymenæa Courbaril, 45.
Hymenæa verrucosa, 43.

Igname, 150.
Indican, 235.
Indigo, 234.
Indigofera, 234.
Indigotine, 235.
Indoxyle, 235.
Inga, 91.
Intisy, 16.
Ipomæa Batatas, 148.
Irvingia Oliveri, 68.
Ixtle, 231.

Jacquier, 186.
Jaggery, 202.
Janipha Manihot, 144.
Jatropha dulcis, 144.
Jatropha Manihot, 144.
Jute, 226.

Kaki, 187.
Kapok, 232.
Karité, 39, 67.
Koai mon, 144.
Koulkas, 144.

Lakatra, 55.
Landolphia, 18, 22, 28, 32.
Laque de Chine, 47.
Laque d'Indo-Chine, 47.
Laque du Japon, 47.
Lataniers, 57.
Lawsonia alba, 237.
Lepironia, 55.
Liquidambar, 47.
Livinstonia sinensis (?), 57.
Luffa acutangula, 174.
Luffa cylindrica, 174.

Macis, 131.
Madar de l'Inde, 233.

Maïs, 162.
Majoré, 172.
Mamau, 59.
Manakalahy, 56.
Manarana, 55.
Mandarine, 190.
Mangifera indica, 185.
Mangue, 185.
Mangouste, 185.
Manihot Glaziovii, 14.
Manihot Aipi, 144.
Manihot dulcis, 144.
Manihot palmata, 144.
Manihot utilissima, 144.
Manioc amer, 144.
Manioc doux, 144.
Maranta Allouya, 151.
Maranta arundinacea, 150.
Maranta indica, 150.
Margose, 174.
Mascarenhasia, 18.
Melanorrhea laccifera, 47.
Metroxylon Rumphii, 152.
Metroxylon Sagu, 152.
Micrandra siphonioides, 16.
Mil (gros), 166.
Mil (petit), 167.
Mimosa arabica, 40.
Mimusops Balata, 38.
Morphine, 248.
Musa paradisiaca, 179.
Musa sapientum, 179.
Musa textilis, 179, *230*.
Muscade, 131.
Myrcia acris, 138.
Myristica fragans, 131.
Myristica moschata, 131.
Myristica officinalis, 131.
Myrtus acris, 138.
Myrtus pimenta, 138.

Narcéine, 248.
Narcotine, 248.
Néflier du Japon, 189.
Nicotiana persica, 246.
Nicotiana rustica, 246.
Nicotiana Tabacum, 246.

INDEX ALPHABÉTIQUE

Nipa fructicans, 57.
Noyer des Moluques, 216.

Oaha, 59.
Olivier, 195.
Opium, 248.
Orange, 190.
Orelline, 236.
Oryctes Rhinoceros, 202.
Oryza glutinosa, 154.
Oryza montana, 154.
Oryza sativa, 153.
Ouvirandra, 152.

Paddy, 153.
Palaquium, 38.
Palétuvier, 239.
Palmier à huile, 59.
Palmier fétiche, 60.
Palmiste, 59.
Pandanus, 55, 59.
Panicum spicatum, 167.
Paoti, 144.
Papavérine, 248.
Papaver somniferum, 248.
Papaya Carica, 187.
Papaye, 187.
Para (caoutchouc de), 13.
Parahopea Balangeram, 72.
Patate, 148.
Pavot, 248.
Payena, 38.
Penjy, 55.
Pennisetum typhoïdeum, 167.
Penctame siamensis, 71.
Persea gratissima, 185.
Phaseolunatine, 144, 170.
Phaseolus lunatus, 170.
Phaseolus Mungo, 171.
Phaseolus radiatus, 171.
Phaseolus vulgaris, 171.
Phloga polystachya, 55.
Phœnix, 55, 58.
Phœnix dactylifera, 176.
Phormium tenax, 233.
Pia, 59.
Piassava, 50.

Piment, 138.
Piment âcre, 138.
Pimenta acris, 138.
Pimenta officinalis, 138.
Pipengaille, 174.
Piper Bettle, 250.
Piper nigrum, 121.
Pistache, 196.
Pois d'Angole, 171.
Pois du Cap, 169.
Pois (petit), 140.
Poivre, 121.
Poivre giroflé, 138.
Poivre de la Jamaïque, 138.
Pomme de terre, 139, *141*.
Pomme-cannelle, 185.
Popoi, 172.
Psidium Guyava, 187.

Quatre épices, 138.
Quinine, 240.
Quinquina, 240.

Rabanes, 51.
Ramie, 228.
Rampusa, 244.
Raphia Ruffia, 51, 190.
Raphia tœdigera, 50.
Raphia vinifera, 51.
Rhapis, 57.
Rhus succedanea, 47, *70*.
Rhus vernicifera, 47, *70*.
Rhyzophora, 239.
Ricin, 210.
Ricinus communis, 210.
Ricinus inermis, 210.
Ricinus sanguineus, 210.
Ricinus viridis, 210.
Ricinus zanzibarius, 210.
Riz, 153.
Rocou, 236.
Rônier, 57.
Rotin, 56.
Rumex hymenosepalus, 237.
Rynchophorus ferrugineus, 202.

Saba (liane), 28.

Saccharum officinarum, 190.
Sagou, 153.
Sagoutier, 152.
Sagus farinifera, 152.
Sagus inermis, 152.
Sagus lævis, 152.
Sagus Rumphii, 152.
Sandaraque d'Afrique, 45.
Sandaraque d'Australie, 46.
Sansevière, 233.
Saonjo, 144.
Sapium, 14.
Sappan, 239.
Sechium edule, 56, 173, 232.
Sésame, 212.
Sesamum indicum, 212.
Sesamum orientale, 212.
Shorea hypochra, 72.
Shorea robusta, 72.
Sida, 233.
Sisal, 231.
Smilax, 237.
Soja (fromage de), 171.
Soja hispida, 171.
Sorgho, 166.
Sorghum vulgare, 166.
Sosety (chouchoute), 56, 57, 153, 232.
Sporobolus indicus, 55.
Sterculia, 233.
Stillingia sebifera, 69, 238.
Stipa tenacissima, 53.
Stovaïne, 244.
Styrax, 47.
Styrax benzoin, 46.

Tabac, 246.
Tabernæmontana, 20.
Tacca involucrata, 152.
Tacca pinnatifida, 59, 152.
Tales, 144.
Tampico, 231.
Tapioca, 144.

Taro, 142.
Tetranthera laurifolia, 72.
Thé, 103.
Thea sasanqua, 214.
Thea sinensis, 103.
Thébaïne, 248.
Theobroma Cacao, 107.
Thespesia, 233.
Thuya articulata, 45.
Toddy, 202.
Toll (liane), 28.
Toluifera balsamum, 46.
Toluifera Pereiræ, 46.
Tomate, 140, *173*.
Toute-épice, 138.
Triadica cochinchinensis, 72.
Triumfetta, 227.
Tsindrodrotra, 55.

Uncaria acida, 237.
Uncaria Gambier, 237.
Urceola elastica, 20.

Vakoa, 55.
Vanilla appendiculata, 124.
Vanilla Gardneri, 124.
Vanilla odorata, 124.
Vanilla phæantha, 124.
Vanilla planifolia, 124, 129.
Vanilla pompona, *124*, 129.
Vanille, 124.
Vanilline, 124, 129, 135.
Vanillon, *124*, 129.
Végétaline, 205.
Vigna, 171.
Vinda, 55.

Werneria dactylophylla, 244.

Zea Mays, 162.
Zingiber officinale, 137.
Zogoro, 55.

TABLE DES GRAVURES

Figures.	Pages.
1. La plus ancienne plantation d'*Hevea* asiatique	12
2. *Manihot Glaziovii* de 30 mois	15
3. Jeune *Ficus elastica*	15
4. *Manihot Glaziovii* (rameau)	17
5. L'*Euphorbia Intisy*	19
6. Specimen d'*Intisy* dans l'Extrême Sud de Madagascar	21
7. Rameau de *Castilloa elastica*	23
8. Plantation de *Ficus elastica*	25
9. Plantation de *Castilloa* de 1886	27
10. Plantation de *Castilloa* de 1899	27
11. Jeunes Gohines (station de Koulikoro)	29
12. Plantation de *Funtumia elastica* (Jardin d'essai, Porto-Novo)	31
13. Magasin de la Compagnie commerciale des Colonies, Anvers	34
14. Magasin à caoutchouc de la Chambre de Commerce de Bordeaux	35
15. *Palaquium treubii*	37
16. Jeune Raphia à la Station d'essai de l'Ivoloina	49
17. Un régime de Raphia à la Station d'essai de l'Ivoloina	51
18. Préparation du Raphia	52
19. Première exposition de chapeaux et pailles à chapeaux à Tananarive	54
20. Pandanus	58
21. Un coin d'une palmeraie dans les environs de Porto-Novo	60
22. Palmier fétiche	61
23. Rouleurs de ponchons	62
24. Un coin du grand marché de Porto-Novo	65
25. Un coin de forêt coloniale	74
26. Le palétuvier dans le nord-ouest de Madagascar	77
27. Exploitation forestière en pays tropical	79
28. Exploitation de la forêt de Croix-Vallon à Madagascar	84
29. Un caféier	90
30. *Coffea arabica* (branches en fleurs)	91
31. Usine à décortiquer le café des plantations Schmidt	92
32. Fleurs et fruits du Caféier de Libéria	95
33. *Coffea canephora* var. opoca (Serres du Jardin colonial)	102
34. Théier	104
35. Plantation de théiers à Ceylan	105
36. Jeune cacaoyer	108
37. Cabosses de cacao de Madagascar (coupes)	109
38. Cabosses de cacao	110

TABLE DES GRAVURES

39 et 40. Séance de terrage du cacao à Trinidad 112
41. Séchoir à cacao à Surinam 113
42. Cacaoyers dans les environs de Porto-Novo 114
43. Cassage des cabosses de cacao à Madagascar 116
44. Cacaoyère à la Guyane 118
45. Jeunes plants de cacaoyers avec leurs abris aux colonies françaises.. 120
46. Poivrière au cap Saint-Jacques 123
47. Liane de vanille sur pignon d'Inde 125
48. Séchoir à vanille et case tahitienne 128
49. Muscadier 130
50. Rameau de cannellier de Ceylan 133
51. Taro (*Colocassia esculenta*) 143
52. Pied de manioc 145
53. Champ de manioc 146
54. Marché aux patates à Adjarra, près de Porto-Novo 149
55. Arrow-root (*Maranta arundinacea*) 154
56. Grenier à riz (versant est de Madagascar) 158
57. Magasin à mil 166
58. Tahitienne préparant la popoi 172
59. Dattier 177
60. Préparation de djebars destinés à l'exportation 177
61. Floraison du bananier au Jardin colonial 178
62. Régime de bananes 179
63. Bananiers côte est de Madagascar 180
64. Le premier train de bananes en Guinée 182
65. Champ d'ananas 183
66. Le Cœur de bœuf (*Anona reticulata*) 184
67. Le Jacquier (*Artocarpus integrifolia*) 186
68. Rameau de Goyavier avec fruits 187
69. Le Papayer 188
70. Le Carambolier 189
71. Cannes « Yellow caledonia » aux îles Havaï 191
72. Arachide d'Égypte 196
73. Arachide de Java 197
74. Fruits et graines d'arachide 198
75. Le Cocotier 201
76. Grappe de noix de coco 203
77. L'*Oryctes Rhinoceros* ou Black Beetle 204
78. Le *Rynchophorus ferrugineus* 205
79. Malgache grimpant au sommet d'un cocotier 207
80. Ricin 211
81. Rameau d'Abrasin (*Aleurites cordata*) 215
82. Rameau de cotonnier en fleurs 218
83. Magasin de coton à Abomey 221
84. Usine d'égrenage d'Abomey (moteurs) 223
85. Usine d'égrenage d'Abomey (égreneuse) 224

86. Ramie...	228
87. Rouissage du coïr...	229
88. Agaves...	231
89. Branche de quinquina en fleur.................................	241
90. Rameau de colatier (fleurs et fruits).........................	243
91. Pépinières de tabac à Sumatra................................	246
92. Spécimen de boîte scolaire.....................................	253

TABLE DES MATIÈRES

Avant-propos 5

Classe I. Produits de la cueillette et des exploitations naturelles 11

1re Section. Produits d'exsudation 12

Caoutchouc, 12. — Gutta et balata, 36. — Gommes, 39. — Résines, 42.

2e Section. Textiles spontanés, pailles, fibres 48

Crin végétal, 48. — Piassava, 50. — Raphia, 51. — Alfa, 53. — Pailles à chapeaux, rotins, joncs, bambous, etc., 54.

3e Section. Plantes oléagineuses spontanées 59

Palmiste ou palmier à huile, 59. — Karité, 67. — Les arbres à suif de l'Indo-Chine, 68.

Classe 2. Essences forestières 73

La production forestière dans les colonies françaises 74

Classe 3. Produits de la culture 89

1re Section. Café, thé, cacao 89

Café, 89. — Thé, 103. — Cacao, 107.

2e Section. Condiments, épices et aromates 121

Poivre, 121. — Vanille, 124. — Muscade et Macis, 131. — Cannelles, 132. — Girofle, 134. — Cardamome, 137. — Gingembre, 137. — Curcuma, 138. — Piment, 138.

3e Section. Plantes alimentaires, plantes fourragères, féculents, etc 139

Plantes féculentes, 141. — Céréales, 153. — Légumes et plantes potagères, 168. — Fruits, 174. — Plantes saccharifères, 190.

4e Section. Plantes oléagineuses 195

Arachide, 195. — Cocotier, 200. — Coton, 210. — Ricin, 210. — Sésame, 212. — Garcinia, 214. — Camélia à huile, 214 — Abrasin et Bancoulier, 214.

5e Section. *Matières textiles, fibres et bourres diverses* 217

Coton, 217. — Jute, 226. — Ramie, 228. — Fibre de coco ou coïr, 229. — Abaca ou chanvre de Manille, 230. — Agaves et Fourcroya, Aloès, Sisal, 231. — Kapok, 232. — Ananas, 232. — Chouchou, 232. — Fibres diverses, 233.

6e Section. *Matières tinctoriales et substances tannantes* 234

Indigo, 234. — Rocou, 236. — Cachou, 237. — Gambier, 237. — Dividivi, 237. — Canaigre, 237. — Henné, 237. — Cunao, 237. — Arbre à suif, 238. — Curcuma, 238. — Bois de Campêche, 238. — Bois de sappan et écorce de palétuvier, 239.

7e Section. *Produits pharmaceutiques* 239

Casse, 240. — Quinquina, 240. — Cola, 242. — Coca, 244. — Bentamaré, 245.

8e Section. *Tabac en feuilles et masticatoires* 245

Tabac, 246. — Opium, 248. — Bétel, 250. — Noix d'arec, 250.

Classe 4. Collections agronomiques et forestières 252

INDEX ALPHABÉTIQUE 259

MACON, PROTAT FRÈRES, IMPRIMEURS.

Librairie Maritime et Coloniale.
Augustin CHALLAMEL, Éditeur
17, rue Jacob, Paris

OUVRAGES SUR LES COLONIES

L'ALGÉRIE — L'ORIENT

CARTES DES COLONIES FRANÇAISES

Publications du Ministère des colonies à l'occasion
de l'Exposition Universelle de 1900

Ouvrages de l'Institut Colonial internationnal de Bruxelles
et de la Société d'Etudes coloniales de Belgique.

Publications de l'Exposition Nationale Coloniale
de Marseille.

BIBLIOTHÈQUE D'AGRICULTURE TROPICALE

PUBLICATIONS PÉRIODIQUES

La Revue Coloniale.

Explorations. — Missions. — Études géographiques et historiques
(Publication du Ministère des Colonies).
Un numéro de 68 pages tous les mois.
Abonnement annuel,........................... .... 15 francs.

L'Agriculture pratique des pays chauds.

Bulletin mensuel du Jardin colonial et des Jardins d'essai des colonies.
Un numéro de 88 pages avec illustrations tous les mois.
Abonnement annuel............................... 20 francs.

Le catalogue est envoyé franco sur demande.

MACON, PROTAT FRÈRES, IMPRIMEURS.

www.ingramcontent.com/pod-product-compliance
Lightning Source LLC
Chambersburg PA
CBHW060328170426
43202CB00014B/2703